1949年以前的上海出版业，
不仅仅是上海的出版业，
在很大程度上也是中国的出版业。

1843年开始的
上海出版故事

汪耀华 著

世纪文睿

世纪出版集团 上海人民出版社

序

金良年

要追溯中国现代出版业的历史，离不开上海的出版业，甚至可以说，一部上海的近现代出版史，就基本涵括了中国的现代出版业发展史。因此，1949年以前的上海出版业，不仅仅是上海的出版业，在很大程度上也是中国的出版业。对于这段历史的研究，我们现在的成果可以说不算少了，就史料而言，张静庐所编的厚厚几大本近现代出版史料，收集了最基本的上海出版史料。就研究成果而言，既有《上海出版志》那样全景式的叙述，也有许多专题的研究论著。但是，如果认真盘点起来，这些研究和资料的收集，还是存在很大的局限性，专题研究基本集中在著名的大社（如商务、中华），即使就当时著名的五大社而言，有些社的发展史还在若明若暗之间，更不要说那些次一等的重要中小出版机构，而全景叙述则存在着诸多缺环和模糊点，有些事实的认定也还存在可商榷之处。要大体复原1843至1949年将近一百年的上海出版史，对于出版史研究者来说，还有许许多多的工作要做。

耀华先生多年来致力于上海出版史的研究，他与其他研究者有一个不同的特点，那就是比较注重细节的考证和空白点的填补。我在出版社工作的时候，和耀华先生有过多次出版史项目的合作，例如，他不满足于张静庐所编近现代出版史料，收集编纂了上海书业规章制度，使我们对上海出版业的具体运作的了解更加深入。他还编了《上海书业名录》和《上海老书店地图》，为上海出版史研究奠下了一个扎实的基础。他的脑子动得很快，也很勤快，有一点线索，或新的想法，就马上追踪下去，不久就有文章写出来了。他的工作地点与我的工作地点距离不远，有时候会隔三差五的来找我谈新的收获和想法，凡有所获，喜形于色，每届此时，我都会感

1

到，他是真正把出版史研究作为自己的事业在做，而这些又是没有丝毫功利心在里面的。记得孔子曾说过："知之者不如好之者，好之者不如乐之者。"像耀华先生那样，可谓是标准的"乐之者"。其实古往今来的许多学问大家，几乎无不是"乐之者"，所以才能有出色的成果拿出来。

耀华先生的出版史研究还有一个特点，即具有出版人的丰富实践经验，他曾经长期从事图书的发行工作，主编过《上海新书报》，现在又是《中外书摘》杂志的主编。因此，他的出版史研究，不同于缺乏出版实践经验者的皮相之谈、隔靴搔痒，往往能抓住其中的要点，予以发挥。他编纂上海书业规章制度的动机，不仅仅是为了保存史料，同时也希望以此为现实书业的转型提供可参照的材料，书编成后曾被上海出版社经营管理协会作为参考资料而下发成员单位研究、观摩。在收入本文集中的许多文章中，读者也可以发现他的这一研究特点。因此，他的一些研究文章，不仅是研究历史，同时也包含了诸多对当下书业转型发展的建议。

我和耀华先生相识、相知多年，很钦佩他的事业追求，同时也由此感到自己的不足，并常常以此来激励自己。现在，他又有一本新的论文结集出版，希望我能为它写点什么，我非常乐意把我对耀华先生的感受，以及对他研究工作的感觉写下来，贡献给愿意读这本书的读者。更加希望的是，我们的学术研究界能够多一些像耀华先生一样的学者，乐于学问之道，而无愧于我们这个曾经有过辉煌文明的民族。

2014年3月31日

目　录

序 ……………………………………………………………… 金良年　1

中国现代书业从上海起航………………………………………………　1
一个成就梦想的文化联合体……………………………………………　14
商务：70年只有30种创造性的出版物………………………………　21
中华书局，留给后人的念想……………………………………………　28
商务与中华的发行所建制………………………………………………　35
张元济与王云五1948年开始的秘闻…………………………………　38
出版大家张元济的亲情之路……………………………………………　49
张元济与女儿，不为人知的往事………………………………………　56
1949年，章锡琛为何从开明辞职……………………………………　68
孟邹：交得好朋友出得是好书…………………………………………　71
邵洵美：有钱人做出版…………………………………………………　83

追寻红色出版在上海……………………………………………………　93
上海，红色出版的昭示…………………………………………………100
1917年诞生在上海的内山书店………………………………………104
书业的八个细节…………………………………………………………112
回头看，那时的书业规则………………………………………………128
从事出版，值得留意的经验……………………………………………135
悠悠书香170载——上海有条福州路文化街…………………………142
从数字简述上海书业的演变……………………………………………148

印刷是出版赚钱的始祖·····························158

老板从"打工"开始·····························161

曾经发生的"书案"·····························163

销售西文书的三家名店·····························165

书与咖啡只是一种搭配·····························169

红白相间的作家书屋·····························171

一折八扣书的招式·····························174

鲁迅因《译文》而抑郁·····························178

大陆出版业在台湾开店创业之行·····························182

《1948·上海老书店地图》编纂记·····························199

上海出版从1843年开始的简历·····························205

后记·····························216

中国现代书业从上海起航

1897年以3750元资本金组建的商务印书馆1903年在汉口设立了分馆，由此开始了从上海出发向内地安营扎寨的发展道路。1912年成立的中华书局因为创办者有着在商务的经历，也许是从商务的经验中获得启迪或许是急于拓展市场，当年就在北京、天津、奉天（沈阳）、南昌、汉口、广州、杭州、南京、温州开设了9个分局。之后成立的大东书局（1916年）、世界书局（1917年）和开明书店（1926年）都顺着这条路在上海本地站稳脚跟后迅速走上了在内地开店建网的发展道路，使上海这个中国现代书业的大船在各地靠岸建舱，更使图书这一人类文明的结晶因此从上海向内地扩散传播，形成了企业化经营的良性循环态势，获得广阔的市场和利润空间。同时，也体现了当时上海作为中国现代出版文化中心的地位。

布　局

当商务印书馆1903年在汉口建立分馆时，商务其实还刚刚从一家承接印制业务的印书馆向编译出版方向发展，开始出版张元济、高梦旦、蒋维乔、庄百俞、杜亚泉诸君主编的小学教科书。显然，夏瑞芳这位商务的创立者从来就没打算只是在印书上打磨一辈子，1901年力邀张元济、印有模诸君加入，1902年开始自编教材。同样，上海市场与整个内地市场相比，对于商务而言，家门口的市场固然需要努力，但是，率先以汉口这个通商口岸作为跳板进军内地，虽然我们现在已经难以寻找当初决策的依据或原因，但毕竟这是一个可圈可点的案例。

而且，一定是商务从汉口分馆尝到了甜头，1906年相继在奉天、福州、开封、安庆、重庆设分馆，此后商务在国内外建立的分支馆有85处之多，而正常经营在10年以上的应该在40家左右。

中华书局在1912年至1916年短短数年中也迅速在全国设立了40处分支

局，1927年增设了香港、新加坡分局。

1916年以三万元资本金创设的大东书局先是从广州、汉口分局开始，其后在北京、辽宁、长沙、汕头、梧州设立分局。1929年设徐州、哈尔滨、成都分局，1930年设南京、天津分局。1931年设立重庆、杭州、开封等三个分局及南昌特约分局，至此，已在各地设立9家分局、7家特约分局、6家特约书店，同行往来遍布二十八个省的二千余家，日本、南洋及欧美也有经售处。有关大东的史料总是一个缺门，它与世界书局一样，解放初被定性为有官僚资本而受军管后与其他社（店）合并，多亏在它成立十五周年时出了一本纪念册以及十多年前储品良前辈整理发表了一些史料。现在，大东的书难觅，大东的史料更是不易见到了。

世界书局的史料依然不多，我们现在只能从《世界杂志增刊》中获得20多家分局的开办资料，虽然世界书局老人朱联保在回忆文章中曾告诉我们，世界书局在各省大城市开设分局有三十余处。据老人在《近现代上海出版业印象记》一书中介绍："在上海出版文献资料编辑所工作时，奉命编有《世界书局资料汇编》及《世界书局历年大事记》，尚在北京的出版机关审处中。"这段文字写成已有二十多年，老人的文稿究竟有哪些？不知还有何人对此有兴趣？

开明书店的分店约有20多家，在1950年2月《开明书店请求与国家合营呈文》中披露：

"一九三七年以前，本店在北京、沈阳、南京、汉口、武昌、长沙、广州、杭州各地，均设有分店。及日寇侵入，以上各地先后沦陷，分店即行迁移后方，上海总办事处迁移桂林，先后设立分店多处，如广西之桂林、柳州、宜山、平乐、昭平、八步，四川之重庆、成都、万县、乐山、广东之曲江、梅县、连县，湖南之衡阳、常德、零陵，浙江之金华、江山，福建之南平、永安、长汀、崇安，江西之南昌、吉安、宁都、赣县，贵州之贵阳、独山、都匀、遵义，陕西之西安，云南之昆明，远至西康之西昌等地，均曾设店，供应图书。但常因战事之转移，裁撤合并，屡有变更。胜利以后，复将沈阳、北京、南京、汉口、长沙、广州、杭州各地分店，重新设立，并在福州及台北新设分店。其在内地，仅留重庆、成都、昆明、贵阳、西安、桂林等处，其余均经裁撤。沈阳分店在解放以前被迫停业。解放以后，又在天津添设分店，北京除原有琉璃厂分店外，最近又在八面槽新设东城发行所。目前除上海总店外，共有分店十七处。"

特别要提示的，开明是所有大店中第一个在台北开设分店的书店，1946年在台北开了第一家大陆书店的分店之后，在台北才相继出现了中华、世界、正中、商务等分馆（店）。

商务、中华、大东、世界、开明这五家大书店在内地纷纷设立分支馆并从中品尝着赢利果实的同时，距商务首开分馆三十多年后，出现了一匹"黑马"。生活书店1938、1939两年内在全国建立了庞大的发行网。当时的生活书店决定"迅速在各省市重要城镇建立分支店，并尽可能深入内地和邻近战区地带，以便普遍供应人民迫切需要的精神文化食粮。"在经理徐伯昕的负责筹划下，两年内建立了分支店及办事处52个，临时营业处3个。此外还有9个流动供应所。这些发行据点，遍及后方十四个省份，除新疆、西藏、青海、宁夏四省外，都有生活书店分支店或办事处，为大众供应精神文化食粮。分支店的分布情况是：

分店20个：汉口、广州、上海、西安、重庆、长沙、成都、衡阳、桂林、兰州、贵阳、昆明、常德、曲江、南昌、赣州、金华（后改为办事处）、梧州、香港、新加坡。

支店27个：万县、梅县、吉安、沅陵、丽水、柳州、南宁、广州湾、遂川、恩施、南平、零陵、百色、桂平、乐山、福州、屯溪、余姚、云岭、立煌、开江、丰都、天水、甘谷、南城、邵阳、罗定。

办事处5个：六安、南郑、宜昌、巴东、玉林。

临时营业处3个：于潜、天目山、宜川。

流动供应所9个：海门、宜山、泾县、青岩、平乐、八步、贺县、那坡、四会。

这样宏大的全国发行网，除上海、汉口、广州三个分店是抗战前建立外，其他52个都是在抗战开始后两年间建立的。

与此同时，上海杂志公司、读书出版社、新知书店等也在各地开办了不少分支机构。相对而言，这些书店开办的分支机构存活的时间大都不长，一般仅存两年左右。

1937年的抗战和随之而来的解放战争，各家书店的分支店撤撤并并成为常事。1949年的政权更迭，商务、中华发行所合并成中国图书发行公司，大东、世界书局被军管分拆，开明书店的合并，使从上海发数十年的各地分支机构或歇业或并入新华书店或成为以后公私合营的对象，这数十年走过的路算是走完了。

1937～1943年商务、中华等五家大书店及正中书局、上海龙门联合书局、上海杂志公司等从上海向武汉、桂林直至重庆挺进，纷纷将重心从上海移至汉口直达重庆。只是，随着战局的变化，1945年以后，这些书店又开始"复员"回上海了。

今天的人们已经对此淡忘，虽然我的一位朋友曾对上海福州路上海书城对面的商务印书馆专卖店大加赞扬。我发现，这类被现在称为连锁店的经营方式其实有着存在的价值，只是我们认识太浅、时代发展太快。况且，相关的史料留存太少，我们还得重新开始摸索，重新制造新闻。

经　营

商务印书馆、中华书局等书店分支店设立之后，仍然会视时事、经营的变化而予以调整后撤并。

中华书局在最初三五年中建立的分局中主要以与地方上原有书店或士绅合办以及特约经理为主。类似于现在的加盟店，挂"中华书局X记"招牌的形式，以后才视其具体经营情况或收回自办或自购地产新办或维持特约关系。据《中华书局大事纪要》等史料记载，1916年开设的开封分局原由广益书局承办，1920年10月，改由开封会山房代办，双方签约规定，挂中华书局招牌加"原记"，收保证金五千元，往来限额一万元，折扣照自办分局加三厘，订约三年。之后续约了若干年。开封分局是1935年收回自办的，该分局隔年还设立了许昌、南阳支局。

这种组织形式的变化使中华书局在各地的发展显得游刃自如。同样是中华书局，1915年由九江支局在庐山筹设了季节性营业的牯岭支店、那时的庐山已成为各路名人闻人避暑之地。1931年九江支局升格为九江分局后，1937年又在景德镇设立了景德镇支局，这种因势设店、稳步推进的做法实在令后人感叹。

大东书局设立的分局也曾适时调整，如早年设立的汉口、汕头、梧州分局就因为1927年的罢工影响而采取紧缩政策，改为特约分局。同样，原开办的广州特约分局则收回改为自办，"更自置永汉北路前南越酒店地产，以树华南方面永久基础"。（见《大东书局十五周年纪念册》）

当年大东书局的分局、特约分局、特约书店是按不同等级划分组建的，可惜现在已经找不到相关的史料了。

中华书局在1929年3月登报招考分局经理，给出的薪水是：经理月薪40~100元，书记月薪30~70元，账房月薪20~40元，"录取后试用两个月派缺定薪"（笔者注：书记类似于现在的秘书、管家。账房类似于现在的会计。月薪40元，相当于现在的人民币1300元，当年上海产业工人中的男工月工资最高为50元，最低为8元，一般为15.8；女工月工资最高为24元，最低为7元，一般为12.5元）。这样的薪水标准，高于社会平均水平，显然成为择业的上佳选择。

由于中华书局留给我们比其他书店更多的史料，使我们得以继续引用——

"1927年5月，太原分局经理张文甫辞职，月给养老金三十元。张在晋十五年，办事尚好，前五年应酬较多，亏空一千八百元，准作酬劳出账；后十年亏空一千五百元，应如数偿还。"

"1931年5月，前兰州分局经理刘蒲孙在职病故，除回里川资照实支外，致抚恤丧费一千五百元，遗孤教育费每月二十元，十年为限。又内账吴仲溪在职病故，致丧费三百元，抚恤六百元，川资五百元，遗腹子教养费每月十元，以十六年为限。"经理与内账同为在职病故，抚恤的条件是不同的。前者川资照实，有多少算多少，抚恤丧费一千五百元，可能小孩已6岁，每月给二十元，十年为限。后者丧费抚恤合计九百元，川资定额五百元，遗腹子教养费每月十元。

这种处置得体、责任分明又人性化的管理，其他书店也是同样操作的。这就是当年的书店赖以生存的法宝。

开明老人钟达轩1945年受委托赴南京筹备南京分店复业事项。据钟老回忆，南京分店共有工作同志十人（其中工友同志一人），平时各有分工，各司其事，忙时打成一片，不分工作岗位。每逢春秋两季开学时期，教科书大量到货，凡收书、拆包、整理、归垛等工作，一般都在晚上业余时间进行，全体同志参加，均无报酬。

南京分店在抗战前的销货额，在开明分店中的名次是排在后面的，进销数字不大。抗战胜利后，南京分店的业务不断扩大，销货额逐年递增，居各分店的首位。钟老总结这是齐心协力、发货迅速、便利同业、代办图书的结果。"开明书店的广告中有这么两句话：'请以任何方式给开明书店一个机会，试验它是否具有为君服务的忠忱与能力。'我们南京分店就是遵循这些话的精神，默默地努力去做的。"

1941年，中华书局华北地区监理曾向总局汇报，1937年至1940年间，北京、天津、张家口、保定、邢台、太原分局每年营业均有三十余万元，开支约八万元上下；商务天津、北京、太原、保定分馆每年营业不到二十万元，开支九万上下。世界只存北京、保定两局，每年营业不过三万，开支约二万上下。当年，中华的监理月薪一百二十元，商务北京分馆经理月薪四百元，世界北京分局经理月薪二百元。商务、世界、会文、广益等每年薪水能发至十四个月。

一般而言，总店（馆）在各地建立分支机构时，主要派出经理和内账，其他员工是由总部通过向社会招聘形式在当地招聘。也就是说，开一家分店，只要派出两位骨干就可以了。

各地分支店通常以经销本版书为主。开设分支店的目的是为了推销中小学教科书，争取市场并与同业竞争。一年忙两季，还要召应当地的教育机关和学校当局，平时做些零售。这可能是当年分支机构能够生存的原因，如果没有教科书销售，只靠一般书恐怕难有赢利的机会。而且，各分支机构还承担着本区域的同业批发、代办等事务。有很多年，中华书局的分支店销售超过上海总店，商务印书馆"战时"是靠各地分支店的进账调"头寸"过日子的。

商务、中华等书店还定期组织总、分、支书店一起开展促销活动。如商务在1926年为庆祝创业30周年，自8月1日起至9月底，在上海发行所和各省分馆一律举行大赠品大廉价两个月。中华书局1936年1月6日起至3月5日，以"澳门路新厂建成纪念"名义，各地分支机构同时举行廉价两个月。这些活动有效地扩大了销售，增加了知名度，取得了良好的效益。

各大书店以分支机构树立品牌、扩大销售的同时，也存在着一些负面问题。

1947年开明书店已退居二线的章锡琛曾视察了开明汉口、长沙、广州、贵阳等分店，他说："看到各分店和商务、中华、世界各家一样，除春秋两季教科书营业外，无所事事，分店经理经常在外面交际应酬、吃喝赌博，没有人关心店务，甚至用本店资金去做投机生意，非法营业。"开明书店为此召开了分店经理会议、讨论改革方针。终因分店经理习惯于他们旧有的生活，纷纷反对改革，只得作罢。

这种状况同样在商务、中华等大书店出现，只是各家认知、调整的程度和幅度不同，所带来的结果也就不同。

规　范

当我开始关注这一专题之后，一直为史料的缺乏而抱憾。尽管如此，还是发现了一些规则、规范。

商务印书馆1933年对分馆、支馆名称及分馆组织重新作了界定：

独计盈亏者为分馆、称为商务印书馆某某（地名）分馆。本身不计盈亏与他分馆并计盈亏者为支馆，称为商务印书馆某某（地名）支馆。分馆正账一律改称会计主任。分馆内部设会计、营业、事务3组。

1934年，商务董事会决议，变更结账制度：

自本年起，先择交通较便，便于督察及有特殊情形之分馆若干，取消各自计算盈亏，所有营业存货客账盈亏等一律与总公司并计。

1936年2月又重订了分馆章程，其中规定，总管理处所在地以外设立之发行机关为分馆，分馆在其营业区域内设立之分店，其地址为分馆所在地不在同一市区者，称为支馆。其与分馆所在地同在一市区域者，称为支店。

1937年1月，中华书局也在报上刊登紧要声明：自办分局三十处，支局六处，均不许在外赊欠银货，钱庄银行往来另有规定办法。领牌之分局均加记为别，所有银钱往来及一切契约行为，均与本公司无涉。列举自办分局三十处为：南京、徐州、安庆、芜湖、九江、南昌、汉口、长沙、衡州、常德、成都、重庆、兰州、太原、西安、北平、张家口、天津、邢台、沈阳、杭州、福州、厦门、广州、汕头、香港、梧州、昆明、贵阳、新加坡。支局六处为：保定、南阳、许昌、沙市、武昌、金华。

中华书局在1932年针对分局用人、薪水、级别作了详细规定。

规定称：各分局营业情况，有进有退，分局薪水，除经理外，有占年营业额1~2%，有占5~10%，亦有占20%者。职工薪水一般占现并（指现金收入，账欠不在内）5%以上，即难得盈余，占10~15%以上包亏本。因重定用人标准，自1933年元旦起实行。

（一）过去3年现并，平均满3万元以上，为第五等分局，连经理准用8人，每加1万元准添1人。其在省会者再添1人，至12人为限，薪水占4~5%。

（二）过去3年现并，平均6万元以上，为四等分局，准用12到14人。每增1万元许增1人，至18人为限。

（三）平均12万元以上，为三等分局，至少16人。随营业额可递增，以24人为限。

（四）平均20万元以上，为二等分局，以20人为限度，不得超过28人。

（五）平均30万元以上，为一等分局，可用28人。营业增加每3万元，加职员、学生各1人。薪水占现并2%，营业发展可加1%。

（六）营业在40万元以上者，副经理不得兼其他事务。

分局用人，经理同乡介绍者，考试取额不得超过四分之一，须凭考卷照片经总局核准。经理绝对不得任用戚族。前用同乡超过四分之一者，应加甄别酌量辞退。

1936年，中华书局还制定了"视察分局简章"十四条，其主要内容有：1、分局如能供应食宿，应住在分局内。2、视察内容有清点银钱存数，严查账欠情况，稽查销号，书刊存数应抽查四五十种；3、营业情形。4、当地状况、物价开支等。5、每视察一处以三到六周为度，作出书面报告，必要时派上级职员复查。6、视察员于三年内不得去该分局任事。7、不得干预用人行政及营业等事。8、分局不得以礼物馈赠视察员。9、视察员如有不规行为，分局经理应向总局报告。

虽然我们已无从知晓中华书局建立的总局对分支局的监理制度何时设置、如何分区、职责如何，但是，零星的史料显示，当时分成了华北区、华南区、长江区、成渝区。华北区驻北京分局，辖北京、天津、保定、邢台、张家口、太原及青岛、济南分局；华南局驻香港分局，辖广州、汕头、香港、新加坡、福州、厦门、梧州、昆明分局；长江区驻汉口分局，辖汉口、长江、常德、南昌、九江分局；成渝区亦称四川区驻成都分局，辖成都、重庆分局。

商务印书馆1918年成立总务处负责督察编译所、印刷所、发行所，专设稽核科督察各分支馆。

生活书店经理徐伯昕在1939年发表了《分支店管理上的几个原则》，在谈及设店的原则时，提出了设店应注意营业足以自足者；政治文化之中心，在省区内占有重要地位者；交通枢纽，与运输上有极大帮助者；对文化供应有重大意义者。文章对分店的等级、开支、人员、存货额等作了详细表述，如，每月平均经营额在1万元以上为甲级店，甲级店每月开支以1200元为限，工作人员以15人为限（经理1人，会计1人，进货、核销、栈务2人，批发1人，发行并邮购1人，门市5人至6人，社工2人至3人），经常存货额以12万元为限等等。

这些规则、规范粗细、深浅不等，而且，留存下来的不多，但是，从中足以发现我们的前辈在事业推进之中的规矩和办法已经相当成熟了。

走　势

我的统计因为史料的缺乏而使一些书店在各地设立分支机构的确切时间不甚明了，但是，当我把商务、中华、大东、世界、开明五家书店的分支机构列表显示之后，还是从版图中发现了不少值得关注的话题：

1、生存价值

几乎所有的书店在设立分支机构的时候，第一眼都选择的是汉口，都在各自的第一时间在汉口设立了分馆（局、店），这恐怕不仅仅着眼于汉口区域乃至整个两湖区域的市场潜力吧，更多的应该是这里的交通价值，这里既是长江与汉江的交汇处，又在京广铁路线上，素有交通重镇之称（1949年汉口与武昌、汉阳合并成武汉市）。当年，从上海出发经过南京、武汉、重庆这个沿长江的主线并向两翼渗透大概是实业发展的一条捷径，南京是后来民国政府的首都，重庆是抗战时期的"陪都"，汉口是个商贸、交通口岸，在当时也是一个发达城市。选择汉口便利以后的布点运输，汉口成了从上海出发的中转站。

这说明了商务当初的眼光，选择汉口多少是作为一个"跳板"、一个中间地段，其他书店是否看样还是自有觉悟？反正，选择汉口没错的。

2、时事态势

西南的重庆因为有"陪都"之称，有着汉口的中转，自然是各家书店的必到之地。同样，成都、昆明、贵阳、桂林、梧州等地的分支机构，也因为抗战而获得了发展的契机，一些书店将总店、总管理处都搬到汉口、重庆了。战时，这里云集了中国最大量的知识分子和进步人士，成为当时图书购买力最强的城市。

一些内陆城市本来只有一二家大书店的分支机构，也因为战争而成为分支店的热选之地。

3、城市格局

张家口、保定、邢台、开封、兰溪、常德、芜湖、徐州、温州，现在的人们对这些城市都不甚了解了。可是在20世纪初，这些城市都曾是中国的区域政治、文化中心，以河北为例，只有中华书局在石家庄开了一家分店，而张家口有2家、保定有2家、邢台也有1家，从当年五家书店在这四个城市的布点应该也可见这些城市的价值和从阅读购买的角度给予的关注程度不同了。同样，太原有3个分店、开封有4个分店，九江有1个分店、武昌也有2家分店。

一个城市的文明程度、阅读群体的多少乃至经济收入的支配多寡都从不同的侧面反映到书店的经营成果中来。保定、开封、常德这类城市现在似乎被人遗忘，难的在媒体上出现。遥想当年，哪个不是书香浓郁、历史悠久、经济殷实的知名城市？书店大小、多少也是城市面貌的一种写照。当初，商务等五家书店分支机构的选择，而且一开就数十年，至少说明那里的购买能力强、阅读群体广。

4、阅读取向

1903年商务首先在汉口开分馆，主要是商务开始出教科书了，当时的教科书没有部颁、统编和省内保护封闭等习惯。后来，商务面对中华、世界等的竞争，也要请客、送书、装备学校图书馆等，但是，除了这些教科书，这些书店大量供应的还有各类书刊，传播知识、开启民智、引进西学、传播文明的读物给交通不便、通讯不便的城市带来了丰富的新知。上海作为出版业的一个重要集散地、中国的现代出版中心，通过邮路、铁路和水路向内地源源不断地提供着人类文明的结晶、西方现代的观念，为读者打开了一扇扇知识的窗户，做着启蒙工作。这种引导给予中国社会带来的正面影响是多少年都难以估量的。

一家书店源源不断地向读者提供知识，渴求的人们从中获得启迪、进步，这种成果虽然也可以从现金流量中体现。但是，当后人给予总结时，不得不佩服当年的从业人员的辛勤耕耘。有时想想，今天的人们有多少是在重复？又有多少是创新？也许还有不少学都学不会。

附录：1903~1949年商务、中华、大东、世界、开明五大书店全国设立分支机构的统计

	商务	中华	大东	世界	开明
汉 口	1903	1912	1922☆	1922	☆
长 沙	1904	1914	1924√	1923	☆
北 京	1906	1912	1924√		☆
天 津	1906	1912	1930√	1924	1949
福 州	1906	1914		1925	1946
沈 阳	1906		辽宁1924√	1922	☆
开 封	1906	1916	1931√		1946
潮 州	1906	1916			
安 庆	1906☆	1916			
重 庆	1906	1914	1931√	1924	☆
广 州	1907	1912	1922√		☆ ☆
成 都	1907	1914	1929☆		☆
吉 林	1913☆	1916			
兰 溪	1914	1916		1925	
衡 阳	1914	△			
南 京	1914☆	1912	1930√	1925	☆
贵 阳	1914	1914			☆
香 港	1914	1916		1947	
梧 州	1915	△	1925☆	1925	
常 德	1915	1914		1924	
昆 明	1916	1914			☆
张家口	1916☆	1916			
新加坡	1916	1916			
南 阳	1918☆	*			
济 南	1907	1914		1925	
太 原	1907	1914		1923	
杭 州	1909	1912	1931√	1925	☆
芜 湖	1909	△		1925	
南 昌	1909	1912	1931☆	1923	1946
黑龙江	1909☆	1916			
西 安	1910	1914			
保 定	1913☆	1914 *			
厦 门	1924	1916		1925	
汕 头		1916	1925☆	1924	
衡 州		1914		1924	
运 城	1925☆				
温 州		1912		1925	
徐 州		1914	1929☆	1925	

武 昌	1927☆	1914 *			
大 同	1928☆				
奉 天		1912			
石家庄		1914			
长 春		1914			
东昌（聊城）		1914			
泸 州		1914			
兰 州		1916			
桂 林		1916			☆
哈尔滨		1916	1929☆		
九 江		△			
邢 台		△			
沙 市		*			
金 华		*			
许 昌		*			
景德镇		1937 *			
台 湾	1948.1.5	1947.7.21		1947	1946☆

说明：据《上海出版志》介绍，商务印书馆发行所成立后，"于1903年即开始建立汉口分馆，此后在国内外建立的分支馆前后共有85处，而经常存在分子馆约近40处"。据《商务印书馆九十五年》刊《商务印书馆历年大事纪要》称，在国内外各地成立分支馆，前后共86所。

商务印书馆分支店数据引自《三十五年来之商务印书馆》，庄俞。表内标出"☆"为支馆。1914年在澳门设支馆，1916年裁撤。商务印书馆在吉隆坡设有分馆。

据《上海出版志》介绍，中华书局自1912年至1916年全国设分支局40处，1927年增加香港、新加坡分局。

中华书局分支局数据引自《中华书局大事纪要》，表内标出"*"为支局，"△"为无年份，系1937年回朔。

中华书局1912年已在澳门设支局。

大东书局分局数据引自《大东书局十五周年纪念册》、《1916~1931年的大东书局》（储品良辑录）。表内标出"☆"者为特约分局。

世界书局分支局数据引自《十年来的世界书局》（见《世界杂志增刊》，1931年）。据朱联保《关于世界书局的回忆》介绍，世界书局在各省大城市开设分局有三十余处。

开明书店分店数据引自《开明书店请求与国家合营呈文》（1950年2月），系1950年仍在营业之分店。表内标出"☆"为1937年之前建店。

参考资料

王知伊主编：《开明书店纪事》，书海出版社，1991年版

陈明远著：《文化人与钱》，百花文艺出版社，2001年版

钱炳寰编：《中华书局大事纪要（1912~1954）》，中华书局，2002年版

宋原放、孙颙主编：《上海出版志》，上海社会科学院出版社，2000年版

[法]戴仁著：《上海商务印书馆（1897~1949）》，商务印书馆，2000年版

《商务印书馆九十年》，商务印书馆，1987年版

《商务印书馆九十五年》，商务印书馆，1992年版

《商务印书馆一百年》，商务印书馆，1998年版

《生活书店史稿》，三联书店，1995年版

俞筱尧、刘彦捷编：《陆费逵与中华书局》，中华书局，2002年版

朱联保编撰：《近现代上海出版业印象记》，学林出版社，1993年版

吴相著：《从印刷作坊到出版重镇》，广西教育出版社，1999年版

《我与开明》，中国青年出版社，1985年版

《章锡琛先生诞辰一百周年纪念文集》，《出版史料》编辑部编，1990年版

范用编：《战斗在白区——读书出版社1934~1948》，三联书店，2001年版

王学哲编：《岫庐八十自述节录本》，台湾商务印书馆，2003年版

张人凤编著：《张菊生先生年谱》，台湾商务印书馆，1995年版

《出版史料》，学林出版社、上海书店，历年出版。

一个成就梦想的文化联合体

回首商务印书馆、中华书局等统领中国现代出版业发展的出版机构的历史，总能找到一些令今人佩服、仰慕的故事。而从这些历史中提炼出的相对比较客观的史料并公诉于世，有时还不免使今人难堪，假如还存有一份不太无知者无畏的心态的话。

1897年成立的商务印书馆、1912年创办的中华书局等出版机构，仍然为当代人所知的，都是近五十年之间产生的回忆，真正的史料（特别是1949年之前的原始文本）所存实在不多，加上回忆者多为当年的作者、编辑和各个时代的干部，他们的回忆自然早已将历史洗涤了一次，留下的都是名人、名作与名事，而且，这些回忆会因社会背景的不同而让后人难以辨别真伪。

当我花费了数年，把所有市面上能见到的有关商务、中华的史料约300万字来回翻阅了多次之后，发现博大深远的历史还是给我们提供了诸多信息，我们只需稍作梳理而不是盲从就可以了。

创业：一业为主，两翼并进

曾在商务印书馆学徒、当店员并参加过工人运动的党和国家领导人陈云同志在商务建馆八十五周年时题词："应该说商务印书馆在解放前是中国的一个很重要的文化教育事业单位。"陈云同志没有把商务单纯称为中国重要的出版基地，这是极有眼光的。很多年前，我为原商务印书馆上海虹口分馆、现在的上海四川中北路新华书店整理史料时（陈云同志进入商务开始时就在这里当练习生），就一直被这句话所吸引。

1949年以后乃至今日，对于商务的研究最富有成就的是曾经担任商务总经理的陈原先生，他曾写道："回头一望，这家老店几乎不是一家出版社，更不是一家书店，如果人们知道它曾经有过文化联合体（出版、印刷、发行、图书馆、各级学校、仪器厂、文具厂、玩具厂、电影厂……）的设想和实践时，人们甚至会惊讶地发现，创办了这家书店的先行者们，是怀着忧国忧民、救国救民的崇高抱负来创业的。"……

有人把商务印书馆称作是一个"大教育机关"，是一业为主、两翼并进。这包含两种说法：一种是以出版为业，向印刷业和发行业两翼并进；另一种说法是，作为主体的出版机构，拥有编译所、发行所和印刷所，包括涵芬楼（东方图书馆）、数十家分支机构和有十万订户的"通讯现购处"以及五个印刷所。一翼是一系列的教育机构：幼儿园、小学、中学、师范和商业讲习所，以及函授学校等；一翼是一系列的文化设施：电影厂、玩具厂、文具标本仪器厂、印刷机械制造厂和尚未成形的唱片厂。这种由出版社兴办的教育机构和文化机构，就是一个文化联合体的具体体现。而这种论点也是陈原先生总结的。

于是，我们看到了商务的众多第一：

第一个作为文化企业引进外资；

第一个作为民营企业聘请外国印刷技术专家；

第一个导入了近代出版社的机制，创立了一处三所的典型模式；

第一个倡导"联合"集团式的结构；

第一个运用纸型印书；

第一个采用珂罗版印刷；

第一个尝试与外国进行合作出版，协议印行《万国通史》；

第一个使用自动化铸字机；

第一个制造教育幻灯片；

第一个采用胶版彩印；

第一个生产中文打字机；

第一个拍摄动画广告片。

……

与商务相类似，中华也有不少可以相提并论的业绩：

1920年创办国语专修学校；

1921年发行中华国音留声机片；

1926年开办中华书局函授学校；

1926年设立中华教育用具制造厂；

1930年发行英语留声机片；

1936年举办职员训练所。

这种业绩，如果不是以出版为主业，那已经了不起了。可是，商务、中华的名气、业绩后来全被出版所覆盖，以至于这些业绩既不被自身传诵，也容易被他人所忽略。

发展：本身就是以赢利为前提

这些成就的产生，我们从商务、中华的创始人身上还是能找到烙印的。

夏瑞芳、鲍氏兄弟等在1897年以4000元资本（实为3700元）创业，基础就是懂印刷，会英文，曾在教会学校学习。当时的财产是两部手摇小印机、三部脚踏圆盘机和三部手板压印机，商务印书馆的名称也可以理解为承接商业印件的单位。之后，通过增资、扩充设备，改用煤油发动机拖带，1900年接盘日本人在上海开设的修文印刷局，开始制造纸型。1903年更是利用日股与日本金港堂合资，商务的印刷业获得了超常规的发展和规模。1902年张元济进入商务，终使商务在成就出版业的层面上开始飞跃。

中华书局的创办人陆费逵在1912年从商务出走时是商务的出版部部长，自1908年加入商务的他亲眼目睹了商务在办学校、向教育领域延伸发展的过程，中华在随后的发展中走出了与商务同步，也与教育、文化产业相吻合的综合发展道路，应该说，这既是陆费逵等前辈的远见，也可以认为是受商务的影响所致。

其实，有教会背景、熟悉英文的夏瑞芳在尽心于商务的同时，依然以个人或商务的名义参与投资了五洲大药房、女子储蓄银行等产业。这种投资，使他与黄楚九等上海的产业闻人成为好朋友，使商务与当时新兴产业、成功企业相关连，客观上也帮助了商务迅速崛起。

当商务一旦在银行存款增多时，我们从张元济日记中就能频繁看见商务通过各大银行进行英镑、美元的买进卖出，参与其他公司股票交易，乃至购置地产等。

有关商务在印刷、发行业中的发展，在此不记。本文仅就商务、中华在教育、文化产业的渗透做些披露。

续业：创办图书馆、设立研究所

1915年~1918年，商务在河南路发行所专辟了一间图书阅览会，亦称陈列室，陈列全部本版图书及仪器、标本、模型，读者可向招待员借取在室内免费阅读。1926年，移设于东方图书馆楼下，名为"商务印书馆出品陈列所"，1922~1924年间，发行所还以巡回图书馆的名义将本版书运至苏南、杭嘉湖、宁绍地区的市镇公开展览。这些事都有"交际博士"黄警顽参与。

东方图书馆1924年落成，是从编译所的资料室演变而来的。占地二百方丈，花费建筑费十万元，是钢骨水泥五层大厦。在为编译所服务的同时，1926年起，每日下午定时开放，供公众阅览（1925年还开办了图书馆学讲习所）。据统计，1929年有3万多人阅览，1930年有3.6万多阅览，藏书有普通中文书26.8万册，外文书8万册，图表5000多种，善本古籍3700多种、35000多册，方志2600多种、15000多册，中西杂志800种，中西报章30多种，地图2000多幅，照片1万多张。

东方图书馆制订有详细的阅读章程，办事细则及参观规则。

可惜，这个闻名的图书馆在1932年2月1日被日本人纵火焚烧，中外图书与大楼皆成灰烬与残垣。

中华书局图书馆原设在静安寺路哈同路总厂，1934年读者也有2.5万多人。1935年迁入澳门路总厂，就基本上为本馆编书服务了。1949年解放时，馆藏书刊已达50万册，这个图书馆的藏书主体部分解放后成为上海辞书出版社的藏书了。

商务设立研究所也是值得一书的，这是王云五任内的贡献。1930年他出任总经理后，考察了欧美10国，带回了一套科学管理，并从美国直接招聘了一批博士、硕士，包括专攻商学、工学、印刷、人事管理的专才回国为商务服务，担任研究员，成立了研究所。王云五曾写道："我并通信聘定实业部劳工司长，现正赴日内瓦，以我国政府代表地位，出席劳工会议之朱懋澄君为该研究所副所长，而由我自己以总经理兼任所长。"聘任了孔士谔（推广业务计划）、王士倬（机械管理改革）、关锡琳（工商企业统计）、周自安（印刷制版、成本会计）、林朗培（分馆业务研究）、殷明禄（工厂管理、工资奖励制度）、赵锡禹（人事管理制度）、赖彦予（印刷工艺改革）八位研究员。机构则有秘书到研究员、事务员、庶务员等，就商务的组织、运作提出改革建议，关注欧美值得借鉴的经验，并将研究成果与初步改革建议汇成专刊在1931年10月出版。

虽因为战时，这个研究所存在日子不多，那些研究员先后投奔他业，但这个研究所对于商务推行的科学管理实是一个有效举措。

办学：从小学师范讲习班到函授学校

商务的办学从为自身招募员工先行培训、学徒再教育，到向社会招生进行直接或函授教育，在1949年前历经四十多年。1905年开始创设第一届小学师范讲习班，半年制，46人学习，32人毕业。第二届改为一年毕业，并设附属小学，60人学习，48人毕业。1907年将附属小学改为尚公学校，经过数年，学生增至200多人，校舍也有8幢。1917年还获总统颁发的"敬教育才"匾额。

尚公小学是一家带有福利性质的学校，因为师资的强大而迅速成为上海的名牌小学。当初规定每个商务职工可以免费送一名子女入学，同时也向社会招生。后来开办的平民夜校和励志夜校、养真幼稚园等都是尚公小学的附属机构。可惜，1932年的"一·二八"事变使尚公小学被日本人彻底毁灭了。

自1909年开始，商务开设的商业补习学校，连续开办了七届。同时，国语讲习所、图书馆讲习所、上海国语师范学校等也纷纷创办，为社会培养了一大批人才。尤其是学生通过商业补习学校的三个月学习再到商务各部门实习，先后有300多人毕业，不少人在商务出任分馆经理等职务。

商务通过办学，使毕业生经过实习后有了就业岗位。而且不断开设励志夜校、艺徒学校等，鼓励职工及时更新知识，谋求职务的递升。这又是商务的高明之处。

鉴于同时的市政背景，商务自1910年开设了函授师范讲习社，1915年开办了函授学社，这些函授学校先后有近万人参加学习，毕业者数千人。1933年，上海市教育局批令商务函授学社改名为上海市私立商务印书馆函授学校。1938年，还扩设了中学部和大学部，中学部分设国文科、英文科、算学科、自然科等学科教学。大学部分设了十五个系，开设数、理、化、经济、文、史、医、农等六十门课程。这些为未能进入高等院校的学生或因战争失学、失业的青年提供的学习机会，受到了民众的极大欢迎。

延伸：围绕教育生产辅助教学用品

商务1912年增设博物部制作标本模型，同时开始在新建的发行所发售学校用品仪器文具，设立铁工制造部制作印刷机器和理化仪器，1926年改设华东机器制造厂，独立经营直至1930年。1914年创制教育幻灯片，1918年制造教具玩具。

这些直接为教育服务而制作的仪器、标本、模型都是商务在大量出版教科书的同时开始对教辅教学用具的关注。同时，像墨水、胶水、毛笔、印泥等也大量供应。我们从1909年至1930年商务在各类中外博览会的得奖产品中就可发现，包括风琴、喷雾器、体操用品、蚕丝器械、地球仪、矿山模型等一应俱全。这些产品使商务不但领先于同业，也领先于全国，并且始终跟着世界先进潮流。

抗战前，中华联合商务等曾筹办温溪造纸厂，打算办油墨厂和运输部。虽然因为战时而没能实现，但中华1937年顺应战争时而设立了保安实业公司，生产防毒面具、桅灯和登陆艇供备战之用，直至1948年才结束。

1919年，商务推出了由舒震东发明的中国第一部中文打字机，同时，由万籁鸣制造了电影广告《舒震东华文打字机》供电影院放映正片之前播放幻灯片。

这部打字机是在1912年留德回国的周厚坤发明的中国第一架铅版打字机基础上完成的，旋即开始由商务所属的机器厂制造，这台打字机每小时可打千余字，每次能复印多份，1922年申请了专利，虽然舒震东后来从事了其他行业，但这台打字机一直由商务品牌生产，甚至在20世纪六七十年代仍被使用。

灌制唱片尤其是一些中文、英文的读音唱片，也使商务、中华在中国唱片发展史中留下了一页。1922年，商务灌制了由赵元任主持的8张国语唱片，这种因书而生，通过分支馆销售的唱片在当时一直成为业者的热门商品。

拓展：影片公司、广告公司

1917年，商务从南京一个美国侨民手中受让了一批电影器材，在印刷所的印刷照相部下设立了电影部，开始拍摄业务。最初拍摄的是《美国红十字上海大游行》的新闻片，商务自己的工厂《商务印书馆放工》、《商务印书馆印刷全景》等。1918年，派出高级干部赴欧美考察电影业，专门成立了活动影戏部，开始了包括风景、时事、教育、新剧、古剧的电影拍摄，尤其是拍摄的体育比赛实况的《第五次远东运动会》等，包括作为博物史教材插图的影片受到欢迎。1920年在馆内搭建了一个较大的摄影棚，美国环球影片公司来沪拍片也在此借地，并在回国时将一批摄影器材卖给了商务。为此，商务将活动影戏部改为影片部独立运行。1926年商务董事会将影片部剥离而成立国光影片公司，1927年国光影片公司停业。有人说，商务放弃这项业务，是因为电影的拍摄与自身"抵制外来有伤风化之品，冀为通俗教育之助"有违。有人说，是因为经营不佳所致。不论如何，拍摄了约60部影片，其中《春香闹学》、《天女散花》两部由梅兰芳演出，商务通过自身的分支馆以出租影片和放映机的方法推销影片，都成为骄人的历史。可惜，在1932年，这些电影拷贝和文件都伴随着东方图书馆而毁于战火。

中国电影百年纪念时，商务及国光影片公司这段历史被定格为使电影在中国成为一种文化形式、一种文化事业的开头。这种盛誉真是令人激动。

1919年，商务成立了由发行所营业推广科扩展而成的中国商务广告公司。这家独立建制的广告公司主要从事与商务本身广告业务（产品设计、宣传、出版广告等）不同的外来广告业务，当时以承包沪宁铁路沿线的广告牌制作为主，这也是当初成立的基础。当时的推广科分设了调查、宣传、设计三科。虽然这家公司存在的年时、业绩我们已很少获悉，但毕竟也是一件开创性的工作。

商务有着曾经"日出一书"的出版业、数十家分支馆和五个印刷所等立身之基础，不仅是出版家、印刷家，还是教育用品制造家、铅字铸造家。中华也有着处险不乱的状态，这些业绩本身对于现代出版从业者而言，已经是了不起的大作为，更何况在一业为主、多种经营方面也是那么富有成效。因为战争和时局动荡，有些经营未能长久坚持，但从我们已知的那些已经足够了，这种相得益彰、互相支撑的产业，终使商务、中华等屡战屡胜，各有所获。

我们只要从老一辈身上学一点，哪怕是模仿一点，也可以了，可惜，我们似乎还不会。

商务：70年只有30种创造性的出版物

赵家璧先生曾有"书比人长寿"一说，这话大抵不错，赵老人已离世多年，可他的著作、他编的书仍留在我的书橱，其内容仍为我所吸纳。

不过，虽然大多数的书留传的时间比人长寿，但真正为几代人所奉读，所接纳的似乎也不会太多。这是我近日复读王云五前辈的《商务印书馆与新教育年谱》时获得的感悟。

1970年9月，时任台湾商务印书馆（以下简称台湾商务）董事长的王云五先生在商务月度会议上向同仁作了一次长篇讲话，就商务自1897年成立至1970年期间的出版物进行了回溯性评价，提出了创造性出版物的概念。"我认为一个出版家能够推进与否，视其有无创造性的出版物。"并由此推论过去的70年只有30种出版物可归入其类，其余万余种统统不在此列。30种中，第一种为四位发起人的功绩，次六种为张元济先生所主持，其余二十三种均为王先生所主持（最后六种由台湾商务完成）。其中，数种因为战争而未能成品，一部分也未能如愿：

本馆成立至今，业已经过七十四年，其间可分为三个时期：一是前期，即自民国前十五年本馆创设之时，以迄民国十年我加入本馆，其间约二十五年；二是后期，系自民国十一年我开始主持本馆编辑出版工作，以迄民国三十五年，我参加政府，脱离本馆，其间二十五年，连同民国五十三年秋，我在脱离政府后重主本馆以迄今日，此六年与前二十五年合计三十一年。又从三十五年夏我脱离本馆以迄五十三年秋我重返本馆，其间的十八年，可称为中间时期。这三个时期所以如此划分，系针对创造性的出版物而言。我认为一个出版家能够推进与否，视其有无创造性的出版物。经我详细估计一下，前期的创造性出版物，计有七种，除其中一种，为四位发起人的功绩外，其他六种皆由张菊生先生所主持，后期的创造性出版物，约有二十三种，皆由我所主持。两者合计，恰为三十种。至于中间时期，除最初两年由朱经农先生主持，就我在重庆编印的中学文库，扩充为新中学文库，似尚非创造性外，余十六年，则在混乱与沦陷时期，并无任何出版物堪称创造性。

所谓创造性即是以前所没有的。本馆今年已经存在七十四年了，本馆先后的出版物不下万种，而堪称创造性者，只有三十种，因而够得上创造性出版物之名称，可不容易，就无量数的出版家来说，我觉得只有开明书店的二十五史，和传记文学社的各种传记丛刊，才算得是创造性的，中华书局虽有辞海和四部备要之编印，前者却是在本馆辞源之后，后者虽注释较详，也在本馆的四部丛刊以后，均不能算有创造性。

王先生眼中的创造性出版物，不仅是那些足以影响后起之出版，而且对于教育的进步、学术文化的贡献关系重大。

那么，王先生所说的70年的30种创造性出版物是哪些呢？

1．《华英初阶》与《华英进阶》

原书是英国为印度人所编的，没有中文解释。但商务的创办者（营业员夏瑞芳，技工鲍咸恩、鲍咸昌和买办高凤池）却动了一个新念头，托一位牧师将它翻成中文，据说初阶第一版二千本几天内就卖光了。

当时的出版者中，比商务开业早的广学会专出教会图书，江南制造局擅长理工读物，广智书局忙着革命书籍，扫叶山房专出石印书籍。而商务靠着《华英初阶》、《华英进阶》成全了从印务向出版业的"转身"，使众多的读书人获得了第一种启蒙读物。

2．中小学科教书

商务编印全套中小学教科书是在夏瑞芳延请了张元济之后成就的。

张元济曾说："昔年元济罢官南旋，羁栖海上，获与粹翁订交，意气相合，遂投身于商务印书馆。"张元济1902年入馆，当年夏天编出《文学初阶》、1904年编出最新教科书《国文》第一册，由此陆续编出初小、高小、中学各科教科书。这套书被认为是那个年代"最重要、最有影响的中小学教科书"，也成为"本馆最旧的教科书"。

3．《东方杂志》

1904年3月11日创刊，1948年12月终刊，共出44卷，816期，810册，是近代中国历史最悠久的大型综合性杂志。曾被赞为："内地人士，无力遍阅各报者，得此亦足知中外近事。"

4．《辞源》

1915年出版，被认为是一部推陈出新的具有划时代意义的新型工具书。如果商务没有《辞源》，那么中华书局也就难以编印《辞海》了（1936年出版），1932年商务出版《辞源（续编）》。

5．各科词典

包括《中国人名大词典》、《古今地名大词典》、《动物大词典》、《植物大词典》、《教育大词典》等。

6．四部丛刊

张元济等辑，初编350种、续编81种、三编73种，分别在1922年、1934年、1936年问世。王云五先生曾言："四部丛刊的目标是以景印好的版本书为主，此书的销路很好。中华书局也跟着出了四部备要，不重版本，而重注疏，虽各有效用，究竟较四部丛刊后出。"

7．百衲本二十四史

25种800册，张元济辑，1916~1936年影印，以涵芬楼藏书为主，再向他家借阅藉以凑合、补全。旧时和尚身穿打补丁的袈裟，被称之为衲。百衲，可见补丁之多。

8．百科小丛书

1923年开始出版，400种。以每一题目为主进行撰写，两万字为单本，四万字为复本。其中300种收入之后出版的万有文库。

9．各种小丛书

如工学小丛书、农学小丛书、商学小丛书、师范小丛书、国学小丛书等。

10．百科全书

这是王先生的梦想。曾聘六七位专家分科主编，配以二三十位编译人员三四年成稿五千万言，却在1932年"一·二八"之役被战火烧光。

11．四角号码检字法

1928年出版《四角号码学生字典》，意味着王先生自1924年开始检字法研究，经过七十多次小修改和三次大修改终于修成正果。

12．各种索引

在四角号码检字法问世后，以此编制印出的有《佩文韵符》、《汉和大词典》、《二十四史人名索引》等都成为四角号码的副产品。其中，如《二十四史人名索引》虽为开明书店出版，但因为采纳了四角号码而使读书人翻检时更感便利。

13．学生国学丛书

1925年开始编印，先后选定九十种国学要籍，由专家选目、注释并对原书撰一概要说明，以知全貌。

14．万有文库

1929年开始出版第一集、1010种分装2000册，以国学基本丛书、汉译世界名著、百科小丛书和各科小丛书等组合而成。1934年续出第二集700种分装2000册，由国学基本丛书二集、汉译世界名著第二集、自然科学小丛书初集、现代问题丛书初集组成。

15．大学丛书

1932年编印，先后出版317种。有54人组成的大学丛书委员会，由各著名大学推派一二位著名学者和商务编审部几位参加，"其方法为各大学教授编著的建议，经自行审查后，再由本馆分交其他大学教授兼任大学丛书委员者予以复审，通过后，即列入大学丛书"。（王云五）

16．四库珍本

1934年，从四库全书罕传本中择要影印。第一期共出238种4313卷。当时与中央图书馆的合作条件订明赠送十分之一的印本给中央图书馆，"我们印了一千部即送了一百部，由中央图书馆与国外交换，因而至今大都保存于国外图书馆。在台湾的只有军校运来两部，政大有一部，中央图书馆和中央研究院各有一部"。（王云五）

17．中国文化史丛书

1936年编印，先后出版42种。先列出计划和目录再由专人撰著。

18．自然科学小丛书

1934年出版初集200种，300册。是当年规模最大的系统汇集自然科学的译作，编入万有文库第二集。

19．丛书集成

1935年辑印，收丛书100部，计划出版4100种。依万有文库方式排印，共有4000册，连同万有文库一二集各2000册，合为8000册，"假使不是抗战发生，我决定续编万有文库第三集2000册，那便凑足万册之数了"（王云五）。但因战事，尚有1045种、533册未出，商务曾登报公告，对办理预约者予以登记及退款。

20．中山大辞典

1938年仅出一字长编，收录以"一"字领头的复词、成语、熟语及名词术语5474条，约100万字。王先生为此书曾编成了约八百万多张的卡片，预备编印50册5000万字的大书。可惜第一册刚刚开始排印，即因日军侵华、抗战而撤离上海，这些资料卡片寄存在上海某学校，不得其终。只是把随身携带出去的"一"字为首的卡片在香港印刷成书。

21．附有索引的各省通志

1934年影印六省通志（湖南、浙江、广东、畿辅、湖北、山东），且附有人名、地名的详尽索引。

22．年谱集成

曾集一千多种年谱并就其中的人名、地名、史事编成详尽的索引，"却为抗战而中止"。（王云五）

23．小学生文库、幼童文库

1933年编印小学生文库第一集500册，1934年编印幼童文库第一集200册，将各科知识分门别类，用浅近生动的语言，诱导少年儿童的阅读兴趣。

24．中学生文库

1947年编印，"这是在抗战时期，我把商务在重庆新编或重印各书，认为适于中学生参考的，各科各类皆有，但其版式大小不同，化零为整，编成中学生文库，销出数千部"。（王云五）

25．人人文库

台湾商务1966年编印，"新旧参错"，曾每月新出20种，促进学术、普及文化，连续出版24年，直到1990年7月才停止。共出书2000种，2440册。

26．各科研究小丛书

台湾商务1966年编印，为完全新作。每书叙述一学科，分为概论、小史与研究方法三部分，作者均为专家学者，共出版100种。

27．国学基本丛书

台湾商务1967年出版，将原收入万有文库第一集的100种、万有文库第二集的300种国学基本丛书分为六十类再印，总字数约1.1亿。

28．古书今注今译

台湾商务1969年出版，原定经部10种为第一集，后纳入"中华文化复兴运动推进委员会"计划，第一集定为30种。商务加出子部2种，其余18种由"文复会"出版。

29．新科学文库

台湾商务1969年开始出版，系从美国出版的通俗科学作品译出，第一期60种，之后，每周出一册，"其于二三年内使新科学文库达成200种之数，则于新自然科学与应用科学各重要论题，大体具备矣"。（王云五）

30．王云五社会科学大词典

台湾商务1970年出版，12册。平均每部60万言，最多者有80万言，总字数达700万言以上。1967年由台湾人文科学专家学者分科编撰，包括社会、统计、政治、国际关系、经济、行政、教育、心理、人类、地理、历史12个学科门类。有二百多位专家学者参与，1971年最后一册出版。被称为是台湾权威的现代社会科学工具书。

王先生在商务存世74年的时候对台湾商务同仁发表了上述讲辞，时间又过了快40年，商务又增加了多少创造性出版物呢？以我对北京、台北、香港三地商务的观察，应该还是有的。其他出版家又出了多少创造性出版物？

仁者见仁，智者见智。也许有人对"创造性出版物"的概念有歧义，对于商务30种"创造性出版物"有不同解读，但可以肯定，如果没有战争，也许会有更多的创造性出版物出现并完善。

中华书局，留给后人的念想

百年前的1912年1月1日，中华民国临时政府在南京宣告成立，中华书局也在上海诞生。从此，中国社会、中国出版都进入了新纪元，开启了新天地。

2012年，是中华书局百年庆，回望过去的百年尤其是1954年公私合营改组为财政经济出版社之前的42年历史，留存的却是一篇岁月消逝但印痕无限的大作、一篇令人兴奋但不无遗憾的大作……

在商务聚集智慧

欲说中华书局，必先得说说商务印书馆。

商务印书馆是夏瑞芳、鲍威恩、鲍咸昌和高凤池四位一起在教会学校学英文排字又先后在西文报馆排字谋业的同伴，夏与鲍氏兄弟更是姻亲，四位年轻人"彼此商量，与其寄人篱下，不若自立门户"，心动不如行动。终于，他们集资租房购置印机开始以印书为主的创业。这是做熟悉的事。印书赚钱总比不了出书卖书快捷。于是，请人译书出版便尝到了甜头。1902年慧眼引进张元济，商务老人陈叔通在1960年曾写有"商务的主要创办人是夏瑞芳，夏是一个有雄心的企业家，夏与张结合才为商务成为一个出版企业奠定了基础"。同时，印有模也加入了商务，张、印的加入，使商务在智力、财力上同步添翼。

中华书局的创办人陆费逵（伯鸿）是1908年加盟商务的，他是被商务董事、编译所的高梦旦看中的。陆费逵出生在陕西汉中，17岁步入社会，从南昌、武昌一路到上海，办学堂、组织团体、出任报纸主笔直至进入文明书局并在上海书业商会任职。高梦旦那时代表商务出席书业商会，在与陆费逵的相识相交后发现了这位印刷、发行、编辑三者俱通的人才，以重金聘为商务出版部部长。商务同事蒋维乔后来回忆"梦旦欲坚其心，又以侄女妻之"。不过，陆费逵终也不是等闲之辈。曾有一说他在筹办中华之前就"在馆外与人合谋，私编小学教科书全套。其实如国文、算术、历史、地理、理科等，只成第一册，即登广告号召，商务方面夏瑞芳、张菊生（元济）见之大惊，责成梦旦与之交涉。结果，将其稿以重价购回，对伯鸿更增加薪水"。

商务给了陆费逵施展才华的天地也使其获得了创业的资本，这种智慧效应使其得以聚集一群同样有着结帮合斗之心的同事在1912年元旦揭竿而起，稍后即以一套中华教科书亮相全国，成为跟进时代改革步伐的出版家。

中华的创业与商务不同，它从一开始就是以出版为主打项目，然后旁及印刷、发行。自中华开始，无论是世界书局、大东书局还是开明书店，高管的大部分都有在商务从业的背景，这既说明商务在中国现代出版史上的"老大"地位，也表明从中华书局开始的商务被"分拆"所形成的对出版业的人才贡献。当然，商务前期的艰辛创业乃至成功业绩也替那些后来者交了"学费"，做了"铺路石"。

从上海开始出发

中国城市现代史，最典型的坐标是上海、香港、台北、北京。中华书局1912年在上海创办、1916年在福州路建成五层大厦，当时人站在顶层还能望见佘山天文台（隔壁是早四年建成、仅有四层的商务总发行所），1933年在香港九龙建立印刷分厂，1935年在上海澳门路建成新印刷厂并迁入总办事处、编辑所、印刷所和图书馆，1947年成立台湾分局，1952年在北京设立排版所……曾经，中华在各地包括东南亚设有四十多处分支局，这种布局也为中华的百年传承奠定了基础：中华从上海起步、发展，在香港度过了抗战八年的艰难岁月，到台北传输中华文化精髓，至北京迈出重生的步伐。这种构架，在中国具有代表性的出版机构如商务、世界、大东都曾走过相似的发展之路，尤其是商务走得早、走得远，这在当时是一种利益所驱，但在后人眼中，也是中华等出版机构为人赞叹的魅力所在。

这可能也是一种城市效应的体现。为什么中国现代出版大企业都在上海产生，然后再由上海向香港、台北、北京发展（抗战时期也在桂林、重庆等地生存）？这与城市的人口聚集、文化多元、经济发展、教育普及是相辅相成的。这与现在的年轻人择业首选"北上广"，中国当代出版中心是北京、重镇是上海是同样的道理。

确立"老二"的坐次

中华书局在发展过程中也遇到过几乎"灭顶"的灾难。1917年因投资扩张过快、厂店迁移营业受损、时局动荡加上同业竞争、管理漏洞私挪公款等一系列弊病同时爆发而出现史称"民六危机"这种企业发展过程中常有的危机时，陆费逵也曾盼望商务"搭救"、寻求"被吃"，最终在股东们垫资相救、改组董事会、清账整顿后逐渐恢复。陆费逵曾说："民国六年的风潮闹得几乎不了，原因很复杂，就我本身想起来，有三种缺点：第一，经济缺乏，没有应变的财力；第二，经验不足，没有预防的眼光和处变的方法；第三，能力不足，没有指挥全局的手腕。"在之后的三年中，陆费逵为此付出了代价，被究责降职。也有人请他另谋他职，好在他坚持了。这似乎也能显示陆费逵对中华的情深意切和做事品行。

在很多年的发展进程中，中华始终处于"老二"的地位：前面要瞄准老大，以老大为榜样：你出什么书，我也出什么书。也要给人一种后来居上的感觉：你先办厂我也开厂，而且设备更全更新；你在各地布点开店，我也同步跟进，而且讲究实效。同时，还有"老三老四"们在紧追着。1949年之后，世界书局、大东书局迅速消失，开明书店也在1953年公私合营而名不存人俱散，现在已经很少有原始资料和相关回忆披露这些曾经的老三老四老五们的成长经历了。不过，这曾经被简称为"商中世大"、"商中世大开"的中国现代出版大家在1949年之前的地位却是难以抹去的。

以教科书而言，国民政府1943年在重庆组织国定教科书七家联合供应处承担印刷发行任务时，商务、中华、正中书局各获22%，世界获12%，大东获10%，开明获8%，文通书局获4%。以工具书而论，商务先有《辞源》、中华后有《辞海》、开明再有《辞通》。以杂志而论，商务有"十大杂志"，中华也有"八大杂志"：《中华教育界》、《中华小说界》、《中华实业界》、《中华妇女界》、《中华学生界》、《中华童子界》、《中华儿童画报》、《大中华》，世界有《红玫瑰》、《家庭杂志》、《侦探世界》，大东有《游戏》、《半月》、《紫罗兰》、《星期》，开明有《中学生》、《开明少年》……

长期处于"老二"地位的中华书局，无论是陆费逵执掌的三十年还是之后若干年，几乎都生活在商务的阴影和"老三老四"的步伐中，这种夹板效应也催促其不断前行。今天，当我们回望过去时，总可以顺手举出若干大家名家曾为之作出贡献也可举出影响卓越的名著大书乃至轶闻轶事予以缅怀。但在当年，中华那种攀比的争先心态，一定会影响其日常业绩，这样的日子也许比"老大"、"老三"、"老四"更艰难。

印刷领先占先机

中华书局不是以印刷开始创业，但是在印刷业的层面却走得比商务等企业更好，即使与纯做印刷的同业相比也长期占有领先地位。现在的印刷业，对于出版业而言，似乎成了一个陌生的行业，只是承印厂，通常在书刊的版权页上出现"凡有错漏等质量问题，请予承印厂联系"。过去，办印刷厂几乎是出版企业是否有实力有资本的指标，上下游通吃，既编书出书又印书发行是一种习惯。1949年以后推行出版专业分工，出版、发行和印刷开始各自独立运行。

早年，中华先是购并组建印刷力量，将民立图书公司、右文印刷所、申新印书局等收购重组建立自己的印刷系统。1914年在现在的南京西路购置建厂基地43亩，建成二层楼房五幢、平房四幢共约五百间，1924年扩建二层楼房二十五幢、平房四幢，制版、印刷、装订、货栈设备齐全、技术成熟、功能完备，成为当时上海最大的印刷基地。1933年在香港建成占地17亩的厂房，1935年在市区澳门路以12亩土地建成钢筋混凝土结构厂房四层楼房五幢、平房一幢，再配以引进机械、聘请德籍、日籍技师和中国技术人员，使之成为印刷业的先进代表。"抗战"前夕，中华员工已有5000人，其中总公司和各地分局有1000人、上海新老两厂有2000人，香港印厂有2000人。

中华书局的印刷厂在战争时期也没有太大的损失，加上长期承印钞券，在中华的总营业收入中印刷收入占据了一半左右，而且这还是纯收入，不像做出版还有退货、返销等不可测因素的困扰。

很多时候，中华的日子是靠印刷赚钱度过的，甚至比教科书的收入还高。印刷的发展也促进了中华的出版"肥水不外流"乃至既能赶急又能精益求精地高水平印制，这种市场效应，对于现在的出版企业而言，只能是梦想了。

坚持打拼不懈怠

陆费逵（1941年7月9日病故于香港）执掌中华这个股份制公司三十年，充分显示其个人的操控能力和把握能力超强。陆费逵进入上海是从基层做起的，如同现在的"外来打工者"。这个出身留给他的是待人处事常以谦和之态出现，不以老板、总经理自居，而自称弟或兄，称对方则以先生或兄或弟，给经历过同业遭遇的人们的感受而言，只会增添凝聚力。同样，没有专职秘书、所有文书案牍均自己办理、月入300元，既能看清大局又能执意而为，也使他有一批长期的拥护者和扶助者。在陆费逵的带领下，中华自有一支业务能力强、社会影响大的编辑队伍、作者队伍乃至一支肯吃苦、能钻研的稳定的员工队伍。虽然常有"工潮"，但员工的收入却是不差的。

陆费逵在主政中华之余也为社会作出了贡献：他长期担任上海书业同业公会主席、国民参政会参政员，著有《国民之修养》、《教育文存》、《妇女问题杂谈》等论述。

以陆费逵在中华打拼三十年形成的名人效应，对于中华的发展有着决定性的作用。

假如陆费逵不是早逝，那么，或可像王云五那样去台湾或可留守香港或者就是张元济、舒新城那样成为毛泽东可以谈话的对象。当然，这只是个人遭际，中华的被合并被分拆被消失则是由不得陆费逵的。

积累一份厚家底

1953年11月，在一份由出版总署党组小组陈克寒署名的以出版总署党组小组向"仲勋、乔木同志并中共中央宣传部、文委党组并转主席和中央"的关于进一步改造商务印书馆和中华书局的请示报告中，我们大致可以见到此时的中华书局留给新中国的一份家产：

中华董事长吴叔同（在香港），总管理处在上海，分设编辑出版部在京沪两地，在上海、北京、香港三地各设有一个印刷厂，在香港、新加坡设有发行机构，在广州、香港设有办事处专门领导海外出版发行工作。三个印刷厂合计共有大中型主要机器43台，每月能印纸14000令。根据1950年的账面估值，资金约2100亿元（包括在海外的889亿元，在美国的存款276亿元以及在国内的933亿元），其中应予没收或代管的约占全部股份的26%。职工有902人，其中编辑出版人员86人，印刷厂职工682人（包括香港287

人），管理机构人员94人，海外发行机构职工40人，有应退休者（60岁以上）及将退休者5人。

当时，为了公私合营，出版总署会同华东局、上海市委做了很多调研、清产核资等工作，也撰写了多份报告，在这份请示报告中，陈克寒对中华和商务的现状作了概括性的描述：

解放以后，由于中小学教科书逐步地由国家统一出版发行，两家过去所编旧书不受社会欢迎，印钞业务停顿，纸张投机买卖不能再作，加以内部经营管理不善，人浮于事，包袱沉重，生产降低等等原因，以致陷于极困难境地，历年均以借债、变卖产业度日。

1950年两家在各地的分支店与开明书店、三联书店等先行被合组为公私合营的中国图书发行公司，分支店的消失，也就是直销体系的打破，是出版体制变化最早、影响最大的一环。"两家书店在编辑出版上，大部分是由国家加工订货，发行上也由国家掌握。"

1954年4月，华东新闻出版局在一份关于进行商务、中华全面公私合营筹备工作上海工作组初步总结给出版总署的报告中开列了中华与商务的资产表（单位百万元）：中华国内资产账面总值97875（商务88434），中华上海部分账面总值87700（商务78570），中华海外资产账面总值105738（商务11745），公股和公方代管股占24.9%。

这份相当不错的家产，体现着陆费逵等诸多老中华人的长期努力而滋生的集聚效应，此时，随着大势所变而迈入了复杂而又多变的年月。

百年轮回再出发

中华书局终于"北上"，1954年4月被改组为财政经济出版社。留在上海的先称中华书局上海办事处，总算循序渐进、一脉相承留了点"名头"在上海：中华书局上海编辑所、中华书局辞海编辑所、中华印刷厂（福州路总店已在1951年成为中国图书发行公司上海分公司）。大浪淘沙，又是近五十年。中华书局上海编辑所成就了上海古籍出版社，中华书局辞海编辑所诞生了上海辞书出版社，同属上海世纪出版集团。中华印刷厂现属文新集团，在1974年将中华书局图书馆搬至陕西北路上海辞书出版社后在多次改制重组后远迁青浦、空留厂房成为房产开发资源。福州路总店归属上海新华发行集团，历经沧桑后随着河南路拓宽而被拆除部分建筑，其余也被业主移作他业，留下了一座面目皆非的楼层。

中华百年，而今再出发时，它的传承效应还有多少？唯有北京的中华书局和上海中华印刷有限公司了。对于明确了以"守正出新"为出版理念的中华书局而言，人们有理由予以厚望；对于中华印刷公司，人们的期望还有多久？一家纯粹的印刷厂，它的生存空间更加狭小。

商务与中华的发行所建制

2001年8月，我受上海新华发行集团委托，为集团在云南腾冲援建一家希望小学而前往进行施工督察，在腾冲逗留期间，去了有名的和顺乡图书馆，立即被那里古朴、自然、宁静的氛围所感染，尤其面对众多20世纪二四十年代的旧书时，仿佛进入了一个新天地。这种如临宝库的心情就是今天回忆起来也是难以抑制心中的感叹。

在那里，我发现了一本《商务印书馆志略》（民国十五年三月印制），当时限于时间，没有多翻。等我隔几个月陪集团领导去参加建校典礼后，自然不放过再到和顺乡图书馆的机会，这也使我得以从从容容地写作这篇文章。

商务印书馆当初以编译所、印刷所、发行所各自为政的三所为主要构架，1915年由陈叔通提议设立总机构将三所行政、用人、财务集中；1916年经董事会通过成立总务处，"以总务处总其成"。商务的编译所设有：编译部、委员会、杂志社、函授社、事务部、出版部及附属机关。其中颇有个性的是附属机关，由图书馆、试验学校、幼稚园组成，这大概就是商务特色了。

我曾收集了民国十三年的《中华书局概况》，那时的中华书局编辑所设置为八个部：总编辑部、国文史地部、国语部、数理部、新文化部、国故部、西文部、美术部，这些部门在商务大都列在编译所和事务所，两家单以编辑部门而言，差距实在是很大。

以下，我们具体剖析商务与中华的发行的建制：

商务印书馆发行所——

发售部分：本版图书柜、仪器文具柜、西书柜、寄售图书柜、美术柜、定书柜、批发处、通信现购处、函授学社报名处

事务部分：收银柜、收支处、存货处、发货处、帐务处、收发处、发报处、邮务处、承印处、稽核处、庶务处、招待处

商务给发行所的定义是：为发行图书文具之总机关，设上海棋盘街，置所长一人，副所长一人，其办事组织由发售、事务部分组成。

中华书局发行所——

存货机关：店书栈、仪器栈、寄售课、西书栈

售货机关：批发/本埠批发课、外埠批发课

门市/图书第一柜（书籍柜）、图书第二柜（定书课美术柜）、图书第三柜（西书柜）、文仪第一柜（仪器文具柜）、文仪第二柜（玩具乐器柜）

帐务机关：清帐课、核计课

银钱机关：收款处、会计课（附属总公司会计部）、收银员

推广机关：广告课、陈列课、交际课、调查课

印刷机关：名片课

收发机关：收发课

庶务机关：庶务课

看来，以发行所之建制、中华明显细于商务。以发售或称售货部分而言，两家除了本版，强调了西书柜、美术柜、定书课、寄售柜。商务发售部分包含了零售、定书、批发、寄售、邮购（通信现购处）、函授学社报名处等服务项目。中华的玩具乐器柜很有特色，这种多种经营的方式今天仍为一些书店所运用。

商务发行所设有招待处，这种格局使我找到了历史的根据，解放以后各地新华书店普遍设立招待所，供外地同业进货、游览、下榻之用。只是现在这种招待处已演变成星级宾馆和作为产业投资的举措了，相比过去，是说大了做大了，但是否实在，难说。

中华发行所的会计课很有特色，它附属于总公司会计部，这种做法好像现在的"委派会计制"，看来，我们的前辈真是高明，这财权抓得可紧了。

商务有承印处，中华也把印刷机关的名片课列入了发行所建制，这种在柜台接生意的做法比我们现在单一零售图书有趣多了，虽然我们也曾出租柜台引进商户设摊，但比较前辈，可以看出差距了。

中华的推广机关设立了四个课，职责分明，分别负责报刊广告、店堂陈列、业务交际、社会调查四个层面，虽然这些课抵不上商务一个黄警顽的名气，但仍使我们看到了当初经营思路之完善。

以前，邮务处、发报处都是生意场上的必需部门，现在，发报部门早已消失，邮务处的作用也下降成只有一个收发处就可以了。庶务的名称现在已消失了，查了词典，被解释为"旧时指机关团体内的杂项事务"，现在是总务科、行政处之类。

两家书店发售或称售货部门都以柜相称，如本柜图书柜、图书第一柜等，其他事务部门商务多以"处"相称，中华则以"课"相称，看来商务的架势"级别"就是大。从商务、中华20世纪20年代的机构设置可以发现当时的经营范围、服务项目，也能发现机构组合、乃至名称上的时代烙印，把历史原原本本地展示出现，我们就能发现前辈的用心、尽心，有些举措，真让后人难以逾越。

张元济与王云五1948年开始的秘闻

2007年是商务印书馆成立110周年的日子。我一直关注着这家中国存世年份最久、最具代表，对中国社会、文化、教育产生着巨大作用的出版机构的过去和现在。

若说现在的商务，那就有杨德炎、陈万雄、王学哲等。要说老辈的，那除了夏瑞芳之后，就是张元济、王云五了。

读了很多书，也发现了很多值得说说的事。单以张元济与王云五而言，也有很多未曾明说的事，有的事有人不想说，有人跟着瞎说。我想，张元济在任商务印书馆董事长期间的1948年，给王云五信函一封，告知免除其董事之职，直至1979年王云五去世，其间，张元济对这位老朋友说了些什么，我们不得而知。王云五说了些什么，我收集了，并且还想转呈同好，使爱好者对这个情节的了解向实事求是的方向更进一步。

张元济，1959年8月14日病逝于上海华东医院，享年93岁；王云五，1979年8月14日病逝于台北荣民总医院，享年92岁。两位先辈相隔二十年的同月同日仙逝，不知冥冥之中是否有所定数。

为了存真，仅对下列所引文字中出现的那个年代的专用语稍作删除（以省略号替代），敬请读者予以理解。

一

1948年12月24日，商务印书馆董事会主席张元济给时在广州的王云五发出了一封信，此信没有收入2007年台湾商务出版的王学哲编《张元济致王云五的信札》（1937年至1947年），而是收入了1976年10月台湾商务出版的《岫庐已故知交百家手札》。《岫庐已故知交百家手札》在卷首的"目录与简历"中对张菊生（元济）作了如下的介绍：

浙江海盐人，弱冠中进士，授翰林院庶吉士，散馆改刑部主事。在京提倡新学，然与康梁无涉。康梁失败后，清廷误以为有关，革职永不叙用，遂回籍。道经上海，为南洋公学聘任汉文总教习，与西文总教习福开森博士共事，甚相得，彼此交换中英文。嗣为商务印书馆发起人罗致，加入为股东，创设编译所，自任所长，使商务印书馆由印刷家一变而为出版家。历任董事会主席。晚节稍亏，为煽惑依附。嗣明真相，大悔，不问事，抑郁以终。卒年九十余。余曾撰"张菊生先生与商务印书馆"，为持平之评判；盖其生平爱国，而性近天真，致易受煽惑。余文汇刊于拙著《谈往事》中，抗日战争起，余离沪，菊老留沪，通信百数十通。此处选刊若干通，以见其热心公事。

据汪家熔先生在四川人民版《大变动时代的建设者》一书中说，1948年"十二月十九日，商务印书馆股东年会上，张元济建议不选王云五为商务董事"。

张元济函的原文如下——

岫庐先生大鉴：

久未通问。史久兄归，询知起居安吉，至为欣慰。久兄并言有贵友在台湾，招往结邻，鄙见广州将来必益繁冗，不宜宁居，甚望能早日东渡也。商务印书馆本届股东年会，甫于本月十九日举行，与同人相酌，谓公此时正宜韬晦，不敢复以董事相溷，谅蒙垂察。时事多艰，杞忧何极，言不尽意，敬颂台安。

弟 张元济
三十七年十二月二十四日

王云五弟子王寿南先生在1987年6月由台湾商务出版的四册《王云五先生年谱初稿》中就此函表示，"按先生所持商务印书馆股份不多，但二十余年均被选为董事。至此，遂退而仅为一股东。商务印书馆何以在此时排斥先生？"

对此，王云五先生有以下两段解释：

1967年7月台湾商务出版的《岫庐八十自述》中，此事被描述为：

先是，我抵广州市不久，商务印书馆协理史久芸因业务前来广州，因便来谒。我以半年来商务渗入左倾势力，排斥我所推荐之总经理朱经农，致不得不辞职出国。张菊老为左右所把持，态度大变，我故不愿谈馆事，久芸亦不能多言，旋即前往香港。越数日我接菊老于本月廿四日来函（笔者注：以下为原信全文，省略）。

函中"韬晦"一语实系商务印书馆旧势力受新势力压迫而排斥我的一个客气名词。我自从复员后从政之初，即坚辞商务印书馆一切职务，但两年来的股东会仍把我选任董事。我因住居南京，未能参加董事会，曾经力辞，菊老等皆不见允。此次因我下台远去，不再担任董事，原系人情之常。独惜事前未尝征询我的意见，迳为决定，仅于事后函告，则对于两度再造商务书馆，并曾任董事不下二十年之人，在人情上似不无欠缺耳。盖如电属广州分馆经理就近一询我意见，甚至久芸来谒时，顺便一询，我亦何至恋栈。菊老系翰院中人，且老于世故，苟能出以自由意志，断无不采择此种步骤，乃计不出此，定然迫于压力，且从其来信，劝我早日东渡台湾，未尝不顾及友谊，是则更可证事前未尝婉转一商，固非菊老本意也。然因此一举措，使我失去商务书馆董事一职，结果致大陆沦陷后，商务印书馆留在香港之一切资产不能供自由中国之利用，实最可惜也。

1973年3月台湾商务出版的《商务印书馆与新教育年谱》则写道：

同（三十七）年上海总管理处重要人事已有更动，董事会主席张菊老向不愿以其亲属在商馆居要职者，此时因受左倾分子影响，进用其外甥谢仁冰（冰）为公司协理。仁冰民元间曾与余在北平教部同事，尚无政治倾向，嗣因其子化名章汉夫者投入共党，……遂受其影响而左倾，一时经仁冰引进公司之左倾分子不少。总经理朱经农孤掌难鸣，时为余言，商馆恐不久变色，未及年终即乘奉派出席国际科教会之机会辞职出国。菊老亦未予挽留。盖自三十六年起，余先后由经济部转任国府委员兼行政院副院长，三十七年行宪政府成立，余本拟乘机摆脱政务，却又被坚邀出长财政部。两年以来公事鞅掌，甚鲜来沪，致与菊老疏远，而菊老外惑于老友陈叔通，内操纵于外甥谢仁冰，致有此大转变。

同年十一月余卸职南还，暂时寄居粤垣戚家，得分馆转来菊老函，内称"本年度股东年会甫于十二月举行，与同人相酌谓公此时正宜韬晦，不敢复以董事相渎，谅蒙垂察"。轻轻把联任了二十年的老董事革除。我很谅解，这并不是菊老的自由主张。所以这时候正是他的傀儡时期的开始。

据《王云五先生年谱初稿》第二册记载：

1949年3月13日，张元济从上海来函，告以商务印书馆编审部迁入上海威海卫路先生之旧居。

张元济先生原函存王云五先生寓所，其内容如下：

岫庐先生阁下：久未通问，比维起居安吉为颂。闻公将赴牛津（按：系剑桥之误）讲学，此为教学相长之举，适时养晦甚感，未知何日成行，至为企念。敬祝福星载道。威海卫路我兄旧居，近瀛眷及世兄辈均已离去，编审部适需迁移，即拟移入，于人地均甚相宜，鹊巢鸠占，想蒙俯允，所存旧物，已由李伯翁属馆员妥当安置，异日台端北还，仍当归于故主也，贱体日趋衰退，馆事弥见艰难，弟以识途老马，不能不共为扶持，想吾兄闻之，亦当多怜悯耳。专此只颂 履祺

弟张元济拜上

三十八年三月十三日

按：上海威海卫路王云五先生之旧居乃王云五先生私人所租赁，租金亦由王云五先生自付，张元济误以为系商务印书馆所租，王云五先生寓所藏有当时在上海商务印馆服务之某君（王云五先生之学生，自称"生"）致王云五先生函三封（信末署名"彰"，不知全名），其中两函均言及王云五先生旧居被商务侵占事，此两函可惜均不全，未知发信日期，但交待房屋事则可从函中清楚了解，兹将两函中有关房屋部分摘录如下：

云师座右：三月七日两次手谕均谨诵悉，威海卫路师寓一月前菊公（按：指张元济）颇有意供新总经理陈夙之居住之用，经生详细说明师寓系师早年自租，八一三时因公移港办事，遂暂托公司代管，但终始由师担任租金，与生寓性质迥然不同，说话时久芸兄亦在座，菊公听后始恍然大悟，最近不敢再提。最近菊公因公司所租之编审部房屋学艺社坚执要按生活指数调整租金，现每月要二百万元，公司不胜担负，颇欲迁至师寓办公，嘱生转信，信内所云，在平时尽可不理，但现值一切反常之时，生意似只好劝师接受，盖不如此，目前亦苦无善策，不如忍耐一时，未知师以为何如？（下略）

云师座右：十九日、廿三日两次手谕均谨读悉，附致菊公函当即照转。日昨菊公来馆谓我师眷属既不久返沪，一切当作罢论，菊公年事过高，处事常欠考虑周密，真所谓早知今日何必当初。现师手边既有公司以前函件，明白说明师寓系代管性质，今次菊公又有函件有借用及物归故主字样，是师寓租赁权属师不属于公司，至为明显。（下略）

有关此事，王云五的态度想必是不爽的。

二

1963年12月，王云五听闻从香港转来张元济不久前作古的噩耗，特为撰写了悼念文章，此文曾刊《传记文学》，我则从《商务印书馆与新教育年谱》摘出，虽然偏长，但写得十分动情：

要评论一个人，应把握住他的中心：要看一个人的动向，必须观察他的朋友。

所谓中心是指大半生所从事的工作。本文的主人翁张菊生（元济）先生大约生于民国前四十六年，其加入商务印书馆约在民前十年，其去世在民国四十九与五十年之间。自从加入商务印书馆以来，没有脱离过一日，可以说整整一个花甲都集于商务印书馆的事业，……后十多年间，他只是一个傀儡，未必能发抒自己的意志，毕竟在名义上仍然是商务印书馆的最高主持人。因此说他的中心事业在商务印书馆，当然是无可否认的。

所谓朋友是指彼此平等相待，无话不谈的人。以菊老之早年发迹，接触的人极多，似乎够得上做朋友的不在少数，但是就他以商务印书馆为中心的六十年来说，够得上做他的朋友的只有三人，依时期的顺序，第一位是高梦旦先生，第二位是我，第三位即是陈叔通。

由于菊老的上述三位朋友都与他在事业上有密切关系，对于他的中心工作当然都会发生重大影响；因此，在叙述他在中心工作的表现时，自然会涉及他所受这几位朋友的影响。本文的叙述，所以仍采单线的，就是张菊老与商务印书馆，而不采取双线的，或是复线的，就是基于此项理由。

如上文所述，张元济之加入商务印书馆约莫在民国前十年，那时候他大约是三十五六岁。对于他这个在中心工作的前期，有约略叙述之必要（笔者注：下略张元济生平、商务前期介绍）。

张先生在商务印书馆约六十年间之作为，按其性质，可分为五个时期：

第一，是直接而局部领导时期，即在民国以前的十年间，担任编译所所长之时期；他专力主持商务印书馆新成立的编译所，除延聘学者分任编辑著作外，自己主持计划，并对中学教科书亲自执笔。在此时期，他在编译所中的主要协助者为高梦旦先生。从此时起他与高先生建立深切的友谊，使高先生成为他的第一位朋友，终高先生的一生，合作无间。

第二，是间接而全面领导的时期，即在民国初年之七八年间，改任商务印书馆经理而以高梦旦先生继任编译所所长之时期。他把编译所的责任付托于高先生，而自行担任全公司的经理。这时期中由于商务印书馆一位编辑陆费伯鸿先生出而创办中华书局，对商务印书馆竞争甚烈，菊老遂亲自主持公司大计。其任经理之后期，因公司改为总经理制，并设经理二人为辅，于是转入第三时期。

第三，是协同四位原始发起人之一高凤池先生改任督导的时期。即自民国七八年迄民国十九年间之一段时日。其时商务印书馆在行政上改取合议制，设总经理一人经理二人编译印刷发行三所所长以及协理一人或二人，组织总务处会议，以总经理为主席，一切取决于多数；另设监理二人，负督导之责。其人选即以原始发起人之一鲍咸昌先生为总经理，李拔可（宜龚）王显华（后期改由夏筱芳先生继任）二先生为经理，高梦旦先生为编译所所长（从民国十年起改由我继任），鲍咸昌先生兼任印刷所所长，王显华先生兼任发行所所长（后期改由李拔可先生兼任），稍后添聘协理一人，以民初曾任工商部长之金邦平先生担任。至监理二人，则由菊老与高凤池先生分任。

第四，是以董事会主席从事赞助之时期。这时期是由我从编译所所长改任总经理迄于我在民三十五年辞职从政之十六年间，并多少延续至……三十八年之时期。自我担任总经理后，原有总务处会议之合议制废止，改为总经理独任制，原监理制度亦取消。自抗战前一年高梦旦先生去世后，菊老在商务印书馆中之惟一的朋友，便改由我担任，甚至在我辞职后从政后一二年，还是持续不变。在此时期，我的一切措施，他无不赞助，一方面由于他爱护商务印书馆，他方面也因为我们之间已经建立了深厚的友谊。不管他的年纪比我大了廿多年，而且我在商务印书馆各当局中是最后进，他总是把我视为"平等相待无话不谈"的朋友，在高梦旦先生尚健在时，我们三人无话不谈，在高先生逝世后。菊老简直把我视为惟一可以无话不谈之人。商务印书馆经理之一李拔可先生入馆比我早十多年，年龄比我也大十多年，但菊老还是把他视为高级的僚属，平时谈话虽很客气，谈到公事时，往往不免板着面孔，但他对于我，在我经胡适之先生推荐于高梦旦先生，以代任他的职位之初，菊老只是因尊重胡、高两先生而特别对我客气，彼此还不能"无所不谈"，换句话说，还不能构成朋友的条件；可是经过几年以后，尤其是在我再入馆，改任总经理的时候开始，他的确把我视为他的条件下之朋友，远非他人所及。因此，他对于我的种种措施，无不极力赞助，而丝毫不加以阻挠，所以这一时期，他已从局部领导、全面领导、监理督导等，一变而为赞助。

第五，……从民国三十七年中期开始以迄于……他逝世之十二三年间。他的这样重大转变，主因是由于我从政以来居留南京，初期还不时来上海，仍得时与菊老把晤长谈，使他对于国事的关怀获得安慰，但到了三十七年夏初，我改长财政部以后，由于公务特忙，极鲜来上海，与菊老晤面极疏，加以从彼时起……构乱益烈，时事日非，菊老原是一位关心国事之人，在无法解除他的内心烦忧之际，和他居处相近，接触极易之人，陈叔通（从前也曾服务于商务印书馆）便取代了菊老可以"平等相待无话不谈"的朋友地位。……菊老的态度已有大转变。试举二事为例：一是我辞商务印书馆总经理后，曾举朱经农先生为代，最初二年和菊老相处得还好。自馆中逐渐加入左倾分子后，经农颇不自安，适因政府派他往欧洲出席联合国文教会，向菊老请假，想不到菊老竟说，此时如出国不能不易人，经农遂即请辞，也不加挽留，遽予接受。二是我于三十五年出任经济部长坚辞商务印书馆总经理之职，菊老在固留不获之后，仍恳我继续担任董事，甚至每次开董事会，仍先询我何时得暇来上海，以便预将开会日期调整，其意诚恳，由此可见；但当我于三十七年冬辞职南还不久，他突然写信给我，内有"本年股东年会甫于本（十二）月举行，与同人相酌，谓公此时正宜韬晦，不敢复以董事相溷，想蒙垂察"等语，轻轻把联任了二十年的老董事革除。我很谅解，这两事都不是菊老的自由主张，所以这时候，当然是他的傀儡时期的开始。大陆沦陷以后，他的傀儡生活，定然过得很惨，尤其值得他的一位忠实的朋友同情而惋惜了。

现在综述菊老对于商务印书馆，亦即对于文化的贡献，在五个时期中，自然以第一二两时期为最。在第一时期，他把一个小规模的印刷事业转变为一个现代的出版事业，并从他所奠立的基础，逐渐发展为中国最大的出版事业，其功实不可没。他在第一时期，自行担任极重要的任务；在第二时期，也间接主持了许多极有意义的工作。具体说起来，他是首先编译所谓"最新小学各种教科书"时，对于每一课之内容，无不集合编辑人三数名，有时还加上一位日本顾问，就取材深浅，是否符合儿童了解力，研讨固不厌求详，对文字难易，亦无不字斟句酌，力求稳妥。依我后来的观察，这一套名为最新，而在时代上实为最旧的教科书，由菊老主持之得当，用心之精勤，比诸后来陆续编辑之同类教科书，在时期上当然较新或最新，而在编辑方法转多不如这套时期最旧而名义为最新之确能符合"新"的意义。

菊老所创编之辞源及中国人名大辞典等工具书，在今日虽不足为奇，而在五六十年前竟有此眼光，实属不可多得。

菊老所编印的四部丛刊，使善本、孤本得以大众化，其宏扬旧学之功尤著。

菊老为商务印书馆所搜集的善本、孤本及其他国学要籍，逐渐构成著名全国之涵芬楼，后来在我的手上，得据此基础，建立公开于社会的东方图书馆，菊老不仅为此举首倡于前，并以种种努力玉成于后。

菊老在第三、第四时期，因信任高梦旦先生，转而信任我，初时虽以彼此生疏而持相当保留态度，后来渐发见我的实际表现，把我视同等于高梦旦先生一样的朋友，使我得在编译所中产生我的自发作用，不仅未遭遇丝毫阻挠，更获得其衷诚赞助。到了第四时期，商务印书馆，先遭一二八之巨劫，由我艰苦奋斗，五年之间不仅复兴故业，并且发扬光大，社会对我不无过誉之词，我虽不敢承认或否认，然菊老支持之功实于我大有补助。假使没有他的全力支持，在效果未显明的过渡时日，恐怕我的成就不免要打个折扣。

曾几何时，八一三全面抗战起，商务印书馆又遭遇更严重与广泛之厄运，我由香港而长沙而重庆，一面建设，一面遭遇破坏，太平洋战事突发，香港基础尽隳，我幸留重庆，在极度艰难之下，卒达第三度的复兴。上海的后方，赖菊老亦不屈不挠之下，维持同人生计与残余资产，我辗转派人返上海提供我对于沦陷地区馆厂保持大义之指示原则，亦获菊老全部赞同与接受，迄于抗战胜利之时，幸能保持大节，得与我在重庆所发展之声誉相配合。

惟一的不幸，便是进至第五时期。据民国三十九年十二月自由中国半月刊登载同年有人带到香港付邮的一项上海通讯，大意说："菊生由于陈叔通的牵线、拉拢和纵惠，好几年前已与共产党发生了关系。……登堂入室，成为饶漱石、陈毅的上宾，待新政协在北召开，他以会员资格北上参加，……他又在会议席上听到……等口口声声说是'为人民服务，向人民学习'一类的话，他天真地误认可解人民的痛苦。他返沪后，又被任命为华东军政委员会副主席（笔者注，应为华东军政委员会委员），更觉高兴。不料迭接海盐的家乡来信，谓族众多遭清算，甚至他族里祠堂和祭田也受到强夺之威胁；于是他在祠堂张贴布告，说明面奉'毛主席'示，下级党政人员不得扰民，一面又向本族招告，谓当汇齐代向有司申诉。稍后他便向华东军政委员会主席饶漱石说，……即劝其勿管闲事，因为他这些亲友都是土豪劣绅之流，是应该清算的。他听到这些话，很是冒火，正想直接写信给北平的……。有一天商务印书馆职工委员会开会，特地邀请他训话。他如期前往，正开始发言不久，突然会场中发生一片喧嚣之声，一排一排的职工，分别起立对他大骂和臭骂，所有满清余孽、文化贩子、剥削阶级、昏庸老朽、老而不死种种恶名无不加之于他；他如何捱得起此种侮辱，于是忿恨之余，昏倒在讲台上不省人事，经送医院救治，留医数月，返家后，闭户幽居不再闲问外事，且从此以后，足迹也不再出门一步。"

这一段报道，经后来从上海逃亡至香港的人们传述，大概都是事实。并悉直至距今约莫三年他逝世时，虽然，仍拥有着商务印书馆董事会主席的空名，却绝未与闻商务印书馆任何公事，实际上商务印书馆已被迫和几家共党书店联合经营，已陷入名存实亡的状态，更何有于其徒拥虚名之董事会主席呢？

写到这里，我不能不为菊老辩护一下。菊老为人本是热心爱国的。就是我现尚保持他写给我不下十余万言的亲笔书信观察之，可为明证。这些书信，计分四个时期：（一）是自二十六年秋冬之交，我从上海移总管理处重心于香港，以迄太平洋战事突发之时期；（二）自太平洋战事发生后迄抗战胜利日本无条件投降之期间；（三）抗战胜利后我仍留重庆约莫半年之时期；（四）我脱离商务印书馆先后任职于国民政府之两年半期间。在第一期，上海对香港的通信还很畅达，故为数最多；第二期照理无法通信，但上海商务印书馆职工或其他相知人士辗转入内地者颇不乏人，菊老皆尽可能，托带亲笔书信，间更附以较详的口信，虽为数较少，合计也不下十次；第三期来信虽不如第一期之频繁，然每函皆连篇累牍，多所叙述；第四期，除我每次从南京来上海，菊老必来访问长谈外，间仍不时通信。第三期以前的信件当然以报告或商榷有关商务印书馆之事为主，但往往附述一些关系国事的意见。他对日敌伪组织……无不表示深恶痛绝；到了抗战胜利之初，他第一次托葛敬恩先生带给我的一封长函，透露其因重见天日之欢喜若狂，与对我军政领袖，尤其是蒋委员长之颂扬爱戴。及是年双十节，我政府颁授胜利勋章，他也与其列，来函不仅表示受宠若惊，且极度引以为荣。但是稍后由于各地方接收人员不乏营私扰民之事实，他渐写信给我，表示愤慨，间亦有所建议。及我回京从政，偶来上海，要和我晤谈的人无不以他为首。我们晤面，他所要询问或建议的，无一不是关于国计民生，却不是关系商务印书馆之事，每次经我澄清以后，他大都恍然觉悟，并表示欣慰。因此，直至三十七年五月我就任财政部长以前，他对于政府的态度都有很好的表示，即有批评，也是建设性的批评。只是当我就职财部很少来上海以后，他为国事所感到的烦闷，没有我为解释，一是陈叔通乘虚而入，肆意蛊惑，他对政府的态度才开始转变，总之，菊老的初衷本是纯洁的，只是政治意识过于天真，……致招来重大的侮辱和打击。我深信经过这一次的侮辱和打击，他定然觉醒了。他的内心痛苦，可想而知，但是他有什么办法呢？那时候他已八十多岁，其受辱昏倒后，是否因此偏废，我们固不得而知，然从此以后，不复闻其再度出席政协会，或其他公共集会，足见他不是偏废不能行动，便是托病而不肯再上当了。

菊老已矣，晚景堪怜。晚节尤可惜。我因深知其为人，并追念其在半世纪间对文化的贡献，不能默尔，特作公正不偏之评述如上。

三

1979年7月25日，王云五为台湾商务出版张元济著《涉园序跋集录》撰跋，这也是他一生中所写的最后一篇序跋文，未见收入1979年6月出版的《岫庐序跋集编》（该书所收最后一篇序文写于1968年12月5日），这是王云五生前最后一次因文及人地品评菊老这位老朋友：

涉园者，海盐张菊生先生元济之书斋也。揣其命名之意，殆谓涉水未深，自谦其为学之肤浅；实则菊老于旧学无不深究，尤以版本校勘为最，于新学亦无不博通，故其处世致用之方，多令科学化也。菊老世代书香，家学渊深有自。自宋张九成以迄清末，科第迭出。菊老甫逾弱冠，即入词林。散馆后，考入彼时总馆外交之总理各国事务衙门，于国际局势了如指掌，任职京华时，即提倡革新，首先就革除缠足陋俗，解放妇女，大疾呼声，为彼时士大夫所未尝道及；故其对维新之号召，远在康梁以前。及戊戌维新失败，康梁亡命海外，六君子授首曹以后，菊老竟被牵累，革职永不叙用。于是袱被南下，道出上海，为南洋公学所礼罗，聘任中文总教习，与西文总教习美人福开森博士甚相得，相约交换语文学识。不数年菊老已能以英文撰文交谈，不让英文专家矣。

彼时商务印书馆由美华书馆职工四人发起创业，其始甚著成绩，越数年后，终以非读书人营出版业，未能继续进展，于是其发起人之一夏君坚劝菊老加入主持编辑大政，经菊老同意后，首设编译所，除国语重要教科参考图书外，别设涵芬楼为编译所参考资料馆。二十余年搜罗中外图籍，为全国之冠，其中善本尤多，冠于全国。自民国四年起，景印善本丛书，以其大众化。其最早而最著称者为四部丛刊正编，都六千四百九十九卷，订为四百四十册，其中无一非宋元旧椠或后代精印精校者，而出自涵芬楼所藏者约占半数，余则分向海内藏书家三十余处征集，蔚为善本之大成。

自时厥后，菊老继续广搜善本，妥为编辑，付诸景印。迄于大陆沦陷，都三百三十余种。每种皆由菊老就其中专精版本学之长才，一一加以考证。兹经同人依四部次序，集其所为序跋三百余篇，汇刊为一册，颜曰涉园序跋集录，读此不仅可知菊老在其直接间接主持本馆之下所刊行之善本，且可籍此获得版本学之精要也。

余于民国十年以后进加入本馆，为第三任编译所所长，渐与菊老为忘年交，无话不谈。菊老平素撝谦逾恒，一日笑语余曰："余平素对版本学不愿以第二人自居，兹以远离善本图书荟萃之故都，或不免稍逊傅沅叔（增湘）矣。"即此一语，可知其对版本学自信之造诣。余于跋涉园序跋集录之末，谨赘一言，以留鸿爪。

中华民国六十有八年七月二十五日九二叟 王云五识

写了此跋不久，王云五也于8月14日谢世了。

商务印书馆的历史，无论在上海还是台北，都伴随着张元济和王云五的相继离职、离世而翻开新的一页。后人只能在开启旧籍品味过去时才会感受那个时代的人、书、事。尽管这也需要勇气。

出版大家张元济的亲情之路

2007年是商务印书馆成立110年的纪念，北京、台湾、香港诸地商务都推出了系列活动。台湾商务出版的非卖品读本《张元济致王云五的信札》是一册相当有分量的小众读物。在台湾商务，只要买600元书就可获赠一册，无缘在这个时候赴台选书的遗憾却因为联经出版公司王承惠先生的"空投"而消失，使我可以从容开卷，进入60多年前的生活环境，体会张元济与王云五自1937年至1947年的人生片断。

《张元济致王云五的信札》由王云五的公子王学哲编。2007年我赴台北商务选书，曾欲与王公子会面，被告知其长住檀香山，不常回台北。现在读书时发现，王公子也已是85岁的老翁，想来真仍时光飞逝矣。

在介绍此书的内容之前，我还是先顺着编者的思路，说些有关的故事。

王云五，1979年8月病重，学哲那时仍在美国经营人寿保险，8月7日从美国返回台北，"到达台北时约在下午六时，家中的司机在机场接我，我即赶到荣总医院拜访。到达时已是下午七时，父亲坐在病床上等我。相谈了两小时，父亲嘱我略为整理他的睡室与睡室内的书桌，父亲年岁已过九十高龄，体力稍差，无法整理他的书桌，旁人又不敢动他的物件。因此他的睡房是相当零乱，桌上也堆满了信件、纸张及书籍。"

王云五8月14日仙逝（这天也是张元济仙逝20周年的忌日），在办理完丧事后，学哲开始整理父亲的遗物。

学哲说："我在收捡父亲遗物时，发现在父亲床上有一具很陈旧的皮箱，内藏有许多父亲由大陆带出来的信件。内有张元济先生给他的信札一百三十二封之多。这些信札是在一九三七年至一九四七年十年期间内。"学哲后来返回美国时也把这一百三十二封信札带回了加州整理。

"大约是在十年前，我曾到上海访问张先生的公子张树年先生。提及，我手上有百余封张先生致父亲的信札。当时，因为没有今日的影印或复印机，无法存底。我猜想，张树年先生或许也有许多父亲致张元济先生的信札。我曾建议，与张树年先生合作，把他们两位来往之信札编印为一书。张元济先生与先父均曾在商务印书馆服务多年，担任公司领导人员，使商务成为我中华民族推广文化、普及教育的重镇，且一度成为全世界三所最大出版公司之一。我以为，这本信札是有很大的价值。可是，我等待了数年，毫无讯息。"

唉，多可叹。一个富有创意的想法却没实现，一定有很多的原因。

1937年之前，张元济与王云五都在上海为商务印书馆服务，张元济是董事会主席，王云五是总经理，经常会晤，没有通信的需求。1937的之后，上海的局势日趋恶劣，商务董事会决定把总管理处、编译所搬迁至香港。1940年又由香港迁至重庆，王云五便从上海到香港抵重庆，一路亲率商务同人奋斗。而张元济及大部分董事仍留在上海，于是，两人之间开始了信札往来。张元济的信函也被王云五从香港、重庆、南京、香港直至台北历经二十多年始终带在身边。真是珍惜呀。

张元济致王云五的132封信札中，多数都是为了公司的公事，也有少数是因私事请求协助。"但是，在一九四五年抗日战争结束后，张先生个人的政见与父亲之政见有差异，有四封信件学哲仍以为目前还不便发表，暂时将这四封信札删除。"

又是一大憾事。还不揭秘，学哲要将这四封信札留至何时再公布于世呢？也许学哲对内地今日政治之昌明、文化之坦诚，对历史、对人物的平常心尚有不解。

张元济的人品事迹，两岸几乎都持定论。只是因为历经多年，原始文本资料缺失太多，加上内地一些学人习惯跟着政治气候作传，在翻阅了十数种张元济的传记及论文之后，总体感觉内容缺乏新意、观点人云亦云颇多。有关张元济的著述、年谱近年也出了不少，为深入研究张元济及商务、商务同仁的关系提供了一些基础，好像还缺乏比照，孤证不少。

在论述张王关系时，也始终是张为主导、王为陪衬，往往王是反面角色，而且，在记叙王先生业绩时往往语焉不详，对于两位在1947的后的几次交往或文字因缘更"说也说不清楚"，大致而言，存于如下几点：

一、张致函王，代表董事会免除王董事之职。

二、1949年张在商务上海工会成立大会讲话时当场中风，王在海外的言论。

三、王在获悉张仙逝并为重印《涉园序跋集录》时的缅怀之文。

我希望能另文对这些话题提供一些个人的意见。现在，还是顺着学哲的编选谈谈张先生的信札：

1937年11月15日至12月20日6函，1938年全年29函，1937年33函，1940年26函，1941年无，1942年3函，1943年2函，1944年无，1945年4函，1946年28函，1947年2函。此书由信札年表（信件年、月、日、事项大要）、全信印刷文本、原信印影组成。其中被"雪藏"的四函分别为1945年10月27日（可能日期有误——笔者）、12月31日，1946年1月17日、2月1日书写。当然，所收信函在这十年之间也是不全的。例如，1937年11月16日的信称，"岫庐先生阅下，前昨叠寄两函"……但我们现在只是看见10月15日的信，14日的就不在此。而且，依现在印出的也已有133封。

印出的这些信函中，大容大抵是介绍上海方面的情形以及对香港馆务的意见，这些，就不展开了。以下把信函中提及的一些"私事"作些介绍。从中，我看出了张元济在那个年代的窘迫和无奈，张王两位的情谊乃至上海、香港、重庆"战时"的经济态势，张先生的护犊与仁爱之心常在纸上跃出——

1937年11月16日的信中写道：

"小媳挈孙女旅居庐山以后，变化不知如何，彼此隔绝甚觉不安，南通路甚危险，万一到镇江后，该轮中阻，进退两难，浙赣路已不可行，即能到杭绍，而宁波海道亦已被阻，只有到汉口乘飞机赴港，由港乘外国邮船返沪，如此可望到达。所有由汉飞港旅费不敷，祈嘱港馆代垫，由港返沪二等川资，亦请函托港馆代付，并恳照料，登舟所有用款转沪照缴，琐琐奉渎，无任感悚，专此敬请台安。"

战时，交通之隔绝可见一斑，张元济在托付王云五嘱港馆代垫费用时明确"所有用款转沪照缴"，足见老人的心景。小媳有难，老人请朋友相助，理属当然，不能说是私事公办，在战时为私人小事要王先生操劳。同理，在费用上只是代垫，更是一种境界。

1937年12月20日的信再次提及：

"又小婿已挈小女等赴武昌，但该处恐亦不能久留，或须有第二次之逃难，万一紧急，手中无钱，如何得了，拟请函达汉分馆，遇有迫不得已之时，拨给五百元，备作逃生之用，由小女出具收据，由弟归还，倘蒙俯允，不胜感祷之至。"

1938年有多函谈及"私事"，如1月7日称："前托遇紧要时期，请港馆拨借五百元与小婿孙逮方，已蒙转达，感谢不尽。"

2月17日："前请我兄函达汉馆，小婿孙逮方第二次移眷避难，请汉馆拨给五百元，原有抵当，不意渠丁母忧，先托人来借去五百元，不能不即付，今又在汉馆支取，前日转账单已到，弟已无款可拨，即请拨翁展缓一两月合并声明。"

窘迫之情跃然纸上。王云五自然看不过去，2月18日在回函中先予五百元划条使张先生"今蒙周济，当即将小女在汉借用之款，先行清还"。王在函中更表示，以后每月接济张先生二百元，并请李拨可专程说明，张在3月2日的回函中表示："此则弟当心领，目前家用尚可支持，千万不必。拨翁今晨枉顾，传达雅意，情词恳的，至深感蒙，惟弟对于公司不敢有所陈情，此公私之界限极宜分明，此为弟之素志，久邀明察，业向拨翁沥陈，谨再上言，务祈鉴谅。"3月14日张先生在信函中又说明了这个态度。3月15日的信函中，张先生写道："承借五百元，今日已送与会计处，收入我兄存款账上，收据附呈，谨再致谢。"

至此，张元济女婿之行并带来的借款之事终于结束。

5月12、25两函中，均附带述说了同样一事：小婿孙逮方曾托人带呈印章一方，寄敝处，未知已否递到？

5月25日，张元济提出儿子树年近体不佳，患神经衰弱，医生劝其异地疗养，欲同行赴香港小住，"附去一信托公椿代为筹计乞 转致。"后来因张元济身体不适，而未成行。

11月29日，"适接舍亲张小棠君来信，云闻本馆将在澳门开分馆，欲为其婿谋事，本馆各地分馆同人甚多，焉能进用外人，姑将名条呈阅，请就近巡复张君为幸。"

1939年6月29日，张先生为女儿生育需购奶粉之事，数次函请王先生从香港购取：

"再小女两月后即将生产，向来乳汁极薄，必须雇用奶妈，重庆愿为奶妈者几无一人不染梅毒，故只得改用奶粉，当地极为缺乏，拟请吾兄推爱，在港代购Lactogen牌奶粉一打，托交公司运货车，由海防转至昆明，再由昆明转至重庆，未知可以办否，小婿专函来托，故敢奉渎，倘蒙俯允感同身受，所有购价及其他费用，统由弟如数照还，琐琐上渎，无任惧悚之至……"

7月10日再次提及"不知能办否，两个月内最好能到，否则恐不及济急，又小婿久滞渝中，终非良策，渠在巴黎大学习医，来信托问香港能许其悬牌应诊否，亦祈见示。"

8月15日专函请代购奶粉，已随人托带到重庆两罐，并请设法再运重庆。

9月12日提及："前托续购'勒克吐精'乳粉二磅或三磅一罐者一打，设法运至重庆，产与小婿孙逷方，未知已否购定运出，前日得逷方来信，除前蒙代购一磅罐一打之外，尚须用三磅罐一打半，合共五二四磅，如何可以足用，统祈即饬馆员代为核准购就，设法动渝，该账即转至少（除前一磅罐一打之数，恐以后无货或太贵，故欲于经时趸数购足），无任企祷之至。"

9月14日有"小婿信蒙转渝，感极"之言。9月25日提及"又小婿孙逷方为友治病，需用神经药、梅毒西药，港埠适值缺乏，顷已在沪购到，现有舍亲吴哲明夫人乘裕生轮来港之便，托其带上，送至尊和，候逷方托便人来港领取，到时迄饬为幸，费神之至。"

1940年2月27日写道："舍内侄许奇骏在浙江大学化学系毕业（前曾译有关于人造丝约十万言书，由本馆出版），辑译《桐油之化学与工业》一书，约有十余万言，拟托公司出版，抽取版税，兹寄全目及绪论，有无可以印行之价值，敬乞裁定示复，如不愿承印，即请将该全目绪论还为幸。"

7月10日有"外附寄小婿孙逷方信，祈附便寄渝转致，至感。"8月10日也有"再孙逷方拟托在香港购药（渠另有售写尊处），购到之后，如无妥便，一面告知，一面暂存本馆，渠当托便人来取，属为陈明，谨代祈恳"。9月20日又称："孙逷方托购西药，屡渎神明，不胜感悚，药价港币七十余元，已如数还沪处，专此敬谢。"

10月12日有："舍亲张君小棠请为其外孙女补厂工之缺，蒙慨允，甚感。小婿孙逷方在港购存，屡费清神，近日沪地购得之药，托吴哲明夫人带去，在经港求之而不得者，知已送到，并蒙代存，乞饬切勿受热，琐渎惶悚。"

1941年未见信函编入。1942年仅三函，其中6月27日函如下："前因侄孙女欲在内地谋生，曾函恳提挈，计已达到，渠在约翰大学毕业，专习经济会计，英文亦尚通顺，不知我兄能为汲引否，渠将由内地前来，或到在此信之前，亦未可知，到后必来晋谒，务乞予以教诲，指示一切，并为之介绍于载生、志希诸君，二君于弟亦极相关爱也，再渠所携旅费无多，并祈酌与接济，将来由弟拨还，种种拜托，无论感戴之至。"

1943年仅二函，1944年未见信函。1945年10月27日信中写道：

"岫翁大鉴，自日寇开刃以来，弟生计大受窘迫，小儿在新华银行月入甚微，弟以卖文鬻字，藉用补助，初时颇思推至内地，嗣以汇兑邮寄种种梗阻，遂为作罢，今等障碍已除，颇思实行，已托季芸舍亲代查在渝鬻书市价，寄到数种，可以参照，季芸告我，陪都人士云集，弟料亦当有半年局面，颇思稍稍招徕，藉维生活，但在渝市价，比之弟在沪所取，有天渊之别，兹姑拟定润例两种（随函附上）分为甲乙，说明如下：

甲、系全国通用，在自由区则加邮费汇费，照润例加收一倍，而小婿遄方则以为施之重庆，尚属太廉，招人轻鄙且有故意让夺买卖之嫌，谆属另定，即下文之乙种，而甲种则专用之于收复区。

乙、则用之于重庆，如成都、贵阳、昆明、西安、兰州可以推行，亦用之。

以上两种究以何者为宜，乞吾兄酌度当地情形，代为决定，决定后即托渝厂代为印刷，惟形式又分AB两种：

A、照甲种原式，惟加入另收邮递及汇兑费，照润利再加一倍，及各收件处字样。

B、改用乙种，用介绍人语气，略述弟自战争起后，蛰伏海隅，生活艰困，专以卖文鬻书度日，并及其籍贯科第年齿，至介绍诸人，至须借重大名，此外如黄任之、吴稚晖、张君劢、张伯苓、沈衡山、俞大维、马寅初、陈光甫、罗志希均可邀请列入，但闻有不在渝者，只可撤去，亦不必全邀，少则四人，至多六人，应如何取舍，亦祈吾兄选定，代为转约。

至收件处，拟请渝馆为总代理，不知能邀允许否，以上各节，裁决后，均乞。"

同年12月23日也有：寄下孝君竹铭为舍侄德源事复函，业经阅悉，陈君伯庄处并蒙函催，尤深荣幸，舍侄处亦经告之矣。前托沈君恒带去之信，内附与小女一函，并无要言，到不到毫无关系，请释念。前拟将鬻书事推至内地，蒙允邀集友人，代订润例，至深感荷，前函所举诸人，有他迁未在渝者，自应撤除。

1946年共存28函，除2函"不宜发表"之外，所谈"私事"不多。4月29日就亲戚开设砖瓦厂请求帮助：

"兹有陈者族弟香池在战前与友数人在上海闸北经营兴业瓷砖股份有限公司薄负时誉，八一三之役遭敌摧毁，国土重光力谋复业，曾向善后救济总署申请救济，当邀核准配售现代式每小时能制砖十万块之全副机器设备并行总签订合约依期付款，从未愆误，不意联总因有他种原因，竟将该项全副设备两次削减，以致运来机件残缺不全，无法运用，虽呈由行政院核准向中央银行购结美汇十五万元俾供配齐全副设备之需，但美国承制厂商忽称涨价，计除已经核准购结之美汇十五万外尚缺十六万元有奇而运费关税等项尚不在内，此项所需美汇今无着落，该公司遭此意外，真有进退维谷之象，若竟弃置不问则已集之资金全付东流，该商等财力有限瞻望前途，不堪设想，此等未竟之事，系为善后事业委员会所辖，该公司曾于本月沥陈经过困难情形恳祈维护，知弟与我公有旧属为再进一言，弥虑前上呈文壅积不易迳达左右，并交到副本全分属为代递，其中另有与联总署长鲁克斯君信又美国承制厂商复信各一，通为前上呈文中所未具，特再附陈藉备参核，弟查阅该公司建议两项，其第一项所拟方法化无用为有用，一转移间且可使废于平涂之事业率底于成，诚为一举两利之事，我公素以恤商惠工为志，用敢上渎，务祈俯赐鉴察鼎力扶持，不胜感企之至。"

　　6月16日也有：敬启者顷不儿树年归传述尊谕，视如子侄，殷殷垂诲，渠亦深为感动弟再四思维，若仍违命，实大负我兄教爱之至意，惟有求多方训诲，俾资遵守，并令其加意勤慎，勉竭驽骀，藉答知遇，至渠在新华十有余年，志莘兄相待极厚，一旦离去，不无依恋之思，是则甚难为怀耳，余由树年面陈不赘述，专此敬请大安。

　　1946年3月30日信中请为邻居之子赴美留学。

　　1946年8月4日专函介绍友人拟参与对日贸易考察团。

　　除此，也有对于时局的感叹、对商务命运的看法乃至介绍旧同人子女就职之事。应该说，在这些信中，所言私事不少，这既可看出张元济的亲情之深、与王云五关系厚，也使后人从中了解此时此人的心路历程，也许张元济之可敬，这些信函便是一个明证。

　　读信是件很有收益的事，对于了解当事人的心景、事物都是有所补益的，期待着王云五致张元济的信也能公示于世。

张元济与女儿，不为人知的往事

　　张元济（1867—1959）一生育有一女一儿，女大儿小：女儿张树敏，生于1903年（光绪二十九年阴历八月初四日）；儿子张树年，生于1907年。树年早年留学美国纽约大学，后回上海一直在金融界发展，晚年从事元济先生的史料整理、编撰，著有《我的父亲张元济》（东方出版中心1997年4月第一版）等。树年育有一女一子：女张珑，1929年出生，上海圣约翰大学毕业，曾任《中国建筑》期刊主编，出版《水流云在——张元济孙女的自述》（上海远东出版社2007年8月第一版）；子张人凤，1942年出生，上海师范学院毕业，曾任上海杨浦区业余大学校长，近年有《张元济研究文集》（上海辞书出版社2007年9月第一版）等多种以元济先生为主题的著译、编辑书籍问世。

　　树年在父亲身边生活了52年，为张扬元济先生对中国出版、教育、文化的功绩做了不懈的努力，其子女更是"长江后浪推前浪"，为我等后辈展示了元济先生的卓越业绩。那么，树敏的情况又如何呢？晚年的元济先生却不愿再提女儿，这又是什么原因？本文根据相关史料，复原当时元济先生与女儿的父女之情，同时也对后人的一些记叙述予以披露，但愿能使读者对此有个基本的了解。

一

　　树敏早年曾在爱国女校读小学，数年后因搬迁而请了家庭教师驻家教学。树年后来回忆："在家读书有孤独感，姊姊脾气又怪癖，高兴时讲个没完，要不就不理我。"1923年树年进了圣约翰附中学习。树敏20岁生日时，父母不仅操办了生日宴会，晚上还在花园草坪上放映由商务印书馆摄制的《天女散花》、《崂山道士》。元济先生1926年退休，但一直主持商务印书馆董事会和古籍辑集。树敏30岁时认识了留法学医的孙遽方，当年（1933年）11月11日在大东饭店举行婚礼，由蔡元培先生证婚。新居设在静安寺路（南京西路）西摩路（今陕西北路）转角的一幢高级公寓内。

新版《张元济全集》第五卷刊出了元济先生1933年11月10日抄录（现藏复旦大学图书馆）的一份《张氏奁目》（笔者注：奁，嫁妆），具录如下：

薄奁

峕在中华民国二十二年十一月十日

洋式寝室木器一堂 计十件

洋式大床一张

绣被四条

棉被四条

夹被二条

棉褥二条

绣枕靠枕十六对

织锦床毯一条

彩绣床毯一条

银制席面全分 每分十二件计 七十二件

其二 每分八件 计四十件

象箸二十双

银酒壶一对

家常用银碗匙碟各一对

家常用象箸二双

银果碟十八个

银果合十八个

银茶盘一个

银托茶杯一对

银花插大小各一座

银花瓶五对

银像架二对

银粉合一对

珐琅银茶匙一分 计六件

银茶匙一分 计七件

珐琅银烟碟一对

银粉闽漆烟合一个

玻璃烟器一分 计四件

银塔一座

铜钟一座

玉笔筒一个

玉印色合一个

玉砚一方

玉瓶一座

义大利雕石像一座

彩绣桌毯一方

黑地五彩瓷碗十个

金地五彩瓷碗十个

龙凤五彩瓷碗十个

金花白地瓷一品锅大小各一

五彩卫生瓷碗一套 计九个

白地九七寸瓷碟各四个

白地五寸洋瓷碟十二个

黑地无彩三寸碟羹匙各十个

胭脂红瓷茶杯十套

洋瓷西餐器皿全分 计七十件

洋瓷茶杯十二套

洋瓷茶具全分 计十五件

洋式餐具全分

银制小餐具全分

闽漆茶盘一套 计五件

其二 一对

手提皮箱大小各一个

漆篮竹篮各一对

Hillman汽车一辆

余族祖客园公家训有言："冠婚巨典，礼从义起，勿矫勿靡。"余何敢矫，亦何敢靡？昔王荆公嫁女，家人制一青纱帐，荆公嫌其侈：曾文正公归于聂氏仅给二百金。余今遣嫁树敏，具奁物如右，虽曰无多，然以视王、曾二公，则愧甚矣。

张元济识

这份嫁妆真乃民国时期的留影，能拿出这么有品位、有实力的陪嫁。放在现在，再有钱的人，也只是房子、车子和几大件或者多少黄金、股票而已，可能已经没人备得齐、拿得出这样精致的陪嫁了。

二

不过，元济先生嫁女，其子树年在六十多年后曾有如下的解读：

母亲在牯岭休养了一个多月，心情舒畅，胃口增加。如果不因树敏姊婚事，很想住到初冬，那将对她的身体大有益处。

回到上海，忙于办喜事，不像山居那样清静。姊姊要求妆奁办得十分齐全考究，家具就要四套，包括卧室、客厅、餐室和书房，最后竟提出要冰箱和汽车两大件，全然不顾父亲已经退休、商务印书馆遭日本侵略军战火的巨创，以及父亲遭绑架等现实情况。母亲对这"两大件"感到十分为难，明知家境远不如前，一时拿不出这样一笔巨款，但由于爱女心切，只得东拼西凑，允其所请。考虑到今后的生活，母亲精神紧张，闷闷不乐。

双亲对姊姊的婚事早有考虑，曾先后托至友作伐，介绍的对象有学者、医师、银行家和政府官员，而姊姊却自称独身主义者，一一拒绝。直到30岁时，她认识了留法学医的孙遹方。

这样的解读，让人看着似乎不太舒服。

元济先生如何对待女婿遹方的？树敏办完婚事后，元济夫人开始身体不适，树年写道：

至1月15日热度骤升至40度，退尽后又复发，每日在38度左右。父亲邀遹方来治，称心肺俱好，不致有危险，每天打一种针药，4天一个疗程。一个月过去，并无起色，热度时升时降，精神尚好，惟日见消瘦。遹方邀其法国同学邝安垫医生同来会诊，仍难确诊何病。父亲不主张乱请医生，全托付给孙、邝两人。

2月14日年初一，因母亲有病，全家无心过年，除供祖宗外，年夜饭也没吃。父亲情绪很不好，认为母亲"平日吸烟饮酒过度，颇为可虑，只有尽大力，以待天命。"（摘自致树源信）我函告昌琳，要她即携珑儿回家。昌琳于4月9日回沪。

我见母亲病情日趋严重，不得不向父亲提出更换医生的意见。我把父亲请到他卧室，跪在他膝下，我说我见母亲如此痛苦，父亲一向主张不乱投医，病家应与医生合作，这是对的，但所请医生必须医道高明，针对病根治疗，而遽方学的是法医，两个月来还诊断不出所患何病。我今天为母亲请命，如父亲不同意，我就不起来。最后父亲亦流了泪，问我那么请谁呢？

我请教两位亲戚，留德医学博士金问淇和沈谦，再与约大学医的同学商议。他们提出两位：一位是德国医生布美，另一位是我国名医牛惠霖。我向父亲禀告，得到同意。4月14日，我向银行请了半天假。下午布美来，诊治后约我至楼下客室，严肃地说："你母亲所患的是肺癌，已到晚期，危在旦夕，剧痛时注一针吗啡，稍减痛苦。"第二天请牛惠霖医生，也断为肺癌。癌是不治之症，而且已到了晚期。牛医生不处方，劝吸鸦片，以减轻痛苦。我即将两位医生的诊断向父亲禀报，父亲似感内疚。回想年初遽方尚称心肺俱好，现在却知病根即在肺部。如果早动手术，或可多活一些时日，悔之晚矣。

由此可见，元济先生既十分信任遽方，又对夫人的病情有所判断。

1934年5月2日，元济先生的夫人去世。6月15日，树年和媳昌琳护送母亲到海盐张氏合族公墓。17日，元济先生携树敏、遽方、树源及许宝骅、许宝康乘汽车来海盐，"安葬仪式很简单，一个多小时结束。父亲及树敏、遽方、树源和许氏两表兄弟当天返沪。"

其间，元济先生在给张树源（1895－1949，元济之侄，美国康乃尔大学工学硕士，陇海铁路工程师）信中多次谈及：

勤儿与孙君方遽缔婚业经定局，喜期约在今年十一月十一日。（1933年8月24日）

汝婶患病已旬日，热度最高几至四十度，后已退尽，忽又复作，至今未退尽，每日总在三十八度左右。据遽方云心肺俱好，不至有危险。（1934年元月26日）

汝婶病已两旬，寒热总在百度左右，时升时降，清晨退尽反低，午后则升。精神尚好，惟见瘦弱，据遽方说目前无甚危险。现在打一种药针，须打四次，看三、四日后有无效验，据我看来仍有可虑。此缘平日烟酒糟蹋。到此已无可如何，只有尽人力以待天命。

汝妹一嫁，耗费不少，加以商务折减，公债受亏，以后日子我亦甚不

易过耳。（1934年2月6日）

遂方邀其友邝君同来诊治，终难断定为何病。汝主中医，与我见不合。现在交与孙邝二人，我亦不主乱投医也。（1934年2月13日）

汝婶之病为肺痈，即开刀亦非必治，况年龄已高，身体又不见弦，兼之自已惧怕，内攻亦无把握。（1934年4月9日）

勤儿偕遂方今晚赴宁，必寓旅馆，问宁分馆当知悉。（1934年5月22日）

汝婶葬期尚未定。（1934年5月27日）

也许，元济先生在给对侄儿树源的信中所表述的内容更贴近当时的情形和心境。

三

王云五之子王学哲在2007年为纪念商务印书馆110周年、台湾商务印书馆60周年庆，特别印行了《张元济致王云五的信札（1937年—1947年）》，"在这132封信札中，大多数都是为了公司的公事，除少数是张元济先生因私事请父亲协助。但是，在一九四五年抗日战争结束后，张先生个人的政见与父亲之政见有着差异有四封信件学哲仍以为目前不便发表，暂时将这四封信札删除。"

笔者据此抄录了元济先生因遂方诸事而托云五先生相助的信函，其中部分是《张元济全集》书信三卷中所未曾刊出的，具体而言：

1．借款之事，涉及五函《张元济全集》都有披露：

又小婿已挈小女等赴武昌，但该处恐亦不能久留，或须有第二次之逃难。万一紧急，手中无钱，如何得了，疑请函达武汉分馆，万有迫不得已之时，拨给五百元，备作逃生之用，由小女出具收据，由弟归还，倘蒙俯允，不胜感祷之至。（1937年12月20日）

前托遇紧要时期，请港馆拨借五百元与小婿孙遂方，已蒙转达，感谢不尽。（1938年1月7日）

前请我兄函达汉馆，小婿孙遂方第二次移眷避难，请汉馆拨给五百元，原有抵当，不意渠丁母忧，先托人来借去五百元，不能即付，今又在汉馆支取，前日转账单已到，弟已无款可拨，即请拨翁展缓一两月合并声明，伏祈鉴谅。（1938年2月17日）

承借五百元，今日已送与会计处，收入我兄存款账上，收据附呈，谨再致谢。（1938年3月15日）

外附寄小婿信乞遇便再附入，千万勿专寄，又托。（1938年3月31日）

2. 印章之事，涉及两函《张元济全集》均有刊载：

再小婿孙遂方来信，谓有友人周君之夫人钱寿荃女士，有一印章托尊处寄下，至今未曾收到，并祈查示。（1938年5月12日）

小婿孙遂方曾托人带呈印章一方，系其友周君所托者请寄敝处，未知已否递到，甚为系念。（1938年5月25日）

3. 托购奶粉之事，四函均未见《张元济全集》留存：

再小女两月后即将生产，向来乳汁极薄，必须雇用奶妈，重庆愿为奶妈者几无一人不染梅毒，故只得改用奶粉，当地极为缺乏，拟请吾兄推爱，在港代购买lactogen牌奶粉一打，托交公司运货车，由海防转至昆明，再由昆明转至重庆，未知可以办否，小婿专函来托，故敢奉渎，倘蒙俯允感同身受，所有购价及其他费用，统由弟如数照还，琐琐上渎，无任惧悚之至，专此布复。（1938年6月29日）

再前函托购奶粉，运至重庆。不知能办否，两个月内最好能到，否则恐不及济急。又小婿久滞渝中，终非良策，渠在巴黎大学习医，来信托问香港能许其悬牌应诊否，亦祈见示。琐事上渎惶悚无地。（1939年7月10日）

再近为儿女之事，屡渎清神，实深感悚，前蒙代购Lactogen乳粉一打，并抽出两罐托何柏丞兄由飞机带渝，业已收到，小女产期约在本月中下旬，乳娘检验，几全有暗痛，无一可用，当地乳粉，再四搜罗，只得六磅，加以何柏翁带去两磅，约可敷最初两个月之用，前日得伯嘉兄信，知由海防至昆明运送，至少得需两个月，该乳粉十磅七月十五日由港运出，计期至快须在九月二十日前后，方能到达昆明，由昆明至重庆如能在一个月中赶到，尚可勉强接上，否则殊为可虞，兹拟请吾兄再伤代购一打（或两磅或三磅一罐者，请酌量运输情形，及能储藏时期之短长，代为决定），伯嘉兄见告，尚有港防重庆运路一道，由海防用汽车经由同登，直达重庆，约二十日可到，最好改经此路，运费昂贵，亦只好认付，万一此路不通，闻久芸兄言，吾兄月杪，当取道海防，转昆明乘飞机至渝，可否，俯念新生婴儿，得以延续其生命，为之酌带数磅到渝，由分馆转交舍

亲孙遰方，此则虽为陈请，实不怯甚怂愧者也，专此奉察，再颂岫庐先生台安。（1939年8月15日）

　　前托续购"勒克吐精"乳粉二磅或三磅一罐者一打，设法运至重庆，交与小婿孙遰方，未知已否购定运出，前日得遰方来信，除前蒙代购一磅罐一打之外，尚须用三磅罐一打半，合其五十四磅，如此可以足用，统祈转饬馆员代为核准购就，设法运渝，该账即转至上海（除前一磅罐一打之数，恐以后无货或太贵，故欲于此时趸数购足），无任企祷之至。（1939年9月12日）

4．购药之事，四函均未见《张元济全集》刊出：

　　又小婿孙遰方为友治病，需用神经药、梅毒西药，港埠适值缺乏，顷已在沪购到，现有舍亲吴哲明夫人乘裕生轮船来港之便，托其带上，送至尊处，候遰方托便人来港领取，到时乞饬交为幸，费神之至。（1939年9月25日）

　　再孙遰方拟托在香港购药（渠另有信写尊处），购到之后，如无妥便，一面告知，一面暂存本馆，渠当托便人来取，属为陈明，谨代祈恳。（1940年8月10日）

　　孙遰方托购西药，屡渎清神，不胜感悚。药价港币七十余元，已如数还沪处专此敬谢。（1940年9月20日）

　　小婿孙遰方在港购药，屡费清神，近日由沪地购得之药，托吴哲明夫人带去，此在港求之而不得者，知已送到，并蒙代存，乞饬切勿受热，琐渎惶悚。……

　　两位世兄安抵渝中甚慰，前托学武世兄带去药物小女来信已收到，属谢。（1940年10月12日）

5．其他诸事，五函也未见在《张元济全集》出现：

　　又附寄孙遰方信，祈饬附入号信寄去，费神之至。（1940年1月21日）

　　外附寄小婿孙遰方信，祈附便寄渝转致，至感。（1940年7月10日）

　　前托沈君恒带去之信，内附与小女一函，并无要言，到不到毫无关系，请释念。（1945年12月23日）

　　昨交遰婿带呈一函后，伊改期故特函达，统祈。（1946年8月20日）

　　昨李伯嘉先生告知孙遰方小婿，我公将于贱辰，享以酒食，此何时世，何必以此幻促浮生，扰及良用，已请伯翁转致尊府作罢，并乞我公收

回成命，弟当心领感意……（1946年10月18日）

元济先生在给侄子树源的信中也谈及树敏夫妇。

顷得汝妹电话，云遄到铁（道）部访汝不见，部中人云"事已发表三日，人未来"，究竟何事？（1936年8月12日）

勤儿将随遄方至武昌，在彼处办公，尚未成行。（1937年11月7日）

勤妹常有信来，仍在重庆。（1938年9月14日）

抗战时期，遄方一家走南闯北实属不易。可惜的是树敏的陪嫁也因为战争而不能继续享受，终也不知聚散何处。元济先生从上海给在香港的云五先生的信中，有19封是与遄方有关系的，往往是在信的最后附一段专为遄方请托，只有1939年8月15日专为买奶粉而写了一信，也不知是女儿女婿过份依赖父亲还是日子也实在难过。在这19封信中，《张元济全集》只刊出了7封。

笔者在此披露这些信函，不是为了揭密，也不是为了展示元济先生在抗战之际为诸多私事而向远在香港、重庆乃至南京的云五先生请托，而是为了表达一种父亲与女儿、女婿之间的密切关系，这种密切关系，似乎也不能说是女儿、女婿一而再再而三地麻烦老人、逼迫老人所为，这应该更可以被理解成家庭关系、父女的亲情关系，只有真实地反映这些亲情关系，才能全面体现元济先生的仁爱之心、手足之情。

我们还无缘看见云五先生的回信和遄方为诸事请求岳父相助的信函。

四

树年在《我的父亲张元济》中写道：

抗日战争爆发后，遄方去重庆行医，树敏姊及孩子偕往，胜利后，遄方先行返沪，在我家底楼暂住。不久，找到长乐路一处住所，家属才回沪。该寓三大间，朝南，家具齐全，不必添置。军兴数载，今又相逢，父亲感到十分欣喜。翌年父亲八十寿辰，树敏以一架收音机祝寿。父亲在工作之余，收听广东音乐，有时也听听教唱京戏的节目。生日那天，父亲一早去树敏家避寿。午后至合众图书馆与顾起潜兄共同校勘《文心雕龙》。晚饭仍在树敏处，等到家中贺客散后方归。父亲那几年常去合众，与葵公、起潜谈论古籍及合众馆事，下午离馆后有时去树敏家稍坐。有时树敏上午来我家，陪父亲一起午餐。

珑儿、长儿与三表姊妹年龄相仿，时常往来做伴玩耍。有一次星期天，三甥女来吃饭，下午珑儿要返校，时她在中西女中住读，孩子们就乘孙家的吉普车同去中西，在珑儿的寝室玩了一番。孙家的汽车司机是原我家司机励秀如之子嘉根，孩子们从中西出来，坐车从江苏路转到曹家渡、康家桥，到励嘉根家，拜访了秀如老伯伯。

遁方爱看京戏，而且很在行，常同树敏及孩子们去天蟾观剧、时北京名角梅兰芳、杨宝森、马连良等常来上海演出。遁方有时也邀珑儿同去。

不过，这个过程在元济先生孙女张珑的笔下，则变成了：

那时在大后方的人逐渐回到上海，我的姑夫和姑母也从重庆回来。姑夫孙遁方回到上海时染上了一身不可一世的气焰，我们不清楚他究竟有什么背景，居然也迫不及待地抢占起住宅来。被他看上的第一栋房屋竟然是圣约翰大学教授潘世兹的住宅。潘世兹的父亲潘明训为旧时英租界工部局买办，好收藏宋版古籍，藏书斋名"宝礼堂"，曾请祖父为他撰写《宝礼堂宋本书录》和《宋本礼记正义校勘记》，故与祖父素有交情。据说一日孙氏以"天兵天将"之势驱车直抵潘氏住宅，恰逢潘世兹出来，一介书生不及避让，竟遭孙氏的两记耳光。但他最终并没有占用潘宅，因为后来又看上了潘宅东邻的另一处住房，定居了下来。那栋楼位于长乐路，比较大，据说原屋主是汉奸，已被投入囹圄。经过八年抗战，我们那时的家境早已今非昔比。冬天只在祖父房中生一火炉，其余房间里都无取暖设备。姑母来我家时将皮大衣紧裹在身上，在祖父房中稍坐即说："太冷了，太冷了。"匆匆而去。过了几天来电话说她感冒了，就是因为我们家太冷了。1949年初，姑夫匆匆携全家去了法国，离沪前将家私托付给最受他们信任的汽车夫。后来那汽车夫想把东西运来我家存放，被父母亲坚决拒绝。从此我们和他们天各一方，断了音信。到此，我们与孙氏一家的关系应该说是有了一个了断。

这般描述，是否真实追忆？好在元济先生、遁方等也没看见。

五

1949年9月6日至10月19日，元济先生作为特邀代表在树年陪同下，赴京出席全国政协会议。其间，已在北京大学任教三年的侄孙女祥保曾多次陪伴元济先生。祥保在四十年后的回忆文章《生活在叔祖张元济先生身边的日子》有如下一段："那是一段欢庆的日子，但也谈到了一些不愉快的事。叔祖对我说姑母（树敏——笔者）一家人本来不必在解放前出国的。

完全可以留下。他多年来几乎从不跟人提到女儿的事。最触动自己的事往往是埋藏在心灵最深处的。"

元济先生在1952年11月17日递交华东军政委员会人事部的《干部履历表》中，"家庭主要成员姓名、职业、政治状况、现在与你的关系"一栏填写着：

子树年，上海公私合营银行总管理处业务处专门委员

媳葛昌琳，里弄居民委员会干事

孙女张珑，北京大学外文系助教

孙张人凤，年幼，初等小学甫卒业

没有填写女儿树敏的情况，为什么？可见元济先生对树敏一家1949年上海解放前出走法国一直心存矛盾。这种无奈、遗憾又处在解放初的政治背景下，让老人怎么品味？

1953年7月14日，元济先生在《嘱咐家人数事》中写道："勤官（即树敏——笔者）的事，我有信托陈叔通，并且当面托陈沧舟兄替我写信。我现在写不动了，这事要看勤官的命运。"这封类似于遗嘱的文字，说明元济先生对女儿的深情关爱。不过，我们在《张元济全集》中却没有见到元济先生致陈叔通先生相关的信函，也没有见到陈沧舟先生的书信。此文在《张元济全集》诗文卷（第5卷）中，已是最后第四页了。元济先生在此文的最后写道："不再写下去了。一切朋友亲戚，都替他道谢告别。"

树年在《我的父亲张元济》中写道：

树敏姊一家在沪住了三年，1949年初举家去法国定居。此后三十余年间，我们失去联系。八十年代初，我托人设法探听他们的行踪，得到了树敏在巴黎的住址。我给她去了一信，告以父亲1949年去北京开会，回沪不久患中风，病榻十年，1959年去世；我已自银行退休；珑女自圣约翰大学毕业后与李瑞骅结构，在北京工作；儿子人凤在上海教书，与同事郑宁结婚；我家仍住在上方花园，一家六口住在三楼。信中表示希望她回国看看，一聚手足之情。一个多月后果然收到回信。惊悉逵方在六十年代丧于车祸。树敏住养老院，日常生活必须自己料理，很想回国团聚，但身体衰弱，无法承受长途飞行之劳，且离开法国，养老待遇终将不保。她的三个女儿都大学毕业，成了家。长女以恒（小名雷）在巴黎，女婿法国人；次女以恕亦在巴黎，婿亦法国人；三女以茂（小名卯）在瑞士教中文，婿是德国人。读后颇感树敏晚年之孤单、凄凉。即复一信，附去全家照片。既

然相见无望，希望多通信，并盼寄照片来。不数日接以茂信，谓其母跌伤、两腿骨折，无神无力，恐不久人世。又过两月，以恒来信，称我第二封信递到时，其母已去世。附来照片一张，已苍老得认不出来了。

孙女张珑2007年回忆说：

不久前有人问我：近年来出了许多关于张元济的书，为何从未叙述其女张树敏的事迹？我的这些零星回忆也许就是答案了吧？改革开放后，我们才知道他们一家的下落。原来姑夫早于20世纪60年代死于车祸，女儿们分别嫁了法国人和德国人，只剩下姑母一人，孤独地终老于异国他乡的一家养老院里。

……

1959年8月14日，元济先生以93岁高龄在上海华东医院病逝。此时，他的女儿女婿正在法国生活着。元济先生晚年虽已力不从心，但一定还会记着女儿女婿，树敏、远方应该也惦记着父亲。不过，1949年的分离，终使元济先生与女儿、女婿永别。

1949年，章锡琛为何从开明辞职

1926年8月创办开明书店，1928年开明书店改为股份公司后，一直担任经理的章锡琛，却在1948年8月辞去总经理、1949年7月更是辞去常务董事，甚至向陈叔通老人借了路费，带着家人从上海去了北京，开明书店董事长邵力子在北京与之相见后说："这样对待雪村先生是不应该的。"同年12月，终受出版总署署长胡愈之邀在总署任专员，由此开始了在北京的职业生涯，直至1969年6月6日病逝，终年80岁。

很长时间里，我一直不理解章锡琛先生为什么在抗战胜利、全国面临解放的时候要从开明书店辞职并赴京，曾搜寻过相关资料也访谈过开明老人欧阳文彬和我的老领导钟达轩前辈，但始终没有获得有效的答案，从同时代人隐隐约约的回忆之中，发现出其中应有奥妙。

《上海出版志》在第一章介绍开明书店时写道："协理范洗人等于1941年在广西桂林设立开明总办事处，重组董事会，范洗人任总经理。日军进犯桂林，总办事处迁重庆，由叶圣陶主持。抗战胜利，总办事处迁回上海。"

据章锡琛儿子章士敫、章士敢、章士文1989年8月撰写的《章锡琛略传》记载，总办事处与上海总店如何合并，有诸多矛盾。"其中之一是出现了两个总经理"。一个是上海总店的章锡琛，一个是从重庆回来的范洗人。"为使即将到来的'会师'顺利进行，避免发生影响团结和工作进展的问题，父亲决定接受范寿康的邀请，1946年年初同范一起到了台北，临行向范洗人交待了上海开明工作。章锡琛当年6月返回上海，同年8月开明召开董事会，会上父亲坚决请求辞去总经理职务，并推荐范洗人继任他，董事会遂推选父亲任常务董事。"

1946年2月，开明书店总管理处召开特别会议决定了发展的目标。

章锡琛开始不同意在外地广设分店的做法，担心开支太大。1947年曾到汉口、长沙、广州、重庆等分店视察了一番。回来后更加固执己见，说："看到各分店和商务、中华、世界各家一样，除春秋两季教科书营业外，无所事事，分店经理经常在外面交际应酬，吃喝赌博，没有人关心店务，甚至用本店资金去做投机生意，非法营业。"曾向公司建议加以彻底的改革，并由公司召集了分店经理会议，讨论改革方针，分店经理习惯于他们旧有的生活纷纷反对，竟未毫无结果。由于他已经不是总经理，只能在会上提出自己的意见和建议，而不能越俎代庖像过去那样大刀阔斧地干，因而又有人批评他光说空话，不干实事，甚至说他是资本家企图紧缩开支，要损害职工利益等等。因此，他十分痛苦。1947年曾向店里的几位董事和范总经理提出辞职，大家仍不理解他的苦衷，便加以"恳切慰留"。由于当时书店的情况确已十分困难，他深恐被人看作"临难苟免"，只好不再坚持辞职。1948年章锡琛母亲去世，心情更加抑郁，9月，丰子恺父女要到台湾旅游，章锡琛就带了妻女与丰子恺一起去了。有人却以他与反动资本家一样逃到台湾去了，因此同年12月初他回到上海，同事都感到奇怪。

回想一下，我们常能从电影、小说中感受抗战后从重庆返沪的接收大员扬眉吐气和留守人员从盼望到失意的过程。当时的开明书店也碰到了这样的情况，有人批评章锡琛对日本侵华缺乏眼光和见识，如能早些准备，开明的资产也就不会遭到80%以上的损失，也有人指责他不该在1938年从武汉又返回上海，没有去大后方重庆……

1949年5月27日上海解放，章锡琛开始寻找开明书店的同路。"认为新闻出版事业是国家宣传和教育的重要工具，不能像别的工商业那样，在新民主主义社会里长期掌握在私商的手中，尤其是中小学教科书，像各家从前那样用卑鄙龌龊的手段竞争营业，危害教育，危害人民，在新社会中决不容许这种状况继续存在，非由国家统一编印发行不可。因此感到象商务、中华那种专靠教科书维持营业的出版家一定没有前途，开明也不能例外。"结论是开明书店或者结束业务，或者交给国家。这观点当然更不能为部分同人理解和接受，许多人因此产生误解和疑虑，当年7月下旬有十八位同人联名给章锡琛写信，历数他抗战开始时的失误，在沦陷时期没有使开明得到发展，当前则"在此时期，欲洞察新时代的新形势，为开明求得合理的出路；欲周旋于新旧同业之间，使众论翕服，乐与开明合作；欲领导群僚，诱发其不畏艰难不怕吃苦之精神以从事奋斗，恐非先生之所长也"。要他辞去常务董事职务。章锡琛读信后，一时极为悲愤，但还是从大局出发，立刻接见他们的代表，自己承认错误，愿意辞去开明的一切职务。当即委托上海文管会主任夏衍购票于1949年8月8日乘车离开上海去了北京。

从接信到离走，短短十多天，只能说明积怨太深。从此，告别了开明书店的章锡琛在北京依然关心着开明的出路，经过与邵力子、叶圣陶等的努力，为开明书店与青年出版社联合成立中国青年出版社尽了一份董事的责任。虽然与商务、中华相比，开明消失了，但总比世界、大东光亮，也比那些后来公私合营的出版机构圆满。

据说，章锡琛曾有《历史思想自传》，但一直未见刊布，近年《出版史料》曾刊有章士敫、章士文文章，但均未有新内容披露。也许是不便打扰那些曾经"伤了"章锡琛感情的人，不愿再揭伤疤。

上海现当代出版业从1945年抗胜利直至1949年新中国成立乃至接管、军管、公私合营等，寻找并还原诸如章锡琛这样的前辈在碰到新问题时的措手无策、痛苦求索的人生经历，其实是很有价值的事。既是还原历史真实（哪怕是朋友间的纷争），也是一面明镜，当鲜活的历史都变成了干巴巴的让贤之类，其实就不真实了。曾经活跃在出版舞台中心的名角纷纷离岗，为什么？同人的联名信，其实是一种"复员"后从重庆来的与守在上海的两路人共存在一个传统行业、传统企业中的两种行为的表现。前者代表着激进、谋划着经过八年艰苦奋斗后的宏图伟业；后者代表稳健、长期处于"国统区"对于前程仍有所迷茫。章锡琛就是典型，而且，他能与之交流的同道挚友也难以启口相谈。这个时候的开明书店显然是激进势力占了主导地位，这也许是章锡琛弃开明而北上的原委。

现在，我们在探求历史真貌的时候，也没有必要对当年激进的人士表示不满。历史不能重复，假如章锡琛当年不离开开明，也可能不在1957年戴上右派的帽子，但也成不了"左"派，也许就在公私合营后在上海出版文献资料编辑所那样的机构养老。

孟邹：交得好朋友 出得是好书

汪孟邹先生（以下简称孟邹）1913年在上海创办的亚东图书馆，在新中国创立之初的"谢幕"不同于同辈书业的被接管、被没收、被合并而是被歇业。

1953年2月13日，上海市军管会派员宣布：亚东图书馆歇业；反动的书籍一概要没收；存书可以交别家去卖（封面可以不换），卖完以后可以交别家出版；职工由汪孟邹安排，上海市新闻出版处可以帮助安插到通联书店去……

创办四十年的亚东图书馆以其独特的方式歇业，由此告别书业。1878年出生在安徽绩溪的孟邹也在当年晚些时候告别人世。这年，离他在芜湖创办科学图书社恰巧是五十年。

从业五十载的孟邹在离开人世时曾经有过什么感言或痛楚？在过去了近六十年之后，现在已无从查寻。只是，我们仍可以通过残存的史料和他的侄子汪原放的《回忆亚东图书馆》追寻他的人生经历并以温情和崇敬向这位前辈致意。

仲甫：到上海再开一个书店

章衣萍曾说："我们那个绩溪，抬头看看天，天只有一只碗那么大。"这个只有碗那么大的绩溪，因着汪氏三兄弟而闻名。三兄弟二十岁左右中秀才后出门求学，"弃书学剑亦英雄，兄弟商量意见同"，在江南高等学堂、江南陆师学堂时交得章士钊（以下简称行严）、陈独秀（以下简称仲甫）等一班好朋友。三兄弟的老大、老三却在三年中相继病逝，留下老二孟邹"抛剑经商"。

孟邹回忆，"1903年，我的业师胡子承叫我的朋友周栋臣出来邀了一千二百元股子，叫我到芜湖开一个科学图书社。"科学图书社的门面只有一开间，却有四进。第一进是店堂，第二进是内堂，第三进是客堂，第四进……科学图书社以经营书报、仪器文具为生。虽然"开张三天，只卖去一本日本人著的《商工理财学》"。但却是安徽境内第一家新式书店，孟邹也成为中国知识分子投身书业的第一代。1904年2月，在科学图书社处于"每天吃两顿稀粥"度日的清贫之时，26岁的仲甫（陈独秀，字仲甫）到芜湖办了一份《安徽俗话报》（十八开本，约20页，月出两期，每期印4000本，每本售价50文），由行严创办的上海大陆印刷局印制，报社和总发行所都是"芜湖长街徽州码头科学图书社"，代派处有五十八处。这份被当地老辈人看作"洪水猛兽""风行一时"的报纸只办了二十三期，但已使一批知识分子由此成为反清、民主和科学的战士。孟邹说："仲甫的脾气真古怪哩。《安徽俗话报》再出一期，就是二十四期，就是一足年，无论怎么和他商量，好说歹说，只再办一期，他始终不答应，一定要教书去了。"说是教书，其实是干革命去了。科学图书社1937年12月因日本人入侵芜湖而歇业。1998年被拆除。不过，在存世的三十四年间，一直是安徽革命人的据点和传播新文化新思想的基地，既是《新青年》《新潮》等代派处也是革命书籍和名家新作的驿站。1922年是科学图书社二十周年庆时，适之题词"给文化做了二十年的媒婆"，陶行知题词"赈济了二十年学术的饥荒"。

辛亥革命后，柏文蔚（烈武）当了安徽都督，仲甫任了秘书长，孟邹做了"徽州特派员"，甚至也可以做个县长、税局局长之类。仲甫说了："做什么！这里是长局吗？马上会变的。回去，回去，你还是回到芜湖，卖你的铅笔、墨水、练习簿的好。我来和烈武说，要他帮一点忙，你还是到上海去再开一个书店的好。"

这个交得一班好朋友的孟邹听从了仲甫的话。

仲甫：你要活，一定要上马路

在上海开设亚东图书馆，时在1913年春。孟邹回忆："我又向朋友凑了两千元股子，到上海准备书店，我在惠福里一个楼下租了一间屋，挂上了洋铁皮的'亚东图书馆'的招牌。"之前，孟邹为科学图书社到上海进货，在行严的苏报馆认识了群益书社的主人陈子沛，得以在群益搭铺。惠福里是四马路（福州路）的一个弄堂，亚东开在弄堂里，一是为科学图书社采办进货，二是批发在日本印的地图。

亚东是以出版地图开始的。据说，中国之有分类地图，自此时始。孟邹的业师胡子承的儿子到日本留学时就带着接洽印地图的事，亚东出版了《全国铁道图》、《全国邮政图》、《全国航海图》、《全国电线图》四种中华民国交通图，《全国地文图》、《全国地势图》、《全国山脉图》、《全国水道图》四种中华民国自然地理图以及《新编中华民国地理讲义》……亚东出地图不知是出得太早没有畅销还是因为与一班好朋友迅速开始合作？反正，亚东在地图出版还没有留下多少痕迹时就转身了。

1915年5月，行严创办的《甲寅》开始交由亚东印刷、发行，这本每月一期曾由章士钊、陈独秀、李大钊、高一涵等撰文的杂志虽然只出了十期（亚东发了六期），却因袁世凯的病殁而告终。《甲寅》曾有启事说："先生（行严）亦适于此时归国，从事义举，海陆奔驰，无暇执笔。"亚东在发行《甲寅》的差不多同时，孟邹说，仲甫"他想出一本杂志，说只要十年、八年的功夫，一定会发生很大的影响，叫我认真想法。我实在没有力量做，后来才介绍他给群益书社陈子沛、子寿兄弟。他们竟同意接受议定每月的编辑费和稿费二百元，月出一本，就是《新青年》（先叫做《青年》杂志，后来才改做《新青年》）"。当时亚东的生意一直不好，在仲甫的积极参与下，先是商议亚东、群益、通俗图书局三家合办，后又打算群益、亚东合作改为公司。为此，孟邹还与仲甫去了趟北京，不意，蔡元培看中仲甫请其做北京大学文科学长。这样，亚东还是亚东，群益还是群益。提议合办未成，仲甫对孟邹说了"你要死，只管还缩在弄堂里；你要活，一定要上马路！"孟邹听从了，加上仲甫推荐亚东经销北京大学出版部的书籍，使亚东看见了生意的曙光，"出版才上了路"。恰巧五马路（广东路）棋盘街西首的中德药房迁移，亚东就搬过去在1919年3月22日开始有门面了。

仲甫：你写我的名字好了

1919年，亚东发行了《建设》杂志（一至二十四期），出过《孙文学说》，也印行了少年中国学会《少年中国》、《少年世界》和《新潮》等等。1920年，亚东出版了胡适的白话诗集《尝试集》，田汉、宗白华、郭沫若的通信集《三叶集》。

亚东版标点本古典小说也因为有着胡适先生（以下简称适之）、仲甫的鼓励而出名成品。起初，孟邹侄子原放要出新式标点符号和分段的四大名著。孟邹认为，"事情大概可以做""仲翁来的时候，我要问问他，究竟做得做不得。不要闹出笑话来"。那时仲甫是常到店里去的，听说后即表示："这有什么出不得的！好的，我来拿去看看罢。"过不了两天，仲甫不仅看了样稿，还要适之将写的一篇关于《水浒》的文章早点写好放在《水浒》中作序。适之在给孟邹和原放的一张明信片上写着："我一定送原放一篇三万字的《水浒传考证》。"仲甫也写了《水浒新叙》。1920年8月，《水浒》出版了"洋装两册，售价大洋二元二角；平装四册，大洋一元八角"。因为此时适之要到南京高等师范暑期学校讲学，原放就带了刚出厂的400册到那里搞了一次"流动供应"。先是找了一个大披棚连夜写了一张海报，第二天上午适之讲白话文学也讲《水浒》，饭后有人来买书，当天就买完了。

原放和亚东都由此尝到了甜头，开始标点《儒林外史》，孟邹又请仲甫写序，仲甫却说："你要原放写一篇，拿来给我看看，如果有不当的地方，我来替他改一改。"孟邹说："恐怕不行，他怎么会写？"仲甫道："如果真不能用，我一定再写一篇。"原放写成后带给仲甫，仲甫细细一看改了几个字。原放后来回忆："临走，我问：'这后面的一行要写上名字……'仲翁道'你写我的名字好了'"如此这般，《儒林外史》也获得了大卖。1921年出版的《红楼梦》刊载了适之的《红楼梦考证》、《考证后记》，顾颉刚的《答胡适书》和仲甫的《红楼梦新叙》。之后的一段时期，适之为十三种标点本古典小说作考证性的导言，使之成为亚东的品牌产品。

亚东版标点本古典小说是原放的杰作，当初在投资决策前，孟邹是犹豫的，但获得了仲甫的支持，适之又因为仲甫的缘分而鼓励，如果没有仲甫和适之包括钱玄同、顾颉刚的力挺，恐怕孟邹的犹豫、否定是正确的。

孟邹：出事，吃不消呵

孟邹后来回忆："自从有独秀和适之等帮助作序的《水浒》出版以后，很受欢迎，亚东营业已有转机，后来又出了《胡适文存》、《独秀文存》等书，营业更蒸蒸日上，同事也加到了二十多人了。"

有感于适之的相助，孟邹与适之商定把发表在各处的文章收集起来出一部文集并派原放专程去北京把稿子搞好后带回排印，原放在北京时与适之同游中山公园，遇见了"四川省只手打孔家店的老英雄吴虞"，由此又获得了《吴虞文录》在亚东出版的机缘。

《胡适文存》1921年12月出版，五十万字分四卷，初版印了四千册。孟邹这时也与仲甫商定要出《独秀文存》，1922年11月、12月《独秀文存》印了六千册，当时仲甫因在大世界散发传单而被捕，使亚东出书变得"战战兢兢"了。由仲甫亲自编定的《独秀文存》二集、瞿秋白亲自编定的《秋白文存》，却因时局之险"缓一步再排"而终于搁下，孟邹有言："不能不看一看风头再动手，出事，吃不消呵！"

有人据此说孟邹胆小怕事，原放也说"当时如果只管排、印、卖，也可以做到"。我却是能理解孟邹的。关于《秋白文存》文稿的事，在1949年后还有故事——革命老人郑超麟先生曾在1983年写有《亚东图书馆保存瞿秋白文稿的经过》及多篇文章介绍此事。

1927年2月，瞿秋白在离开上海去武汉前将集存的已发表和未刊的文稿收集后编了一个目录，写了长序后交给孟邹。郑超麟写道："这件事是一九四〇年以后汪孟邹亲口对我说的。汪孟邹是陈独秀的老朋友。凡与陈独秀关系很密切的人，包括瞿秋白在内，同汪孟邹也有来往。"

孟邹将《秋白文存》、《独秀文存》二集一起送印刷厂排字不久，却发生了"四一二"反动政变，只得迅速把两部稿子抽回来，存进了银行保险箱（每月付保险费）。1941年日本人进了租界，传说要清理银行保险箱，"汪孟邹慌了，连忙把这两部稿子取回"。急得想销毁时，正巧郑超麟在店里，郑表示："不能毁，你真没有办法的话，就交给我，我给你保存。""他果然交给了我，我曾经在深夜拿出稿子来翻看，如对故人鬼魂，不禁汗毛凛凛。"郑交谢澹如先生保管直至日本投降，谢将两稿还给了郑，郑在1946年或1947年把两稿送亚东编辑部，交给了会计胡鉴初。1948年，杨之华女士通过郑振铎向孟邹要还《秋白文存》文稿，孟邹去问郑超麟，郑说已交胡，可胡在病中没有告诉别人把稿子放在哪里了。孟邹只好以"收藏稿子的伙计到绩溪乡下去了，等回来再问"等敷衍。1949年解放后，杨之华又通过上海军管会文管会新闻出版处副处长徐伯昕向孟邹要文稿，当时，胡已因肠癌病故。郑超麟写道："杨之华因汪孟邹迟迟不拿出稿子，就写信给他说：'你如果不把瞿秋白的文稿还给我，我要陈毅市长向你讨。'汪孟邹着急了，动员亚东编辑部所有的人一齐动手找。结果在放纸型的三四十只铅皮箱子中的一只里找到了这两部稿子。汪孟邹捧着瞿秋白的稿子，跪在天井里，朝天叩头说：'祖宗有灵，保佑了我！'这是事后别人讲给我听的。"

于是，孟邹通过徐伯昕把文稿交给了杨之华，杨写了一封感谢信还要伯昕送了一部《海上述林》（第二版）给孟邹。

我曾多次读到这段故事，心里总有些难受。

仲甫：孟邹是我们家的大施主

仲甫一生轻钱财、重感情，珍视亲朋友情。由此，当他处于政治困境和生活潦倒时，总能够得到友人的真诚帮助。在仲甫与孟邹近四十年的交往中，获得了最有力的证明。

仲甫无论东渡日本、投身革命还是入狱遭难，孟邹都会抽出精力、拨出钱财予以支援：

《新青年》的出版发行是孟邹推荐并落实的。适之是孟邹的小老乡，是孟邹向仲甫推荐并由此使仲甫与适之联手的。恽代英在武汉创办利群书社、毛泽东在长沙创办文化书社时，仲甫为之向亚东做了营业往来的担保。《向导》创刊时，仲甫托亚东筹措纸张、商讨版式、承担发行等。仲甫的妻小生活有难时，甚至延年、乔年的日常生活费用也是孟邹相助的。虽有着《独秀文存》版税，但日常能取也是不容易的。甚至，在二子一女延年、乔年和筱秀相继离世时，仲甫也委托孟邹办妥后事。

仲甫入狱，送医送书的也是孟邹。抗战开始后，被提前释放后不愿接受施舍的仲甫念想的是孟邹。这时，亚东先后出版了仲甫的《抗日战争之意义》、《民族野心》、《我对于抗战的意见》、《我们断然有救》、《从国际形势观察中国抗战之前途》和《实庵自传》等等。1938年3月7日，孟邹在《实庵自传刊者词》中说："现在陈独秀先生正在完成其自传的全部，并已允许续成各章归我们刊印单行本，这当是读者所乐闻的。"

孟邹还写信给时在美国的适之，"希望兄能为他筹得川资，使他与他爱人潘女士得以赴美游历旅行，病体当可易愈……"只是由于仲甫坚持不肯去美国而作罢。仲甫在身体每况愈下、行走艰难时，还寄语孟邹，"虽身在巴蜀，却还神往芜湖图书社的岁月；真想东下芜湖，重开科学图书社……"

这种朋友真是一生一世的。

仲甫：书店很不容易做，不进则退

亚东在最初的十年，累计出书只有三十种左右。1923年成立编辑所后，基本上每年能出书十种左右。亚东的书，数量不多，但是，以作者编者之名誉而言，放在今天依然是卓有名望：

1923年，俞平伯著，顾颉刚序《红楼梦辨》；陆侃如编《屈原》；宗白华著《流云小诗》；收入张君劢、丁文江等十九人文章、陈独秀、胡适作序的《科学与人生观》。

1924年，俞平伯著《西还》、朱自清著《踪迹》；1925年，丰子恺著《音乐的常识》、陈独秀著《字义类例》；1926年，蒋光慈著《少年飘泊者》等等。

1927年，原放随着乔年、郭伯和、赵容等参加了革命。欲应高语罕之邀去武汉时，孟邹也不反对，还叫他到汉口、武昌、汉阳几家书店去结账收取，"要用可以去拿一点；不用，也不要紧，备而不用罢"。仲甫见到原放时"语罕真乱来，你走了，孟邹怎么好？店事怎么好？我看，你还是回去罢"。等到获知孟邹也让原放去时，才说："那么，你暂时耽搁下来再说罢"。原放在武汉任了中国共产党中央出版局局长……"七一五"事变后，仲甫想回上海，先叫原放回去"问问孟邹，看看我可去不可去"。孟邹说："不要紧，可以来。'四一二'时，那是万万来不得的，现在不妨了。"不久，仲甫随原放返回上海。那时，乔年对原放说："我来的时候，父亲要我告诉你，现在，不要再干了，还是把店事做好要紧。"

亚东在1927年至1931年五年共出书七十三种，营业额总在七万左右。孟邹曾言："真古怪！想不通！适之的书，本人的，行；介绍来的，都不很行。高（语罕）的，本人的，也行；介绍来的，也不行。（蒋）光慈的书，本人的，好，行；所有介绍来的，也都不及他自己的。"原放也称："恐怕是有版税的都还不错；凡是买稿的，都不很行。生活不安定，写作不会有很好的。"

孟邹更是感叹："书店真难做呵！这个行业比不得别的行业。这个行业，一家要有三副资本。栈房里要放一批货，同行手里（本埠、外埠）又要放一批货，门市部又要放一批货，真正困难呵。"后来，碰到偷印、盗版、盗印、禁书，亚东一直处在困境之中。1934年，亚东有两种书被当局严令禁毁、四种禁止发售、三种暂禁发售。

虽然一直做出版，但终于也一直在低层次徘徊。

孟邹：原放只要大，大，大，不要小

孟邹与原放在长期共事中，因为家事、店事和书事，常有意见相左甚至不合之时。

1922年年底，原放欲解除从小订立的婚约，遭到孟邹的反对。原放气时跑到南京去了。1923年1月25日仲甫有函给叔、侄："弟以为孟邹先生应承认原放兄婚姻之自由。""原放兄应觉悟，不可以恋爱妨碍了立身建业。""我盼望孟邹先生仍应叫原放兄回店安心经营商业，原放兄亦应有觉悟，你两位都勿把此事看做大问题，要看作一种游戏的小问题。"后来，原放解除旧约并回店，在1923年9月1日结婚时，还是由孟邹请了烈武、行严为证婚人。

现在，看看叔、侄在经营上的不合、相左也是一件有益的事，原放总结了十条：

1. 我的大叔口口声声的说"要节约"；我老要说："单单节约，不讲生产，不顾生产，非常不好。"

2. 他从来以为薪水不改也不妨，分红不加也不妨；我以为这是一个大毛病。我以为要便要加薪，要便要加分红，一点不动，不能引起积极性了。

3. 他自己的薪水定得低，把我的薪水定得比他高，分红也是他少、我多。我很不以为然。为什么？他除薪水与分红之外，可以"交际"、"公益"等名义用钱，超过薪水与分红不知多少倍；而我，除薪水与分红，不能再动用店里的钱了。他总想把我做成一个"箭垛"。我的意思，要做"箭垛"，应该是他。

4. 同事常常批评"家店不分"，他置而不问。

5. 不分工，什么事都是他一个人作主。明明有发行所、编辑所；其实都是他一个人在问。不但亚东本身，芜湖科学图书社他也要管，搭股的店他也要管。如何管得了呢？

6. 收稿，收与不收，要与不要，都是他"一言为定"、"一言而决"。他只相信他所相信的几个熟人，只要是他们介绍来的，总是收、买。他只把编辑当校对，有时要希吕兄、昌之看看，说的话又没有用。

7. 大家都说重版书的价钱应该减低，他以为万万不可。

8. 发行方面，外埠同行来结帐，他都要自己直接处理。有时有的同行要抹几文零尾，如几元、几角，他总不肯。有时批评人，批评得受不了，有的同行很不满。店里同事说："让抹一点小数，他代卖会起劲得多。"

9. 店里加同事，他并不和人谈谈，说用就用了，说来就来了。做事合手不合手，他不问、不管。有些并做不长。

10. 付版税给作者，拖拖拉拉，烦言不少。

原放不满意的还有孟邹从事长期储蓄，为此叔侄还有几次分家：1930

年由适之协调做了分家的法律手续，1933年又请行严做证明律师立了孟邹退出股本、亚东让给原放兄妹共同接办的法律手续。之后，孟邹就回芜湖经营他的科学图书社了。

由着原放经营的亚东又怎样呢？不出三年已经周转不灵，只好托行严再请孟邹回店，仲甫这时已在狱中，也帮着写信要孟邹重新回店："令叔以前谨慎小心的办法，未必无理由，兄现在身当其冲，已领略其中滋味，我们以前极力怂恿令叔把店交给你管，亦有必须使你早日获得经验之意。"当时，也曾筹划招股增资，适之帮着给王云五先生写信希望商务能合作或出招，但终未谈成。

但云五在细看账目后，提出了七条意见：

1．现状并不怎么坏。2．加入三万元，以两万元山书，以一万元作流动资本。3．或用改公司办法，或用借款办法。4．五马路市口不好，最好是迁上四马路。5．可省的应省，生意能再做上八万元便好了。6．已借得之款亦可商作股本。7．责任终须自己负，因为有多年的历史了。

这时，又发生了群益书社歇业之事，孟邹替群益书社做房租的保人，群益书社歇业保人要赔款五千元。原放只能去老家接回孟邹，孟邹的条件是"你们要回家，我才出去"。

1935年4月，孟邹回到上海重掌亚东，"店事给原放搞坏了！他只要大，大，大，不要小。搞得真不像了，我真没有办法了"，这个结局在原放的总结中，举其要者，不外：九一八，一二八，禁书、翻版、翻印、盗印、购买力弱。

群益的事还是行严帮忙了结，由群益拿《新青年》给亚东重印了一千五百部。孟邹一面急于还债，一面紧缩。回掉了一些房子又将发行所从广东路迁到了四马路里昼锦里口。

1936年6月，原放又在行严主持下立了一个与亚东脱离股份及一切权利义务的字据。适之曾介绍原放去商务，未果。"八一三"之后，亚东四马路的门市部也停歇搬到西藏路编辑所去了，也曾谋划在金华、广州、昆明开设办事处，但大势不好，终也日子难过。

1947年8月，上海《大公报》刊出萧聪《汪孟邹——出版界人物印象之一》，孟邹作了回复，萧文写道：

汪先生治事谨严，丝毫不苟。据接近他的人说，连一张广告稿子，他也必定规划妥善，算准字数，并且请人誊正，然后付排。在他这种精神熏陶之下，亚东的同人也保有了这种优良作风，无怪乎亚东版的书籍，校对特别仔细，错字几乎没有，版本形式也特别优美了。

从年龄上说来，汪先生今年该七十多岁了，但前些时在四马路上碰到他，他的精神还很矍铄，态度也很乐观，说起话来，声音依然响亮得很。但愿天假以年，度过艰苦的时期，等更好的日子到来的时候，我们可以更多读到一些亚东版的好书。

孟邹回复：

我们出版认真，不肯苟且，一半是由于个性使然，一半也是许多朋友，如章行严、陈仲甫、胡适之诸先生督促之力。我与同业群益主人陈子佩、子寿昆仲，泰东主人赵南公，太平洋主人张秉文诸老友时常要闲谈，都说："我们与其出版一些烂污书，宁可集资开设妓院好些。"大家都大笑起来。

新书业与中国文化关系很密切，我从事此业四十余年，闻见和感想颇多，如今同业老友凋零殆尽，我也老了，很想写出点来，借（以）给后来研究新书业历史的人做材料。但不知能否如愿。

孟邹：实在是犯了重大的错误

1949年上海解放。亚东与所有的私营出版机构一样，在恐惧、不安和等待、盼望中徘徊。1950年，亚东也随波逐流地加入了通俗出版业联合书店（通联书店）。在书业公会的情况调查表上，亚东只剩了孟邹等四人，在"资金周转情况"栏填的是"倘要印书，资金周转困难"，在"今年书刊编辑计划"栏下，未填。

1950年北京召开全国第一次出版工作会议时，孟邹是特约代表，当时华东区的特约代表共七人，巴金、孟邹、张元济（三位均缺席）、金兆梓（中华书局编辑所副所长）、屠思聪（世界舆地学社社长）、魏炳荣（广益书局董事长）、顾颉刚（大中国图书局总经理）赴会。王子野先生在1983年8月18日为原放《回忆亚东图书馆》作序中写道："我多么盼望能在北京和他见面。可惜，他因年老体衰，不堪旅途之劳，终于没有能来。"

1951年，原放编写的《诗经今译》由亚东出版印了一千五百册。不久又出版了高尔基的《我的旅伴》，初印一千五百册，不到两天又要货二千册，加印三千册后又卖完了，再加印五千册。后来，又忙着排印高尔基的《流浪人契尔卡士》。

亚东开始出现复苏的苗头了，这让同业和孟邹自然很高兴，以为还可以在上海继续开书店、做出版了。

1952年12月22日，中国托派被"迅雷不及掩耳的，一网打尽"（郑超麟语），郑超麟是"主犯"直至1979年6月5日。当晚，军管会也到了亚东检查。

有问："托派的书，你们究竟一共印了多少部数呢？"原放说："书是有几十种，现在存的，已经不多，近年也已经没有人来买了。"……

又一天，军管会的一位女同志同孟邹、原放谈话："你们这个店，年份实在很久了。过去，'五四'时代，你们出的书，都是进步的，很有成绩，很有贡献；可是后来，你们走错了路子了！你们要知道，你们出了许多托派的书，这是犯罪的。"

孟邹口述、原放笔录的一份材料中说："1936年到1937年间，王凡西和郑超麟都在牢里。他们的朋友后来把他们的稿子送了来，商量印行。一来因为本子很小，二来又不要稿费，所以我竟很盲目的、很麻痹的，替他们印行了……然而我的大错已经铸成，不可挽回！"

1953年7月，中共中央宣传部在关于取缔托派书刊及其他反动书刊问题复中共上海市委宣传部函中，开出了79种书籍、15种刊物属同意取缔的托派和有关托派的书刊。复函的最后是"请注意查明与托派有关的出版社（略）的现状并提出对策，连同此次取缔托派书刊情况报告我们"。这括号内的略字，应该不是复函故有的，可能是在收入由中国出版科学研究所、中央档案馆编的《中华人民共和国出版史料（1953年）》（中国书籍出版社1999年1月出版）时编者基于某种顾虑而删除的。我在翻阅这套已出15本的出版史料时，常会看见这种删节，而这种删节的内容却又是我寻找的。

这个时候，亚东已经被歇业，亚东已成为历史了。

后人有言，仲甫是亚东的灵魂、适之是亚东的柱石、行严是亚东的靠山，这是三位长期实践国时救世的理想与孟邹一生一业传播新知的宏愿取得高度一致的结果。也有人给亚东贴标签：亚东是有出版信仰的、也是维新和革命的产物，孟邹是有文化良知的商人、中国新文化运动的功臣等等。

参考资料

上海市政协：《文史资料选辑》（总37期），上海人民出版社，1981年

汪原放：《回忆亚东图书馆》，学林出版社，1983年

郑超麟：《郑超麟回忆录》，东方出版社，1996年

中国出版科学研究所、中国档案馆：《中华人民共和国出版史料（一九五三）》，中国书籍出版社，1999年

王建辉：《老出版人肖像》，江苏教育出版社，2003年

郑超麟：《郑超麟回忆录》，东方出版社，2004年

汪原放：《亚东图书馆与陈独秀》，学林出版社，2006年

汪耀华：《留在笔下的新华书店》，上海交通大学出版社，2010年

汪耀华：《上海书业同业公会史料与研究》，上海交通大学出版社，2010年

汪耀华：《上海书业名录（1906-2010）》，上海书店出版社，2011年

邵洵美：有钱人做出版

邵洵美，这位在中国现代文坛上活跃了数十年的名人，在他的人生旅途中，出版家是贯穿于一生、留名于今的职业，他先是诗人，也是作家，既是集邮家，后来又是翻译家，但如果没有"出版家"这一头衔，就如同失去了钻石的戒指，大为逊色。对于与他隔代的人来说，得知邵洵美之名，不外乎两件事，一件是他与鲁迅的争执公案，一件是由他经手创办的《论语》杂志。前一件事，他因为被鲁迅"骂"过而知名，后来搞清楚不过是一场误会；而后一件事才真正显示他的本色，邵洵美做出版在中国现代出版史上是个特别的个案，因为喜欢，也是因为有钱、有朋友，于是，当年的商务印书馆号称有十大杂志、中华书局有八大杂志，邵洵美盛时也有七大杂志，其在出版史上的地位，由此可见一斑。

初试出版

邵洵美曾有《我的三个祖父》一文，说的是自家祖父邵友濂、嫡亲外祖父盛宣怀、嗣外祖父李鸿章。祖父邵友濂1882年任上海道，1891年任台湾巡抚，1894年任湖南巡抚，曾是上海显赫的地方长官。邵友濂长子原配李氏是当时直隶总督兼北洋大臣李鸿章的女儿；次子邵恒与邮传部大臣盛宣怀的四女儿盛稚惠结婚，生下长子邵洵美。邵洵美1923年17岁那年毕业于南洋路矿学校，1924年冬赴英国留学。赴英前与盛宣怀长子的五女儿盛佩玉订婚。盛佩玉是邵洵美母亲的侄女，与邵洵美是表姊弟。1926年7月邵洵美学成回到上海，即于当年12月2日与盛佩玉在大光明舞厅举行婚礼。这个既显贵且优裕的家庭背景，为邵洵美做喜欢的出版事业，奠定了雄厚的财力支撑。邵洵美此后能凭着自己的兴趣"做出版"，与此有很大的关系。

1926年归国途中，邵洵美在新加坡的书店里看见了一本上海出版的《狮吼》杂志，当即心有所动，到上海后就与《狮吼》编辑滕固、章克标相交，并成为一生的朋友。1927年8月，邵洵美的第一本诗集《天堂与五月》收入狮吼社丛书，由光华书局出版，此书分"天堂"、"五月"两辑收诗33首，是作者旅欧期间和归国途中的心言。

1927年春，徐志摩、闻一多、罗隆基、胡适、饶孟侃、梁实秋、潘光旦等在上海办起了新月书店，胡适任董事长。邵洵美是新月书店的股东，初次涉足出版但没参与书店实际工作。等到徐志摩撑不下新月书店时，是邵洵美拿钱接盘，担任了新月的经理。上海新月书店是后期新月派的主要阵地，邵洵美虽非新月派同人，但他对于后期新月派的文学活动，是有襄助之功的。

1927年4月国民政府在南京建立，邵洵美受邀担任上海特别市政府秘书，但只做了四个月就退出了。虽然祖上和戚友不乏从政，且政绩显赫者也不少，但邵洵美毕竟是一介书生，他能写诗、想做书，却与政坛"水土不服"。

开办"金屋"

1928年春，邵洵美独资创办了一家金屋书店。如同当时的众多书店一样，金屋也出书。据邵洵美女儿后来介绍，金屋出的书籍是当时"最精致、最考究、价钱也是最昂贵的"。金屋出了滕固的《唯美派的文学》、陈白尘《漩涡》等。邵洵美自己也在金屋出版了个人的三本书：译诗集《一朵朵玫瑰》、诗集《花一般的罪恶》和论文集《火与肉》。从这些书目中可以看出，金屋出书完全遵从邵洵美喜好的文学风格，唯美是尚。

邵洵美从此尝到了出版的好心情，不受钱之累，不忧销之难，想出就可以出了。看见徐志摩等人出版了《新月》月刊，颇有影响，邵洵美也想"试水"杂志了。恰巧《狮吼》资金周转不灵，他就出钱将《狮吼》收入金屋书店麾下出版。1928年7月1日，《狮吼复活号》半月刊出版，这是邵洵美亲手编辑的第一份杂志。《狮吼》到1928年12月16日出版了12期后改版为《金屋》月刊，在1929年1月问世，由邵洵美、章克标编辑。这本杂志的广告上写着："有严谨的翻译、优选的创作、精美的图画，有忠实的介绍、公正的批评、诚恳的讨论。"然而，《金屋》月刊办至第6期，却停了半年，在继续出版的第7期上，编者不得不承认说，"本杂志销场其实不大好"，但"我们的杂志决不比别的坏！"可惜这话声还未落音，第7期也就成了《金屋》月刊寿终期。金屋书店出书虽然畅销，但书账难收、资金周转不灵，不久就因邵洵美投资其他的出版项目而歇业。

在新月书店这一头，1931年1月20日，徐志摩、邵洵美、陈梦家等在上海办起了《诗刊》，由新月书店出版。《诗刊》开始由徐志摩主编，邵洵美基本不参与，前后只出了4期，其办不下去的原因并非是技术上的，而是"不可抗拒"的外因——1931年11月19日徐志摩因飞机失事而身亡，因此，《诗刊》第4期即是"志摩纪念号"。《诗刊》因徐志摩而生，也因徐志摩而亡。邵洵美说，志摩一去，谁能负得起《诗刊》的责任呢？徐志摩只有一个。此后邵洵美虽然还帮着《新月》的出版，是其发行人。可惜志摩一去，《新月》的凝聚力和生命力也就慢慢散落了。为了能解决新月书店的事，邵洵美夫妇在1932年4月专程去了趟北平与胡适等股东作了详谈，决定结束《新月》，将新月书店出让给商务接盘。

金屋、新月相继收盘，但邵洵美的出版事业却并未停止，因为他又开辟了新的阵地，而且已在酝酿《论语》半月刊了。

《时代》和《论语》

《时代》画报最初是由漫画家张光宇、张振宇和叶灵凤联袂在1928年10月创办、中国美术刊行社发行，销路虽然不错，但资金不够周转，不到一年就求助于邵洵美，邵洵美和堂兄邵柳门投资5000元加入了《时代》画报和中国美术刊行社。邵洵美在《画报在文化界的地位》中写道："办画报的目的，是使人感觉到这是一种快乐（指读这种读物），而不是一种工作。"

这次邵洵美准备大干了。先是花5万美金向上海一家德商洋行定购了一台德国海德堡出品的最新影写版印刷机，打算办个印刷厂，不仅解决自己的需求，还准备承接第三方印刷业务。《时代》画报在1930年10月第12期上宣布将实行三大革新：第一，印刷及图版之改良，"添加双色版三色版等，纸张向外商定造之影写版专用纸"；第二，编制及材料之革新，"漫画为本刊之特点，兹特精益求精，加添时事新闻及照相，以副'时代'之名"；第三，努力于文字之创建，"特请国内外名家撰著关于政治、社会、文艺上之稿件，以资建设时代之大贡献"。

在《时代》画报第12期刊发了一则广告：金屋书店所出版新文艺及政治、科学书籍数十种，小说、诗歌、论文研究等类均为国内第一流作家大著，自10月份起交由中国美术刊行社代理发行。自1930年11月起，邵洵美正式参加了《时代》画报的编辑工作，在该期封底的"编辑者"项下，邵洵美赫然与张光宇、张振宇、叶浅予、郑光汉等共同列名。邵洵美担任画报编务首尾近两年，至1932年末才从此脱身。

1931年夏，定购的全套影写版印刷机运到了上海，邵洵美特地在平凉路21号租了一排平房作为厂房，还请了一位印刷专家从事制版（拍照、修片、拼图、晒网纹）等印刷全过程的调试。可是，请来的专家却不是高手，邵洵美硬着头皮靠着从国外买回的几本影写版技术的书，边看边翻译边解释，表弟盛毓贤和两个青年工人则边听边照着做，居然获得成功。1932年9月正式成立时代印刷厂，1933年1月成立时代图书公司。有了独一无二的先进影写版印刷机，《时代》画报从发稿印刷直到出版发行一路顺风，邵洵美的个人出版事业由此渐入佳境。

1932年8月，邵洵美与林语堂、李青崖、全增嘏、潘光旦、沈有乾、章克标、孙斯鸣、张光宇、张振宇等朋友决定，出本幽默刊物，这就是名闻遐迩的《论语》。9月16日，《论语》正式创刊，这本半月刊由时代印刷公司印刷，中国美术刊行社总发行，邵浩文（即邵洵美）为发行人，初期林语堂、邵洵美各出了钱，第10期后由邵洵美独资经营。

1933年8月邵洵美模仿英国新闻大王北岩爵士创办《十日谈》，由章克标主编，推出去后没打响，经常脱期，遂于1934年年底宣告结束。

拥有七大杂志

办刊在邵洵美的编辑出版生涯中占有重要地位，他虽然也编书、出书，后来还曾译书，并经营过出版、发行和印刷，但在所有成绩中，办刊无疑是其中最值得夸耀的部分。据说邵洵美从小就爱办刊物，12岁时就在家办过家报，有人因此说"好像有预兆似的"，不过这也印证了孔夫子的一句话："爱之者不如好之者。"

1933年12月，邹韬奋主编的《生活》周刊被国民党政府密令查禁。之前的《生活》是由时代印刷厂印刷的，当遭查禁而陷入经济困境时，是邵洵美出手帮助生活书店善后的。1934年2月邵洵美创刊了《人言》周刊替代《生活》，他以"郭明"笔名任《人言》主编。《人言》周刊和《十日谈》起初都是由第一出版社出版的，《十日谈》结束后，《人言》归入时代图书公司出版。

同时，邵洵美还创办了《时代漫画》、《万象》等刊物。1934年1月创刊的《时代漫画》为讽刺幽默月刊，由鲁少飞主编，张光宇做发行人；1934年创刊的《万象》由张光宇、叶灵凤主编，《万象》只办了两期就因

"销路不好，格外失望，第2期虽稍有起色，也不好，决暂时停刊"，1935年6月勉强出了第3期，也只是"回光返照"。

1935年9月，邵洵美创刊了一份中英文对照的《声色画报》，请项美丽担任主编。项美丽是美国记者，1935年初为了写作来到中国，与邵洵美相识相熟进而相爱。1936年2月改名为《声色周报》，由陆钟恩任主编，项美丽为英文编辑，陈福愉当中文编辑。不过，因为不认识中文的外国人只能看半本《声色画报》，不认识英文的中国人也只能读半本，中英文通识的人又无须读两遍。通过吸引读者看书来推动文化进步，是邵洵美经营出版事业的一贯主张，在化为实际行动过程中，既有成功的案例（如《论语》杂志），也不乏失败的教训，《声色画报》就是一例。《声色画报》的编辑设计虽然有创意，但因为走得太远了，没有找准定位，终于成了"先烈"。

1935年10月，邵洵美创刊了电影文艺月刊——《时代电影》。隔了半个月，又创刊了《文学时代》的文艺月刊。《文学时代》标榜是一本"纯文艺"月刊，主编储安平说："我们并没有这种企图，想使读者从这一个刊物里看到有任何一种集体的流动——不管是感情的或是理性的。我们都尊重思想上的自由。我们容许每一个在本刊上写他自己在文艺上的立场和见解，除了对文艺的本身忠实这一点之外，我们没有更大苛求。"《文学时代》出了6期，因为储安平要去英国留学，向邵洵美辞职，1936年4月便终刊了。

到1935年底，上海时代图书公司已拥有《时代画报》、《论语》、《时代漫画》、《人言》、《声色画报》、《时代电影》、《文学时代》等七大刊物，其中，《论语》是最重要的。为了扩大推销，实行"订一赠一"：订《时代画报》者赠《文学时代》，订《文学时代》者赠《论语》等等。与商务印书馆的十大杂志、中华书局的八大杂志相比，邵洵美的时代图书公司居然也拥有七大刊物，且大多是"市场化"运作而非同人刊物，这标志着邵氏的出版事业进入了鼎盛时期。

做"第一流之出版"

1933年12月，邵洵美还办了一个意在纯文艺书刊的第一出版社，他曾颇为踌躇满志地说："……第一出版社者，盖吾人以第一步之努力为第一流之出版也。草创伊始，壮志凌天，尚祈海内识者不以狂妄目之。"在这件事情上，邵洵美又显示了他作为编辑而与经营者不同的侧面。作为经营者，他讲究市场效果；而作为编辑，他却以自己的爱好作为出书的标杆。他首先计划出版一套《自传》丛书，请十二位当时的著名作家写自传，先出了《从文自传》、《巴金自传》、《资平自传》、《庐隐自传》，第五本《钦文自传》是在第一出版社结束之后的1936年由时代图书公司出版的。第一出版社还出了胡适的《新文化运动》、潘光旦的《人文史观》、章克标的《文坛登龙术》，邵洵美在《人言》连载的《一个人的谈话》也出了单行本。

1936年9月，时代图书公司从福州路300号迁入霞飞路（今淮海路）240号，除了依托《论语》出版"论语丛书"外，邵洵美还计划出版一套"时代科学图画丛书"，为此还成立了一个由他和鲁少飞、王敦庆、张大任、曹涵美、邵云骏等6人组成的"时代编行委员会"，可惜只出了第一集《现代战争的秘密》，第二集《航空的秘密》就因为时局动荡而"后不见来者"了。

在1936年年内，他还出齐了《新诗库》第一集10位诗人的诗集：方玮德的《玮德诗文集》，梁宗岱翻译歌德、雪莱等欧美名家诗作的《一切的顶峰》，陈梦家的《梦家存诗》，金克木的《蝙蝠集》，朱湘的《永言集》，罗念生的《龙涎集》，侯汝华的《海上谣》，徐迟的《二十岁人》，孙洵侯的《太湖集》，再加上邵洵美自己的《诗二十五首》。

时代图书公司还出版了阿英编校的《晚清十八家小品》、袁中郎著《瓶花斋集》（万历抄本）以及《上海轮廓》等。

形势看来不错，但侵略者的炮声，使邵洵美的事业迅速从巅峰跌落……

出版《论持久战》英译本

"八一三事变"后，邵洵美创办的所有刊物和时代印刷厂、上海时代图书公司先后停刊停工歇业。多亏项美丽帮忙，在美国领事馆、英国巡捕行的帮助下，弄到通行证雇了十多个俄罗斯工人，分几次把影写版印刷机连同邵洵美家中的家具、书籍和几百令白报纸等，抬上插着美国国旗的卡车，共17车分五次通过外白渡桥抢运出来，邵洵美在徐家汇租了一处房子安装机器，使印刷厂重新开业，承印《中华画报》、《良友画报》等。

1938年9月，邵洵美说服项美丽合作，在大美晚报馆老板的资助下，出版了中英姊妹版的月刊《自由谭》、《Candid Comment》（《直言评论》），这是吸取了《声色画报》的教训之后推出的两本内容同样的中文、英文版。具体工作都由邵洵美担当，项美丽署名发行人和主编。《Candid Comment》、《自由谭》只生存了半年，就因租界当局受到日本人的压力要求取缔而停刊。不过，这本《Candid Comment》却做成了一件大事。

1938年5月，毛泽东发表了著名的《论持久战》，地下党组织要求杨刚翻译成英文，让全世界都能读到这部指导中国人民抗日的著作。杨刚是香港《大公报》记者，为了担负这一任务而到上海，经友人介绍住进了项美丽的家，也就认识了邵洵美。在翻译过程中，杨刚常请邵洵美一起斟酌译文字句。全文尚未译毕，即送《Candid Comment》连载。当时毛泽东还亲笔写了一篇序，是用毛笔写在毛边纸公文笺上的，由邵洵美译出。

这部译稿印刷、散发是邵洵美一手承担的。邵洵美将译稿委托一家熟悉的印刷厂印刷，共印了500册，邵洵美开着项美丽的自备车把书运到项宅。分别由杨刚通过地下党渠道发行，项美丽托人送发，邵洵美等人用"暗销"等方式发了出去。

1939年，邵洵美陪项美丽去了一次香港，是项美丽为写作宋氏三姐妹传记收集资料。在香港待了一个秋天后，邵洵美由于夫人盛佩玉等人来信催归，也因出门既久思念家里，终于，邵、项两人各奔其途，邵洵美回到了上海，项美丽去了重庆……

1941年，租界沦陷，时代印刷厂也被迫停产了。心仪的事业暂时不能做了，开始时邵洵美可能有些失落，不过很快他找到了新的寄托——集邮，写出了一部邮学作品《中国邮票讲话》共60讲，1943年4月开始在《新申报》上连载达两个月之久。

重新起步

抗战一胜利，邵洵美先是受托筹建《自由西报》；与朋友陈继贞一起创办仿美国《时代》杂志的时事周报《见闻》，邵洵美当总编辑。手里有了一份英文报纸、一份中文报纸，邵洵美又开始踌躇满志了。

1946年7月1日，《见闻》出版。7月下旬邵洵美接到为中国农业电影制片厂到美国采购摄影器材的任务。同时，邵洵美在美国也见到了项美丽，邵洵美见到项美丽生活拮据，就向一个在美国的中国古董商借了1000美金给项美丽。邵洵美是当年圣诞后回到上海的，但他看到的《见闻》却已面目全非，出了第16期就收摊了。

时代印刷厂已在邵洵美去美国前由盛毓贤办理恢复营业，并开设了时代书局（设在时代印刷厂内），时代书局是时代图书公司的恢复和延续，新版和重印了一些"论语丛书"等。唯一使邵洵美感到喜出望外的，是盛佩玉在他回到上海时送的一份礼物——由李青崖受任编辑的《论语》半月刊在1946年12月1日（即118期）复刊了。此时的《论语》与前期一样销路很好，销路好就有盈利。就这样，邵洵美靠着一本《论语》，在动荡的年月里附带养活了时代印刷厂和时代书局。

《论语》出版第177期（1949年5月16日），被市政府勒令停刊，这一期成了这份著名刊物的终刊号。那时，解放军的隆隆炮声已经渐渐逼近，不久上海获得解放，一个新时代开始了。

惜别出版

解放前夕，叶公超、胡适都曾邀邵洵美和夫人去台湾，被邵洵美婉言谢辞了。邵洵美怕引来杀身之祸，将保存下来的包括毛泽东亲笔所写序言在内的全部《论持久战》英译本原稿都付之一炬。上海解放之初，夏衍曾到邵洵美家谈了很久，后来又与周扬一起专程为《论持久战》英文版造访。邵洵美以实相告，周、夏感到十分惋惜。不过，随着经济的恢复，邵洵美又迅速开始了他的出版活动。

1949年的下半年，夏衍又到邵洵美家，这回是来谈政府要收购邵洵美那架德制影写版印刷机。在夏衍的再三劝说下，邵洵美以折价5.6万美元的人民币（这个价格是因为当初的进价5万美元，6000美元是后来添置照相架和三原色滤色玻璃片等设备的折价）卖给了北京新华印刷厂，连操作工人一并迁到北京，用来印刷《人民画报》等。有了这笔款子，邵洵美将时代书局迁到北四川路、南京路口，以很快的速度出版了一批他认为是进步的图书，其中包括一些俄文著作的翻译作品，以应读者之需。

1950年元旦后，邵洵美带了全家移居北京，打算在北京开设时代书局分店，找了出版总署徐伯昕（时任总署办公厅副主任兼计划处处长）等谈过，徐答应帮助他在北京开店。可是，《人民日报》却一连7天每天以半个版面载文批判上海时代书局出版的苏联文学著作译文粗制滥造和出版"托派分子"作品。其实，邵洵美原本想抓住机遇"做大"自己的事业，可惜他自己不懂俄文，又是赶出书而没有"把关"，至于"托派"之类，作为一介文人也不知道它与正宗马列的区别。这时，据说是周恩来总理通过罗隆基与邵洵美谈话，提出上海时代书局如能改组与政府合作经营或是社长由党委派，还可继续经营。邵洵美迅速与投资时代书局的两位银行家商量，但那两位不同意合营，宁可关门。如此，时代书局就解散了。这件合作事宣告吹后，自然也未见有当局邀留北京之迹象，加之气候不适，邵洵美只能怏怏南归。

《论语》停刊，时代印刷厂卖掉，时代书局关门，曾经辉煌的三块招牌落地，邵洵美执着经营的出版事业，就此画上了句号。

译书维生

出版虽然就此终结，但邵洵美与书的缘分尚未尽。不久，人民文学出版社聘请他担任社外翻译，翻译了雪莱的《解放了的普罗密修斯》，于1957年8月出版。后经老友秦鹤皋介绍，上海出版公司又约他翻译马克·吐温的《汤姆莎耶侦探案》，校订《彼得一世》、《傲慢与偏见》等。

过了一段平静的生活之后，1958年10月，邵洵美突然被逮捕。据说，起因是邵家老六邵云骧因气喘病发作写信给邵洵美，要借钱治病。邵洵美想起项美丽过去借过他1000美元未还，就在1958年春叶灵凤从香港到上海观光时，给项美丽写了封信，交托叶灵凤带回香港后寄往美国去。不意叶带信走后，一直没有消息。邵洵美在狱中交代出了这件事后，也就不再有人提审他了。

两年后，在狱中的邵洵美与复旦大学教授贾植芳相遇。贾植芳在1989年2月的《上海滩》月刊上发表了《提篮桥难友邵洵美》，披露了邵洵美在狱中的自述，邵洵美提起当年与鲁迅的那段公案，说笔会宴请萧伯纳时的46元是他自费的，鲁迅说邵撰文是"捐班"实乃天大误会。

在此期间，作家协会上海分会书记处书记、上海文联副秘书长周熙良在北京开会时与周扬见面，周扬问起邵洵美的问题解决了没有，"如果没有什么问题，也不必了"。周回到上海向市委书记石西民作了汇报，"可能是石西民通知了上海出版局"，1962年4月6日邵洵美带着一条"帝特嫌疑"的尾巴被释放出狱。不久，人民文学出版社上海分社编译所派人上门联系，社方决定每月发给邵洵美"预支稿费"120元。显然，此举出于有关部门或人士的特别关照。

这时邵洵美已患有严重肺原性心脏病、肺气肿等疾病。从1963年到1965

年，邵洵美翻译了雪莱的长诗《麦布女王》、拜伦的长诗《青铜时代》，校读并加工修改《有色人种的世界》，审阅《美国文学史》等作品。1966年"文革"开始后，出版社停发了给邵洵美的每月津贴。

1968年5月5日，邵洵美终因贫病交加而停止呼吸，时年62岁。

邵洵美，曾经的有钱人、出版家，就这样走完了"风流倜傥的少年、踌躇满志的中年、寂寞凄凉的晚年"。邵洵美晚年的厄运约有十年，他死后正好也过了十年左右，春风再度，人们在梳理已经过去的文化往事时，他的业绩终于得到了应有的评价。

（本文与金良年老师共同完成）

参考资料

林淇：《海上才子邵洵美传》，上海人民出版社，2002年

盛佩玉：《盛氏家族·邵洵美与我》，人民文学出版社，2004年

邵绡红：《我的爸爸邵洵美》，上海书店出版社，2005年

王璞：《项美丽在上海》，人民文学出版社，2005年

林达祖、林锡旦：《沪上名刊〈论语〉谈往》，上海书店出版社，2008年

追寻红色出版在上海

2013年6月的一天，我为写这篇文章，冒雨从新闸路西斯文里到山海关路三德里、新昌路和老成都北路走了一圈，时光过去快90年了，留存着路名、弄名和不堪观望的旧建筑，只有人民出版社旧址改为中共二大会址纪念馆了。可是在中共二大会址纪念馆一份大量派发的"简介"中，却没有人民出版社的介绍，展厅内也只有数幅照片还算记载着中国共产党第一个传播马列主义的出版机构……

一

1921年7月23日中国共产党第一次全国代表大会在上海召开，在会议通过的《中国共产党关于（奋斗）目标的第一个决议》中对出版工作作了规定："一切书籍、日报、标语和传单的出版工作，均应受中央执行委员会或临时中央执行委员会的监督。每个地方组织均有权出版地方的通报、日报、周刊、传单和通告。不论中央或地方出版的一切出版物，其出版工作均应受党员的领导。任何出版物，无论是中央的或地方的，均不得刊登违背党的原则、政策和决议的文章。"提出了在宣传工作方面首先恢复《共产党》月刊、《新青年》杂志，成立人民出版社，分别在上海、广州两处编印书籍报刊等工作任务。

主持全党宣传工作的中央宣传部主任李达率先在上海这个近现代出版中心开辟了红色出版工作。

现在的老成都北路7弄30号（原称南成都路辅德里625号）成为中国共产党成立后创办的第一个出版社——人民出版社的所在地，这家出版社与当时许多新办出版社一样，既是主人的寓所又是出版社的编辑部。李达是这幢石库门寓所的主人：一楼前客堂会客，后客堂作栈房，灶披间是烧饭间；二楼书房兼卧室，亭子间为工作室。工作人员除了李达只请了一个帮工协助包装邮寄等杂务。靠着几乎是"独自"的力量，李达在差不多两年的时间内，辛劳地进行着马克思列宁主义的传播。

人民出版社的公开地址是在广州昌兴新街26号,编辑出版发行等全部工作在上海进行,犹如现在的注册地与办公地分离的状况,这主要是两地的政治环境不同,上海处在北洋政府统治之下,广州则在孙中山领导下成为了革命根据地比较宽松。

1921年9月1日《新青年》杂志第九卷第五号以两个整版的篇幅刊载了人民出版社通告(这天也被后人追认为是人民出版社的创办日),表述了出版宗旨:

近年来新主义新学说盛行,研究的人渐渐多了,本社同人为供给此项要求起见,特刊行各种重要书籍,以资同志诸君之研究。

本社出版品的性质,在指示新潮底趋向,测定潮势底迟速,一面为信仰不坚者祛除根本上的疑惑,一面和海内外同志图谋精神上的团结。各书或编或译,都经严加选择,内容务求确实,文章务求畅达。这一点同人相信必能满足读者底要求,特在这里慎重声明。

这个通告中开列了马克思全书、列宁全书、康民尼斯特丛书、其他等四类共49种书目。"以上各书,已有十种付印,其余的均在编译之中,准年内完全出版。购读者请直接寄函本社接洽。寄售处全国各国各新书店(本社书报概无折扣,外埠购买寄费不另加,邮票代价不折不扣)。"

中央局总书记陈独秀在1921年11月签发的中央局通告中明确"中央局宣传部在明年七月以前,必须出书(关于纯粹的共产主义者)二十种以上"。

李达当时还是《共产党》月刊主编、《新青年》编辑。图书出版的费用是他一个人筹措的,包括给商务印书馆撰稿的稿费补贴。

花了钱出了书却又是赠阅的,在没有外资进入的背景下(除了李达自筹之外),这家实属地下出版机构的出版社出版了20多种书,终因财政不支加上《共产党》月刊的停刊,忍辱负重的李达在1922年暑期与陈独秀因政见争执而离开上海赴湖南自修大学任教后,人民出版社也就结束了。

二

1921年冬,陈独秀从杭州调来曾做过印刷工人的徐梅坤到上海开展工作。徐梅坤1920年在浙江印刷公司工作互助会上当选宣传股长,1922年1月由陈独秀发展入党。他在上海先后任浙江旅沪工人同乡会会长、上海印刷总工会主任委员,并与沈雁冰一起在商务印书馆发展党员,使商务印书馆成为中国产业界最早成立党支部的企业。

人民出版社结束后，已任中央执委的徐梅坤、瞿秋白主持了上海书店的创办。

1923年11月1日，在业务上受中央宣传部领导、财政上对中央秘书处负责，由中共上海地方兼区执委委员徐白民任经理的上海书店在上海小北门外民国路振业里口11号（人民路1025号及1027弄1号的过街楼）开业，店门口挂着一块搪瓷蓝底白字"上海书店"招牌，这大概是最早的"党产"吧。上海书店刊载在《新青年》、《前锋》上的广告：

我们要想在中国文化运动上尽一份的责任，所以开设这一个小小的书铺子。我们不愿吹牛，我们也不敢自薄，我们只有竭我们的力设法搜求全国出版界关于这个运动的各种出版物，以最廉价格贡献于读者之前，这是我们所愿负而能负的责任。

从这份广告以及之后的经营可见，上海书店与通常意义上的书店基本相似，而且是有信仰有主见并努力传播马列主义思想的书店。徐白民在1954年写的《上海书店回忆录》一文注释中写到，据徐行之同志回忆，筹备上海书店时，党内曾有两次谈话，第二次谈话确定筹办书店，"但负责的人不宜由已经公开的和在党内负有重要职责的同志，于是由徐梅坤提出了在浙江工作的徐白民同志。"后来创办崇文堂印务局的倪忧天、陈豪谦应该也是徐梅坤引荐的。不过，徐白民文章注释中的徐行之、徐梅坤应该是一个人，徐行之是徐梅坤的"又名"。

据徐白民回忆（《出版史料》1991年第4期）：

1923年秋，我在浙江一所女子师范学校里担任教职，开学还不到一星期，接到钟英（党中央）的快信，叫我即日去沪，有事面谈。我就于次日动身，第二天去看瞿秋白同志并见到中央负责人，知道党要在上海设立一个书店，叫我负筹备和主持的责任。

回去以后，向学校辞了职，我就到了上海工作了。

……

大约经过一个多月，在小北门找到了一座店房，一楼一底，还有一间过街楼，倒很适用，交通也算便利。店址确定后，就办租赁手续，一切都顺利地解决，于是中央取了一个店名，叫做"上海书店"。接着置办家具，只有店面两侧的两口玻璃橱是适合店屋的高低定做的，这算是一笔较大的支出，记得好像花了一百二十元的样子，此外都是现成买置的多。一切筹备工作，主要是由郭景仁同志负责的。

这样又经过了一段时间，到十一月一日，上海书店（以下简称上店）就正式开幕了。

书店非充实店面的玻璃书橱不可，那里来的书呢？这在事先已与上海各书店接洽好，代售他们的书，其中以民智书局、亚东图书馆、新文化书社的书为多；而商务、中华这几家大书店是比较苛刻，代售可以，但不能退回。上店就用现款配购，选择这两家书店出版的比较有价值的几种新书各三五本，以备一格。这样一来，书橱放得满满得了，同时还兼售一些文具用品。

为什么自己的书没有呢？有两个原因：一则自己的书不多，二则为避免外界的注意，还不便把自己的书立刻就摆出来。

当然，上店正式开幕以后，党的所有对外宣传刊物，都归上店印行；只是这些刊物还是秘密发行的。

这些刊物中，在初时只有《向导》算是按周出版的。《向导》印数虽则是三千份，而实际的发行数只有一千多。《新青年》是季刊，《前锋》是月刊，常常不能按期出版，销数不大，后来就停刊了。

在这年的十月间，广州的《新青年》社全部结束，经理苏馨甫（新甫）亲自来沪移交，所有存书和各省代售处的欠账都由上店接管。存书约有十余种，是党成立后最初翻译出来的一批书籍，还有《京汉路工人流血记》几千本。上店在这年重印的只有陈晓风（陈望道）译的《共产党宣言》。

至于《新青年》社交来的各省代售处的一批欠账，数目虽不小，却是一批收不起的烂账。上店设立的目的是为了宣传所以仍和各省的代售处好好地联系着。

在1924年初，上店经济方面不能维持，因为门市部营业非常清淡，经常只做到四五元一天，做到十元以上是很难得的了。还有一个原因：上店出版的刊物，一般只是打一分利润，到了二分利算是最高的了，有些宣传性刊物，仅仅只图收回成本。经过半年多的艰苦奋斗，到了1924年下半年经济才算稳定下来。此后党要印任何刊物，印刷费用都可由上店负担支付了。

……

1924年5月，中共中央出版部成立，张伯简任出版部书记处书记。1925年改称中央发行部后由王若飞兼任发行部部长、毛泽民任发行部经理。

1925年1月起，上海书店向外地发行书刊开始由中央组织部所属的中央交通处通过党内的交通网运送。当时，革命浪潮弥漫全国，上海书店在市内的沪西、沪东、沪北都建立了分销处，在长沙、湘潭、广州、潮州、太原、安庆、青岛、重庆、宁波、海参崴等地设立了分支店和代办处，在香港设有代售处，在巴黎也有一个专营上海书店出版物的书报社。尽管如此，现存的秘密发行能力仍然不足以适合形势，中央就派毛泽民直接在上海设立了一个中央出版发行部专门从事各地代销工作。

1926年2月4日，孙传芳军队以"印刷过激书报，词句不正，煽动工团，妨害治安"的罪名，封闭了上海书店。

经过努力，最终发现启封无望，上海的情势也一天天恶化，中央决定出版发行工作全部转入地下。

上海书店在存世的三年中，出版了三十多种书，其中配合五卅运动的《不平等条约》印行了十万册，《将来的妇女》九个月印了八版……

邓中夏、瞿秋白、陈望道、蔡和森、恽代英、萧楚女、张太雷、施存统的著译都曾在上海书店出版。

后来，中央决定派徐白民去武汉筹建长江书店，动身前两天，徐白民却患重伤寒卧床近两月，"得到中央的同意就回到杭州去"。

徐白民在文章中继续写道："不久，'四一二'事变发生了，我为南京反动政府所通缉，于四月十一深夜被捕入狱。在狱中看到报纸，有一则长江书店开幕的新闻，但是以后的事，我是完全不知道了，因为我在狱中整整过了六年。"

革命老人郑超麟在晚年口述并由郑晓方整理的《记上海书店》（《出版史料》1991年第4期）中介绍：

在张伯简管理期间，发生了这样一个问题：这个发行《向导》、《新青年》、《中国青年》、上海大学讲义以及一切进步书刊（当然也出售别的书籍和文具）的上海书店，究竟是党员私人开办的呢，还是党的财产？当时我们都不清楚。张伯简经过调查以后才弄明白，并告诉我：这个书店是党中央的财产。

……

……徐白民在开办书店方面很内行，我们接触的机会较多。宣传部编好的书稿交给他，由他安排到印刷厂去排印，并担任校对。出版以后，又是他到印刷厂把书搬回书店来。

……

上海书店除了徐白民以外，好像还有两三个店员，都是同志。年纪较轻，也许都只有二十岁上下。他们在门市部卖书卖报。其中一个女店员后来成了徐白民的爱人，他们结婚时还请我到福州路"言茂源"绍兴酒馆子吃喜酒呢。

1926年11月在武汉成立的长江书店由瞿秋白负责、苏新甫主持，在广告中标明了"继承上海书店营业"，1927年七八月间结束。

三

起初，上海书店的印务由徐梅坤负责与一家设在梅白格路（今新昌路）西海福里的明星印刷所联系印刷事宜，由张伯简负责送稿，在西福海里对面山海关路三德里租借一间空屋作为堆栈。

到了1925年，上海书店的营业日增，承印上海书店出版物的明星印刷所来不及印，也有些不便的地方，中央决定委派党员倪忧天（原系杭州印刷工人）、陈豪谦（原系杭州印刷工人，1943年在苏北抗日根据地游击战中牺牲）负责筹建印刷厂。

1925年6月，中央在上海创办的第一家印刷所——国华印刷所在闸北香山路香兴里开设。厂房为三幢石库门楼房，机器设备有对开印刷机3台，脚踏圆盘机1台，36英寸切纸机1台，手摇铸字炉、铸版机、打纸型台也都齐备，还有老5号铜模1副，现成铅字5000余磅。

这家印刷所是以"两块牌子一个机构"的方式开展业务的。两块牌子是"国华印刷所"、"崇文堂印务局"，规定国华印刷所是崇文堂印务局的特约加工印刷厂，由崇文堂印务局对外承接业务，交由国华印刷所承印。国华印刷所持有印刷所全部财产，所有职工也由国华印刷所雇用。崇文堂印务局在国华印刷所内置放一只办公桌，处理日常业务并单独建立账册，对外开具发票及收取账款。合同上由陈豪谦代表国华印刷所，倪忧天代表崇文堂印务局签名盖章。据后来的介绍，之所以采用这种做法，是为了利用当时的法律，万一发生问题时，由崇文堂印务局出面承担责任，而国华印刷所可以推卸责任，从而争取保全印刷所财产，也不致连累职工。

国华印刷所开办不久，某交通员在送一份文件校样至中央组织部审核途中遇上巡捕搜身，交通员仓促中将校样丢失。上级为避免暴露，指示印务局在《新闻报》刊登了一项崇文堂与和记印刷所盘让的声明，以此掩蔽。同时将全部设备装箱搬迁至闸北青云路桥堍广益里，改名为和记印刷所在当年10月开工。

1926年秋，印刷所遭到警察突击抽查户口时，被搜去正在印刷的《向导》印张，并把会计拘押至派出所，印刷所迅速将铅版等成品销毁，使警察别无所获，遂准许交保。事后，党组织决定将印刷所迁至公共租界，分设两个工厂。一个开设在新闸路大通路口的西新康里（后改名为西斯文里），改称文明印务局，增加了全张铅印平版机设备后成为一家全能厂，工人有50多人；另一个设在新闸路鸿祥里，改称中兴印刷所，专做浇版印刷。

1926年年底，中央调派倪忧天在汉口筹创长江书店印刷厂，倪忧天奉命将鸿祥里的机器全部带走。文明印务局留存部分由毛泽民等负责，在经过多次搬迁后于1933年结束。

四

1927年以后，以中央名义在上海创办的出版发行机构基本消失，出现了若干由地方党组织或党员个人创办的书店，如无产阶级书店、秋阳书店、华兴书局、潮风书店、生活书店、新知书店、读书出版社、复社、时代出版社、《文萃》周刊社、利群书报发行所……

曾经在上海诞生的红色出版虽然各自存在的时间比较短暂，常常处于地下、隐蔽、动荡的窘状，查封、倒闭也属常事，经营的规模、场所不大，从业人员不多，受着政府背景的多种势力的打压，社会生存和市场生存的空间有限，即使从上海书业同业公会之类的同业组织名录中也难以找到其踪迹。但是，经过二十八年的艰辛努力，红色出版生生不息、一脉相承，终于成为主导者。

上海既是中国近现代出版中心，也是中国红色出版的发源地，在1921年至1949年的二十八年间，红色出版走过了三个阶段：开始由党组织自办的数家出版机构，中间由党组织联系多家左翼、进步出版机构，最后是党组织领导的以生活书店、新知书店、读书出版社为代表的革命出版机构。这些红色出版机构都有着明确的出版宗旨和目标、适合时局的宣传效果，是党的宣传机构、联络机构，体现着一种神圣的将革命事业进行到底的信念，直至1949年6月5日，两家新华书店门市部在福州路、河南路同时开业，华东新华书店暨华东人民出版社、新华印刷厂诞生……

上海，红色出版的昭示

上海，红色出版的起点。1921年中国共产党的诞生，标志着红色出版的开始。通过以编刊出书为载体宣传马克思列宁主义、唤起民众反抗列强的斗争、争取民主进步。从1921年至1949年的28年间，上海不仅诞生了中国红色出版，而且还一直将这种红色出版生生不息地延续着，为着理想而奋斗着。

1921年9月，李达在刚刚参加完中共"一大"之后，就根据中央局总书记陈独秀签发的中央局通告开始以人民出版社编辑出版图书，人民出版社在近一年的时间内出版了马克思全书、列宁全书等共产主义普及读物20多种，后因李达在1922年秋天离开上海而结束。与此同时，1922年9月中共中央第一个政治机关报《向导》在上海创刊，为了《向导》的发行专门成立了由曾在杭州做过印刷工人的时任中共上海地委兼区执委会书记徐梅坤任经理的《向导》发行所，通过指定渠道或邮递将《向导》专送各地。1923年11月中共第一家集出版、印刷、发行为一体的书店——上海书店在上海小北门附近开业，不但承担了《新青年》、《向导》等中共中央刊物、人民出版社存书的发行，还出版了多种宣传革命的图书。1925年6月，中共第一家印刷所——崇文堂印务局在上海的闸北开工……

从人民出版社、上海书店到崇文堂印务局的相继开业，标志着中共红色出版事业全面推进，对于传播马克思主义、共产主义理论和科学社会主义思想，促进大革命的进行起了推波助澜的作用。

从大革命失败经过土地革命，再到抗日战争、解放战争，中共领导的红色出版从发芽、壮大到开花结果一直绵延悠久，这个过程大致可分三条线展开：

1. 上海本地的红色出版一直延续着：虽然在1927年之后的很长一段时期，中共不再直接投资在上海开设出版机构，代之以中共地方组织和地下党员、进步人士开设的出版机构，包括无产阶级书店、秋阳书店、华兴书店、大江书铺、人间书店、辛垦书店，中央局发行部、生活书店、新知书店、读书出版社、复社、亚美书店、时代出版社、利群书报发行所、群益出版社、海燕书店、耕耘出版社、大孚出版公司等等此起彼伏地生存着。

2．从上海出发向内地伸展：这种红色、进步思想的传播包括书刊的发行和网点的延伸，具有标志性的是生活书店、新知书店和读书出版社在内地开设的分支机构和复社出版《鲁迅全集》等进步书刊通过各种渠道的发售吸引着内地广大知识分子和进步青年。

3．曾经涉足上海书业后来成为中央出版领路人：这方面内容以前似乎没人注意，近日我留意查检了一番，真是不查不知道。中共中央革命根据地乃至解放区的出版、印刷、发行事业的功臣们几乎都是从上海出发的。1937年在延安清凉山组建的中央印刷厂的厂长祝志澄15岁就在上海商务印书馆做排字工人，1931年带领多位工友携带印刷机械从上海到瑞金再到延安；1937年成立的中央党报委员会发行科（新华书店）首任科长涂国林曾在上海从事党的地下发行多年，第二任科长王均予也曾是上海地下党秘密发行渠道的负责人；1939年9月1日新华书店独立建制后的首任经理王予曾是上海生活书店的职员，1940年延安新华书店改称新华书店总店后的经理易吉光曾在上海任中央局出版发行科科长，1942年兼任新华书店总店经理的卜明也曾在上海生活书店、新知书店工作；1942年开设的陕甘宁边区新华书店经理宋玉麟本身是上海人、后来还是新华书店上海分店经理；1937年在延安诞生的光华书局是在曾经的生活书店批发科科长邵公文等参与下开设的；华东新华书店经理王益早年是生活书店练习生、副经理叶籁士之前是新知书店的编辑；东北书店经理李文1928年在新月书店，1934年进入上海生活书店……包括周保昌、华青禾、刘大明、朱晓光等等红色出版的精英骨干在从事革命出版之前都先后在上海的进步书业中做练习生、学本领，或在大书店从事过职工运动，经过自己的努力和党组织的培养最终成为红色出版的代表人物。

红色出版，之所以是从上海起步，既有城市发展、工商发达的基础，也是各级党组织在上海发展的组织基础；既是上海从近代以来成为出版中心后的助推，也是上海知识分子、工人群众被党所吸引、为党所培养的结果。

从1921年中共成立到1949年全国解放，无论在国统区还是日占区的隐蔽战线，上海乃至各地的革命出版机构尝试着各色各样的斗争，在不断遭受查封、扣押和被捕的困境之中，靠着一种信念、一种精神顽强地生存着。

这些革命出版机构，肩负着共同的宣传任务，成为党在各个历史时期的宣传机构，从书刊的出版发行、带领工友罢工罢市甚至秘密带走机器设备北上成为宣传鼓动的革命播种机。同时，不少有门面店铺的书店还是党的秘密联络机构，这也可从近年拍摄的一些谍战电视剧中发现，书店是秘密战线人来客往的交通站、联络点。有时，书店陈列出售的书刊与真正要推销的书刊是两回事，开书店卖书是虚事，实事是秘密接头点。一大批共产党员和积极分子在这里获得知识、增长才干、找到组织、参加革命……

今天，回顾红色出版在28年所走过的革命道路，作为后辈，我们可以发现这些前辈们身上所具有的奉献精神、创业精神、服务精神，是真正值得我们记取并在新的历史时期发扬光大的：

1、奉献精神。那个年代，从事革命工作必须具有坚定的马克思列宁主义思想、信仰共产主义、忠诚党的事业，做出版开书店首先是政治家、革命家，同样是冒着生命危险，在第二战场与敌人展开斗争，牺牲、被捕、失业乃至与党组织失去联系、被敌人利用等等风险一直伴随着革命者的革命过程，如果没有这种甘愿牺牲的奉献精神，也就没有前赴后继的革命先辈和红色政权。虽然，也有不少人当初投身红色出版，是出于生活所迫、择业无着等等原因，但在革命的熔炉里，大部分都成为了战士。

同样从事书业，在商务印书馆、正中书局、生活书店求职的境界和生活状态应该是完全不同的。

2、创业精神。所有的革命出版机构尤其是书店，很少有大量的资金投放，勤俭办出版、艰苦开书店，始终成为从业者艰苦奋斗的创业精神。同样，即使在城市从业革命出版也是东躲西藏、饱一顿饿一顿、肩扛手提、几块门板加两个长凳就是一个书铺、没有铅印设备就恢复石印……

这种艰苦创业的精神，是从节约每一个铜板，出好每一本书，发挥每一本书的作用开始的，因为有着这种精神红色出版才能取得1949年的辉煌。

3、服务精神。红色出版的成效在于如何使读者获得精神食粮，处在不同时期不同环境的革命出版机构都围绕着薄利甚至无利而为，通过设立分销处，发展外埠代销，邮购，同业换货等方式竭诚为读者服务。正是这种心存服务、扎扎实实为读者，才使革命思想得以迅速传播，使更多的人明白革命的道理并投身于革命的行列。

红色出版从开始到现在历经九十沧桑，今天的出版事业从业人员怎样才能对得起前辈对得起读者对得起时代？只要具有了奉献精神、创业精神、服务精神和时代意识，才会使我们的事业继续光大。当然，这种精神首先应该从共产党员、领导干部身上体现，唯有这样群众才会跟上，这也应该成为衡量一个企业是否和谐发展的一个标准。

1917年诞生在上海的内山书店

在中国现代书业历史上，内山以及内山书店以其日本背景、与鲁迅的密切交往而成为值得关注的话题，相比较于同期的英、美、俄包括日本其他在沪开设的书店乃至基督教、天主教等教会开办的书店，内山书店肯定是被传诵最多、影响最大的。

内山是个基督徒

内山完造1885年1月11日诞生在日本冈山县，1912年加入基督教并由牧师介绍成为大阪参天堂药铺学徒，同年从日本神户出发到上海谋职。在离开日本时，这位27岁的年轻人将自己唯一的财产——被褥卖掉，买了一本圣经和赞美歌，又以一分钱一本的价钱买了四十多本《圣经研究》，伴着心中的基督和《圣经》从上海苏州河的邮船公司浮码头坐黄包车到了位于福州路（河南路与江西路之间）的日信大药房（这家日本参天堂的中国代理商，现在早已不存在，不过，内山一踏进上海就有缘于福州路是否与其日后所走的路有所关联，现在不得而知，当我二十多年中差不多每天走过福州路这个早已消失了的日信大药房的遗址时，常常怀有缘分之想），开始了十多年从事"大学眼药"推广销售的职业。

作为基督徒的内山，每天早上4点钟起床读圣经、唱赞美歌，这种努力想必对其今后的行为产生一定的影响力。

1915年，内山与日本女子井上美喜子在京都订婚，1916年携妻到上海。1917年，因内山长期出差在外而独自守家的美喜子，在寂寞之中以70元的买价在上海四川北路魏盛里169号小巷内开设了一家书店，这就是内山书店。

内山书店开步走

最初内山书店是通过牧师从日本购进一些《逆境之恩宠》等圣经读物出售，第一个月营业额是84元2角，第两个月是120元。受顾客的建议，后来增加了岩波书店的哲学丛书等一般读物，营业额上升到了500~600元。在营业额达到1000元时，以10元保证金安装了一部电话并在1922年雇了后来一直干了24年的中国少年王宝良等做帮手。

1924年，内山买下了魏盛里临街的一所房子作为独立的书店经营场所。1928年又将与其相邻的房子买下合并，内部用白灰粉刷一遍，设了两个出入口，书店的两侧、里面与正面全部改造为可放书架的格局。

1929年书店迁至施高塔路11号（现四川北路2048号）营业，这个地址现在也是内山书店旧址所在地。这一时期，内山本人仍在参天堂，但为了书店的经营，他早已把推销"大学眼药"的功夫拿了出来——

油印"诱惑状"，横式32开，写有十余种书名、作者，新书和库存，分别装入信封写上顾客姓名，近处由王宝良送达，远处则邮寄。后来，"诱惑状"从最初的100张增加到了500多张。这种小广告有效促进了书店的销售。1926年年销售已达8万元，其中有四分之一是中国人购买的。

对一时钱紧、希望月末一次性结算的顾客也有求必应，月末也全凭顾客主动前来结账付款，店方不主动前去催账。内山曾说：之所以采取"不论顾客是日本人还是中国人都一视同仁的经营方式，是出于我们对上帝的一种信仰——尽管当时这种信仰还有些模糊。如果我们对自己的兄弟姐妹不信任，那我们也就谈不上对上帝的信仰。信为做人之根本，抱着这种信念，也就对顾客产生了完全信任的感觉。换句话说，这种经营的实质是将自己的盛衰兴败完全交给顾客。也就是说，我们只凭信仰在经营即可。这就是我们当时之所以那样做的根本原因"。

这种近乎大气的做法实在令人佩服。以至很多年后，郭沫若、叶灵凤等在回忆与内山书店的关系时都坦承自己还有一笔无法还清的债，那就是在内山书店还有赊账。

1927年，日本国内出现了"一元书"热，日本改造社（出版社）在预约现代日本文学全集五十册时首先推出以每本一日元的价格每月分送，以此为引火，业者纷纷响应。这是否给20世纪30年代初上海的"一折八扣书"带来灵感，我真有点怀疑。不过，内山书店把握住了这次机会，迅速把这类"一元书"向上海的日本人推销，这些人包括教会中的友人，银行、公司、商社的读书人，上海东亚同文书院的学生以及中国的读书人。这时的内山书店店员已增至十人，还临时雇用了三个学徒。

经过一段时间的热销，内山书店售出了改造社的现代日本文学全集一千套、经济学全集五百套，新潮社世界文学全集四百套、改造社马恩全集三百五十套，春阳堂长篇小说全集三百套，平凡社大众文学全集二百套等。

这种哲学、经济、大学名著的"一元书"给读书人带来的实惠可想而知。上海稍后推出的"一折八扣书"只有古典文学这种供茶余饭后消遣的读物，而且，上海"一折八扣书"迅速做烂了。日本的"一元书"则对读书人的精神培养产生了重大影响。两者之间的差异也许从中可见一斑。

这使内山书店迅速成长，成为日本书籍在华的最大销售点。1930年，随着销售态势的强劲和营业场地的扩大。在书店成立13年之后，内山本人也终于从参天堂退出全力投身书店业务了。

若寻找夫妻开店创业成功经验而言，内山书店绝对是个好案例。主妇作为副业创办的书店、丈夫只是闲暇帮衬，经过13年的努力终于有声有色无后顾之忧时，丈夫才辞去"铁饭碗"一起干开了。

1935年，内山的小弟嘉吉夫妇在东京开设了一家内山书店，经营由上海内山书店购进的中国书刊，该店1937年迁到了神田，抗战开始后，内山书店伙计王宝良等还不时从上海发货。同时，东京内山书店也向上海内山书店大量发货，1968年在神保町建了一幢三层楼专营中国书籍。等我1997年11月在东京时特地去神保町找到了这家内山书店，除了一种认知感就是落伍的感觉。

水桶·包饭·漫谈会三特色

内山的全身心投入，为我们留下了不少体会和珍闻。在其74年的生命历程中，共出版了六种随感集和一种自传。第一本是1935年12月由日本东京学艺书院发行的《支那漫笔》，鲁迅为此书作了日文序言。中译本《一个日本人的中国观》1941年由开明书店出版。之后，内山又完成了《上海漫语》、《上海夜语》、《上海风语》、《上海霖语》、《上海汗语》以及自传《花甲录》等。

在《支那漫笔》中，内山写着：

我也模仿着支那人，每年在街头施送便茶。今年也已照例开始了。早晨哎喝哎喝哎喝地运了开水来（在上海，有所谓"老虎灶"专门卖开水的店。便茶便是向这种店里买得来的），先投入一大袋的茶叶，然后渣渣地将开水倒了进去。劳动者已经拿了竹勺子在等候着了，由一人而二人而三人而五人八人，阳光越强，饮茶的人也越多，恰好正比例。六斗余的茶，四小时便空空如也了。午后热得最厉害的时候，二小时内便喝完的事情，一夏天总有十天上下。迄今为止的记录是一天能喝掉三斗茶。这种剧目可谓大成功了。

内山作为一个信仰基督的日本人，热天在书店门前放着一个水桶无条件地供给炎日之下喘息的人们饮用。我相信，内山不是作秀，是真诚的，观望现在的商家，一个多甲子了，还是没学会。

我的店里的店员的伙食，每人每月出12元，由包饭店包办的。早晨拿粥来，晌午一汤6碗，晚上一汤8碗。由8个人的名义包定，而实际上却是9个店员食用，其中一人是白吃的。此外店员吃剩了的东西，还要给一个老司务（年长的苦力头）吃，假使9个店员把汤之类吃得一点都不剩的时候，那老司务为了拥护自己的权利起见，雄辩滔滔地勒令包饭店的苦力，第二天必须多送一些饭和汤来才行。后来此包饭，由一个歇退了的、以前曾在店里服务过的阿康，商得店员们的同意承包下来。阿康自从退出我的书店以后，事事不顺手，自己又结婚生了孩子，失业穷困不堪，才疏通了店员们，承揽下包饭的事来。

文章告诉我们内山书店职工的伙食情况，提供了当年的生活情况。这种伙食，现在看来也属于规格较高的。现在众多不设食堂的书店，员工每天在为中饭而伤脑筋，相比之下，变化太大了，尤其令人记住。

在魏盛里，内山借了那弄口靠右边的两幢。进出就用着那原来的两个石库门，小天井上全部盖了玻璃，作为采光之用，可是里面依然阴暗，几乎日中也开着电灯。在那电灯底下，有七八张沙发和椅子围着一张小桌子，那就是所谓"漫谈席"。凡有空暇的人或者疲乏的客人，谁都可以坐下来，喝喝茶啦什么的，一边宽荡荡地看看书，谈谈话。

许广平也曾回忆，"内山书店特辟一片地方，设了茶座，为留客人偶叙之所，这设备为一般书店所没有，是很便于联络感情，交接朋友的。以后鲁迅乐于利用这一设备，几乎时常地去，从此每去必座谈"。

这个漫谈会，给予内山的就不仅仅售书了，而是交友。后来，当内山在四川北路设店之后，继续沿用这种方式并成为与读书人交流的场所，而且通过与来客在茶席上的漫谈而汇集成文字，成就了他的多本随笔集。作为一种服务项目，现在的书店也会摆放一些桌椅供人休息，相比内山书店，内山营造的是互动、交流，现在是单向、施予。这就是差距了。

内山书店与鲁迅的关系从买卖开始

1927年鲁迅47岁，在辞去广东中山大学职务后到达上海，从此在上海定居并开始了与内山及内山书店的交往。

鲁迅第一次到内山书店是1927年10月3日，《鲁迅日记》记述，这天是鲁迅与许广平同去的，买书四种四本，十元二角。

知道是鲁迅，还是五天后鲁迅再次到书店，内山夫人看到他就偷偷地把前几天买书的事情告诉了内山，内山来到鲁迅跟前用日语同他交谈后，鲁迅对他说："请你把这些书送到窦乐安路景云里23号去。"内山问："您贵姓？"对方回答："周树人（鲁迅的本名）。"内山听了大吃一惊："哎呀，您就是鲁迅先生？"（《上海霖语》）——这段对话就成了两人长期往来的开端。从此，鲁迅在执笔疲乏或看书倦了时就会荡过去看看。

鲁迅通过内山书店购买了大量书刊。据鲁迅日记披露，从1928年到1935年，累计去过500多次，买书1000多册。鲁迅在内山书店买书，基本上有两种方式：一是自己在书店挑选新书，二是通过内山书店直接从日本邮购，由店员将书送到家里。

内山书店还成了鲁迅与日本友人相会的场处，有五十多位日本左翼作家抵沪时内山都在书店里邀请鲁迅与之会面。内山还支持鲁迅办了三次版画展览。

鲁迅不仅在内山书店买书、漫谈、会友，还与之建立了作品买卖关系。据内山本人的统计，内山书店代售过《士敏土之图》（木刻）、《铁流》（曹靖华译）、《伪自由书》、《南腔北调集》、《准风月谈》，总代售过《且介亭杂文》、《且介亭杂文二集》、《且介亭杂文末编》、《木刻纪程》、《北平笺谱》、《十竹斋笺谱》，总代办了《海上述林》、《引玉集》等。其中，《士敏土之图》、《毁天》、《铁流》、《引玉集》、《凯绥·珂勒惠支版画先集》和《死魂灵百图》是鲁迅自费出版以三闲书屋校印交内山书店代售，《引玉集》在上海排版打好纸型由内山在东京印制，《海上述林》也是鲁迅为纪念瞿秋白而以"诸夏怀霜社"托开明书店联系排字付型后由内山在日本印制的，《伪自由书》、《南腔北调集》、《准风月谈》都是在其他书店被禁后由内山书店继续销售的。这就使鲁迅作品当时虽然不断遭受封杀，但仍然供应不断的原因之一。内山书店为年轻人阅读鲁迅及相关作品提供了机会。

鲁迅在其生命的最后十年，与内山书店联系了密切的联系，双方互赠家乡礼物、年庆物品等，鲁迅还四次通过内山书店避难，在内山书店会见了萧军、萧红等文学青年，通过内山书店转交了红军将领方志敏托交中共中央的报告和遗书等等。

鲁迅1933年7月在《伪自由书》后记中对内山书店作了评价：

至于内山书店，三年以来，我确是常去坐，检书谈话，比和上海的有些所谓文人相对还安心，因为我确信他做生意，是要赚钱的，却不做侦探；他卖书，是要赚钱的，却不卖人血：这一点，倒是凡有自以为人，而其实是狗也不如的文人们应该竭力学习的！

鲁迅这种引以为知己的评价在稍后几年　直木改，1936年10月18日早晨6点，鲁迅在逝世前一天还给内山写了一封日文信求助，由许广平送达。

鲁迅逝世后，内山与蔡元培、马相伯、宋庆龄、史沫特莱、沈钧儒、茅盾、萧山等出任鲁迅治丧委员会成员并致告别词。之后，内山继续与许广平保持着联系，尤其是1941年担保许广平出狱等，也体现着他的一种"做人"的精神。

内山书店的成就除了售书，与鲁迅结交并成为知己外，还与许多左翼人士成为朋友。有资料统计，20世纪二三十年代现代日本文学的中译本有八百三十种。内山说："这些书大部分都是我的书店供应的。特别是左翼作家翻译出版的三百三十种书，毫不夸张地说，就是由我的书店供应的。看一下这些译本与我的关系，我自豪地认为，日本文化通过我的书店对中国的影响是相当大的。"这些译者包括鲁迅、郭沫若、田汉、冯雪峰、丰子恺等人。

就连陈独秀1933年8月在狱中给亚东图书馆汪原放写信求书时，也有"望到内山书店代购以下各书"之类。

扩张与遣返的"两难"

1937年抗日战争爆发，上海发生了巨大的变化，内山书店也被迅速卷入这场战争，日本侵略者给予中国人的伤害同样也在内山完造及内山书店身上体现。

内山夫人美喜子自1938年初起一直在长崎养病并创办了长崎内山书店，1941年初，内山去长崎关了书店带着病情好转的夫人回到上海。1941年

12月8日日本偷袭珍珠港之后，在上海也迅速占领接管美国人的资产。日本政府对内山书店下了一道命令，令其接管地处南京路口的别发书店和中美图书公司。

这事的确为难，以致现在存世的数种介绍内山及内山书店的读物都不大愿意把这件事说清。内山书店接管中美图书公司乃至改组成有限公司，将南京路中美图书公司作为分店运行，内山本人和漫谈会也搬到了那里。不久，日本政府把在上海的日资零售书店合并组建上海图书有限公司，内山书店也在此列。因此，内山书店从1917年由夫人美喜子当作闲事开办到1942年已有60名店员的历史，从此发生了转折。

1943年前后，日本政府在中国大陆召募日籍年轻人参军，内山书店也有多人应征。

1945年1月13日，刚刚纪念结婚30周年才四天，美喜子因为心脏性哮喘等疾病在上海寓中去世。同年8月15日军战败并无条件投降，上海日本人开的商店也都作为敌产而被关闭，内山书店在10月23日被国民政府接管。

内山在《花甲录》中写过当时的心境："战败后，我在上海的公私财产先后两次被封收。其中储备券（包括前后两次）是25亿元左右，内山书店的创始人已在1月份故去，内山书店被接管了，因此，内山书店到此落下了帷幕。"

战后，上海约10万日本人都被集中在虹口地区等待回国。1947年12月7日，内山被国民政府强行遣返回国，这年他已是62岁。有关被遣返的原因有一说是因内山与郭沫若、田汉等人走得太近。

内山书店被封闭时，库存二万册书籍，开始时由苏、浙、皖敌产处理处接收，后被中央图书馆接收。据原中美图书公司员工孙武勋回忆："抗战胜利后，书店发放了每人相当于三个月薪金的文具用品，一令白纸以及三个月薪金的伪币，内山书店南京路分店就此结束。"

上海四川北路上的原内山书店总店被没收后改由中国文化服务社接手，1949年后改为中国人民银行山阴路储蓄所，1980年被列为市级文物保护单位，1981年勒石纪念并在银行二楼设立了陈列室，以此纪念这位日本人士。2005年1月为纪念内山诞辰120周年，特地对陈列品进行了调整。我为写这篇文章在两年内去了四次。每次路过银行隔壁的新华书店，我就会想，怎么会在内山书店的原址开着银行，在隔壁开着新华书店？也问过不少人，好像当初并非有什么刻意，现在这家新华书店环境和服务都不错，我也是实惠者之一。

因为日本军国主义者挑起的战争，内山书店在上海的历史终以国家的战败而告终，尽管内山本人对于介入战争有着无奈，对中国人有着同情，但是，这个事实却难以回避，这是我们后人反思内山完造这个有着基督徒信仰的经营者的一个重要切入口，也为战后内山积极传播鲁迅精神和传播日中友好奠定了基础。

回到日本的内山

回到日本，内山在经营东京内山书店的同时，以演讲和撰文"漫谈中国"。据统计，从1948年2月开始的十七个月中，他曾在日本各地巡回演讲800次，并出版了《花甲录》（1960年9月）等作品。1950年内山与加藤真野结婚。1953年1月内山访华，在北京会见了许广平、周海婴以及郭沫若、田汉等老友。之后，在东京也接待了郭沫若、许广平等。1956年10月内山在北京参加了纪念鲁迅逝世20周年纪念会，并顺道到上海为美喜子扫墓。

1959年中国外对友协获知内山患病后，就邀请他到中国养病，9月19日抵达北京，21日晚上，内山因脑溢血死亡，享年74岁。年末，内山的遗骨与美喜子一起安葬在上海。

内山因为内山书店与中国结缘，因为与鲁迅在买卖中结成的友情乃至在中日关系上的影响而一直被后人记着。

书业的八个细节

大浪淘沙，风云际会：170年的29座丰碑

上海自开埠以来，杰出人物层出不穷，为我们打开了传播真理、开启民智、消除愚昧的大门。风云变幻使得过眼如云的名人也因历史而沉淀、遗忘乃至拾起、重视……

要在170年的跨度里排出一个杰出人物榜，同样是以出版为例，显然是一件难事，通常会出现就事论人、按年份排列或以姓序排列的格式。也有例外，官方也曾以官方的眼光排过一个次序，1997年5月8日，时任国家新闻出版署署长的于友先先生在商务印书馆建馆暨中国现代出版一百周年座谈会上的讲话中说道：

梁启超、严复、张元济、蔡元培、章炳麟、夏瑞芳、王国维、陈独秀、鲁迅、李达、陈望道、恽代英、叶圣陶、邹韬奋、萧楚女、茅盾、郑振铎、瞿秋白、丰子恺、林汉达、李公朴、冯雪峰、恽逸群、艾思奇、胡乔木、胡愈之、陈翰伯、姜椿芳、梅益等等，不仅是杰出的出版家，而且有许多也是我国一百年来最杰出的政治家、思想家和文学家。

数数这29位杰出人物，我们从他们的出版实践中就会发现中国出版的历史是如何写成的。以这29位为例，我们大致可分成几类：

一、梁启超、严复、张元济、蔡元培、章炳麟、夏瑞芳、王国维为近现代中国出版开辟了一条道路：

梁启超（1873－1929）：创办大同译书局，支持创立广智书局，任京师图书馆馆长，著有《饮冰室合集》等。

严复（1854－1921）：近代中国第一个系统翻译西方名著的代表人物，最负盛名、影响最大的是《天演论》。

张元济（1867－1959）：1902年进商务印书馆，历任编译所所长、经理、监理、董事长、上海文史馆馆长，开拓了中国现代出版事业。

蔡元培（1868－1940）：1902年起为商务印书馆编撰各类图书，被视为商务印书馆的灵魂。

章炳麟（1869－1936）：反清义士，曾主办过多种革命报刊。

夏瑞芳（1871－1914）：1897年与鲍咸恩等创办商务印书馆并任总经

理，是一位有远见、有魄力、善于经营的企业家。

王国维（1877－1927）：著名学人，有多种著作传世。

二、陈独秀、李达、陈望道、恽代英、萧楚女、瞿秋白等前辈以出版为载体进行了革命动员：

陈独秀（1879－1942）：创办《新青年》等，发起成立中国共产党，著有《独秀文存》等。

李达（1890－1966）：1921年创办中国共产党第一个出版机构——人民出版社，之后又创办昆仑书店等。

陈望道（1891－1977）：1920年翻译的《共产党宣言》，是中国最早的全译本。曾任复旦大学校长、1960年接任《辞海》总主编。

恽代英（189－1931）：创办利群书社、《中国青年》并任主编。

萧楚女（897－1927）：曾任《中国青年》主编等，以政论文著名。

瞿秋白（1899－1935）：为着革命的理想，创办多种报刊，著有《海上述林》、《瞿秋白文集》等。

三、鲁迅、邹韬奋、叶圣陶、茅盾、郑振铎、丰子恺、林汉达、李公朴、冯雪峰、恽逸群、艾思奇等以不同的出版实践为中国的文化出版事业写出了各自的精品佳作：

鲁迅（1881－1936）：第一篇小说《怀旧》1913年4月在商务印书馆《小说月报》刊出，获稿费5元。

邹韬奋（1895－1944）：以主办《生活周刊》创办生活书店，提出竭诚为读者服务而成为出版事业的模范。

叶圣陶（1894－1988）：1923年进入商务印书馆。1931年进开明书店，是新中国出版事业的奠基人之一。

茅盾（1896－1981）：著名作家，早年在商务印书馆工作。

郑振铎（1898－1958）：1921年进商务印书馆编辑教科书等，创办《儿童世界》杂志，与鲁迅合编《北平笺谱》等。

丰子恺（1898－1975）：曾任开明书店编辑，著有《缘缘堂随笔集》等，是中国漫画创始人之一。

林汉达（1900－1972）：曾任世界书局编辑主任等，解放后任教育部副部长等。

李公朴（1903－1946）：创办《读书生活》半月刊，著有《华北敌后——晋察冀》等书。

冯雪峰（1903－1976）：曾是中国共产党与鲁迅的关系纽带，协助鲁迅主编《萌芽》、《前哨》等。解放后任人民文学出版社社长。

恽逸群（1905－1978）：长期担任多种报刊总编辑，被认为是一位优秀的新闻出版工作者。

艾思奇（1910－1966）：与郑易里创办读书生活出版社，著有《大众哲学》等。

四、胡乔木、胡愈之、陈翰伯、姜椿芳、梅益等为建立和发展新中国的出版事业作出了杰出的贡献：

胡乔木（1912－1992）：曾任新华社社长，《人民日报》社社长，中国社会科学院院长。

胡愈之（1896－1986）：18岁进商务印书馆当练习生。创办《世界知识》等期刊，担任国家出版总署署长等，是新中国出版事业的奠基人之一。

陈翰伯（1914－1988）：1962年任商务印书馆总经理兼总编辑，曾任国家出版局局长等，为中国新时期出版工作的恢复和振兴作出了贡献。

姜椿芳（1912－1987）：倡议编纂《中国大百科全书》，并任中国大百科全书出版社总编辑。

梅益（1914－2003）：筹办《新华日报》，曾任中国大百科全书出版社总编辑。

29位杰出人物中，几乎都与上海出版业有关联，有的从这里起步，有的因为这里而闻名，也有的为这里的发展奠基推进。正因为有了这一个个的标志性的人物，包括陆费逵、王云五、章锡琛、沈知方等一批出版实业家的努力，才有了令世人瞩目也让后人敬佩的上海出版业。

宋氏三姐妹的"老爸"查理·宋：也是一个"出版工作者"

上海开埠之初的书业，首先是由外国传教士引入的，为了印制《圣经》等教义，在上海开办了书馆、印书馆之类的机构。于是，墨海书馆、美华印书馆、广学会等给中国近代出版业带来了萌芽中的印刷出版理念。

同样有着教会背景、同样不甘于在美国的安逸生活，宋耀如这位宋蔼龄、宋庆龄、宋美龄的父亲，1866年出生在海南文昌、1875年飘洋过海、1880年在美国受洗。宋耀如在美期间，船员、水兵、印刷工人都干过，1886年，以见习牧师的身份被派赴中国传教，在美国来华传教士林乐知手下工作。但林乐知并不喜欢这个中国人。

建印书馆的事在宋耀如心中绸缪多日。1890年，宋耀如在美国的监护人卡尔的夫人为其热心印刷《圣经》而感动，寄了一笔汇款给宋，资助他开办一个印书馆。当汇款寄到时宋耀如已有财力来着手进行此事了，他把钱如数退回，并在回信中说："谨致诚挚的感谢。赞美上帝！上帝已经佑助我，使我有能力用他恩赐给我的金钱开始推行我的开设印书馆的计划。"

印书馆开在哪里呢？别人都以为他大概会在哪个不起眼的角落悄悄地把印书馆搞起来。谁知宋耀如不鸣则已，一鸣惊人；不飞则已，一飞冲天——他要把印书馆开在南京路附近的热闹地段！

有人笑宋耀如痴心妄想。要在繁华的南京路附近开印书馆怎么可能？大名鼎鼎的美华印书馆也只是开在北京路上，离南京路还有一段哩！

可是，宋耀如如愿以偿了。一位颇有声望的美国商人热心为实现宋耀如的计划而奔走，很快就说服了一家英商洋行将一个仓库出售给他。这个仓库在英租界山东路上，离最繁华的南京路只有一箭之遥。美国北长老会的范约翰牧师也鼎力相助，为宋耀如的印书馆召集了一批从排字直到装订的技术工人。

1890年2月，印书馆挂牌开张。宋耀如给自己的印书馆取名"华美"。他说："美华，美华，美华印书馆美字放在前面，我偏要把美字放在后面，就叫华美印书馆。"

美华印书馆的几个传教士看到宋耀如居然有胆量公开打出与自己争雄竞长的印书馆招牌，便嘲笑这个有点疯疯癫癫的牧师商人，不屑一顾地说："这家小店的名字不久就会从人们的记忆中抹去。"

然而，与这几个传教士的预言相反，华美印书馆不但没有销声匿迹，反而声名鹊起，越办越兴旺了。宋耀如打破用价格昂贵的纸张印《圣经》的成规，大胆地用廉价的中国纸张开印《圣经》，使其价格大大降低，销量猛增。仅此一项，就使宋耀如发了财。他还大量翻印西学书刊，由于只给译者稿酬，此类格致书（科学书籍）的价格也较便宜，受到国内读者的欢迎。尽管外籍出版商指责宋耀如是"海盗"行为，他却毫不在乎。他认为，此事只要对中国有好处，就可以干。翻印格致书也使宋耀如获利不少。

不久，华美印书馆门口出现了一支管弦乐队，这是宋耀如为了招徕读者而雇来的。他自己也常常吹着小号加入乐队的合奏。一曲终了，就推销《圣经》，介绍西方的格致新书。即使在他成了富翁之后，也还是喜欢这样直接与购书的读者见面。

1889年7月15日，宋耀如和倪桂珍的第一个孩子在华美印书馆呱呱坠地。宋耀如给自己的千金取名霭龄，教名南希，后者用的是卡尔夫人的名字，这无疑是藉此感念卡尔夫人在他开办华美印书馆时所给予的关怀和支持。在宋耀如的主持下，华美印书馆后来又印制了大量的宣传品，如兴中会的宣言、通告、传单，革命军的债券、钞票、金币票等等，连同盟会的委任状也是由华美印的。这里还成了反清革命志士躲避官府追捕、秘密聚会议事乃至试制炸药武器的地方。一位反清志士曾留下这样的诗句：

壮哉印书馆，"华美"天下传。《圣经》表其志，橄文快我胆。党人议光复，志士制炸弹。勇兮中华人，至此最耐看。

在美国留学六年的宋霭龄1910年回到上海。在华美印书馆宋耀如的办公室里，就多了一张霭龄的办公桌，帮助父亲处理文件和账务。

这段时间不长，有一段时间她做了孙中山的秘书，后来成为孔祥熙的夫人。但谁能说宋氏三姐妹之老大没有在书业干过呢，按现在的话来说，还是个掌柜的白领。

1918年5月，宋耀如病逝于上海。原本就被他的名望覆盖的华美印书馆也就消沉乃至消失了。

我伲就是不"领盆"：商务印书馆是这样开始的

1897年2月11日，夏瑞芳与三位妻舅（鲍氏兄弟有两个姊妹，夏与鲍咸恩的妹妹结婚）鲍咸恩、鲍咸昌、鲍咸亨以及同事高凤池进行了一场"再就业"，合力办了一家类似印刷图书工场的机构，因鲍氏四人都在基督教牧师组织的美华印书馆做工，由鲍氏兄弟的姐姐鲍大姑（在清心书院由学生变成老师）模仿其名而称作"商务印书馆"，英译Commercial Press，承揽商业簿记、账本、收据和其他文具纸品等印刷业务。商务印书馆因此成为中国现代印刷事业的起始。

1898年的春夏时分，刚刚创办商务印书馆的夏瑞芳来拜访宋氏三姐妹的父亲、华美印书馆的老板宋耀如。

这次会见，在于醒民、唐继无等著的《宋氏家族第一人》中被演变成了一个有趣的故事：

这是一个三十多岁的基督徒，操着很浓的上海青浦口音，当他拿出他的老师美国北长老会牧师范约翰的介绍信时，宋耀如就对他产生了三分敬意。因为他曾听吴虹玉牧师讲过，吴牧师的同仁医院有个男护士工作十分勤勉，但是脾气却强项不怕欺。一天一个洋人病员硬说他端去的开水不干净，将开水泼在他的脸上，还当众辱骂他"中国猪猡"。他忍无可忍，挥拳将洋人击倒在床上，发誓一辈子不再伺候洋人。吴虹玉见他是个有志气的刚烈汉子，虽说闯了祸，同仁医院不能再待下去了，但并不责罚他，反而介绍他去英商文汇报馆当排字工人。这个人就是夏瑞芳。

夏瑞芳虽说年纪比宋耀如要略长几岁（笔者注：此处有误，夏1871年出生，宋1866年出生），但到底见的世面不同，听宋耀如谈起这段往事反而有点不好意思起来，赶快把话转入正题：他和三个妻舅集股四千元开办了商务印书馆，地址就在公共租界江西路德昌里。因为知道宋耀如是沪上华人西式出版业的肇始人，又经营有方，名声很响，所以特意来请他指导帮忙。夏是个很耿直的人："我们投资印刷出版业，为的是替中国教徒争一口气，别让外国人笑话，我们在中国地界上印刷还搞不过外资。"

宋耀如当即驾起马车来到夏瑞芳的商务印书馆。

商务印书馆只是在一幢两层砖木结构的老房子里租了两间屋子作为印刷车间。夏兴奋地在门口大声喊："快开门，查理牧师来了。"

里面叽叽喳喳的嘈杂声骤然停了下来，露出了正干得满头大汗的鲍氏三兄弟。他们显然没有想到声名很大的查理·宋竟一点架子也没有，一请就到，所以一时不知怎样接待。

宋耀如一眼就看清，这里的设备太简陋。靠外壁是两部手摇小印机，靠里壁是三部脚踏圆盘机。三部手板压印机。都是旧的机器，怪不得用起来像银匠摊子似的晃动。唯一的一部新机器——煤油发动机，却躺在一边。他四处走了一圈，又抬头看看房子，柱子已呈倾颓的样子，在这个散发出油墨味的屋子里，墙壁开始剥落，露出了斑斑驳驳的砖头，完全是一座危房。真是创业维艰啊！

夏瑞芳介绍说："我们是三同，清心书院同学，同是苦出身，同是基督徒。"他现在主持商务印书馆，鲍家老大刻字，老二排字，老三和同乡高凤池印刷。不过老三和高凤池还不得不留在美华印书馆做工，不然不足以糊口，况且还得积蓄些资金。

老三鲍咸亨说到美华印书馆就愤愤不平："美华印书馆叫名是外国人办的，其实从写文章到印刷出版，差不多全是中国人。"

"所以你们就自己集资办商务印书馆！"宋耀如很赞许这几个有志气

的汉子。

"是的，我伲就是不领盆。""领盆"是青浦方言，意思是服帖、折服的意思。夏瑞芳说出了心里话。

宋耀如深知这几个一心创业的人，现在需要切切实实的帮助。

他问："你们现在有资金多少？"

"五千元。"

"嗯，我懂了，所以你们借用这样危险的房屋。这样吧，我和你们合资，怎么样？假如你们赞成，可以搬到北京路顺庆里，那里还有十几间房子空着，华美印书馆来不及印的圣经都交给你们印。我再给你们几部机器。"

这几个人简直觉得像在梦里一样，面面相觑，一时不知怎么说好！

宋耀如笑了："一看你们的样子，不要大惊小怪，将来你们办得好，华美也可以给你们。"按宋耀如的本意，他是多么愿意摆脱这些工商业事务，让他专心从事基督教的传教和民主革命。看到有人能把这种事情担当起来，他是巴不得早些能自由呢。当然夏瑞芳诸人当时是无法理解的。宋耀如也觉得不必多加解释。

"来，今天先把这台煤油发动机装好，省掉你们的人力，多印点书！"说完他就脱去西装干起来了。不多时，机器就隆隆地轰鸣起来，把夏瑞芳感激的谢声淹没了。

这样的故事，大致的情节是有根据的，夏瑞芳与鲍氏兄弟的创业从此走上了从印刷业向出版业、先编译英汉对照读本再向出版拓展的光明路。2003年10月的某日，笔者在商务印书馆（香港）有限公司网页看见，"至1902年，张元济加入创业者队伍，商务印书馆才真正步入出版殿堂。商务印书馆也由一间家族管理的小作坊蔚然发展成为中国近代历史上规模最大的文化教育出版机构"……

1914年1月10日在河南中路：夏瑞芳被蒋介石枪杀？

1903年商务印书馆在夏瑞芳的主持下与日本出版商金港堂等合资，以此借助日本的技术改进商务的印刷质量，使商务能有一个新的发展平台。

1912年，中华书局开业后即与商务印书馆展开竞争，在报刊上公开揭露商务印书馆与日本人合资的内幕，使商务十分被动。于是，夏瑞芳向董事会提出收回日股的建议。日本商人因为商务正在发展，难于割舍，不同意退股。当时，整个商务的营业额中出版占十分之六，印刷占十分之三。

最后商务忍受了巨大牺牲，才达成收回日股的协议。

1914年1月6日，夏瑞芳代表商务印书馆与日商正式签订了收回日股的契约，并辞退了一切日方人员。1月10日，商务印书馆董事会通告股东，宣布收回了日股，并在上海《时报》上刊登通告，宣布该公司"为完全本国人集资营业之公司，已将外国人股份全部购回。"从此，商务印书馆成为独立的民族出版企业。

正值商务印书馆公布收回日股通告之日，即1914年1月10日傍晚，夏瑞芳处理公务完毕，从河南路发行所出来，准备坐车回家，被一凶手开枪击中，立即被送往仁济医院，抢救无效而逝世，年仅43岁。

夏是怎么死的呢？所有的回忆都给人以失语的感觉。而且更多的给人一种暗示，似乎与收回日资有关。即使说白了是陈其美手下所为，也是一笔带过。胡愈之先生提供了一个文本："据说，当时执行枪杀夏瑞芳的凶手，就是蒋介石。蒋在那时是充当打手的。"孙中山第一次革命失败后出国，1913年要搞第二次革命，推翻袁世凯，其中主要人物是陈其美。他们到上海后，和上海的流氓势力结合起来了，曾进行攻打南市制造局，未成功。陈下面的一些人生活发生困难，到处"借军饷"，那时商务印书馆正是发展很快的时候，他们要向商务借军饷，据说数字很大，大概夏瑞芳没有满足他们的愿望。可能夏因为原来就与英国人有些关系，这时就和英租界当局进行了接洽，英国人出来和陈讲话，而陈其美部属的借军饷一事亦全告失败，因而怀恨在心，终于采取了暗杀手段。

《民国人物传》（中华书局，1978年版）在"夏瑞芳"的条目下，将此事表述为："1913年7月，国民党人陈其美在上海发动反对袁世凯，欲占闸北湖州会馆作司令部，夏害怕在闸北发生战事将使商务财产受损，遂暗中勾结英美租界工部局，派兵驻在闸北入口处，阻止陈军，陈部被迫改驻吴淞。1914年1月10日，陈其美派人将夏瑞芳暗杀。"

商务印书馆同人为总经理夏瑞芳举行了隆重葬礼，送葬车马前后百余辆，宝山路为之阻塞。夏瑞芳死后，商务印书馆董事会决定为他建立一座铜像作为纪念，家属婉词劝阻，建议根据夏瑞芳生前热爱社会福利事业的精神，将此款项赠送学校、幼稚园、孤儿院，董事会欣然采纳了这个建议。

出版老人朱联保在数十年后回忆："我于1921年来上海，曾见商务发行所内二楼楼梯正中装有创办人夏瑞芳半身铜像及纪念文字，后约于北伐军抵上海时除下。"现在看来，也许是铜像立了，捐款的事也办了。

交际博士助人自乐：黄警顽救了徐悲鸿

徐悲鸿1915年从老家宜兴到上海，要不是有贵人相助，也许一辈子只能是一个绘画爱好者，也许早就史上无名、画坛无影了。徐悲鸿人生中的贵人就是商务印书馆被称作交际博士的黄警顽。有关的故事我们从蒋碧微与廖静文两位女士的传记中获得了类似的版本，虽然故事发生的时候，她们都不是当事人，而且她们的演绎都是在悲鸿缺席的时候进行的。

蒋碧微说，在宜兴家乡教了整整两年的书，"他不愿被家累拖住，想要进修，于是悄悄地跑到上海，结识了一位好朋友黄警顽先生。黄在商务印书馆担任外务，交游广阔，热心慷慨，记忆力特别强，三教九流的人他都熟，当年在上海也小有名气。黄还没有结婚，单身住宿舍，徐先生便借住在他那里，住的问题虽然解决，但是生活费一无着落，往往一天仅吃两个菜饭团充饥"。"正在走投无路，毫无办法的时候，忽然看见哈同花园在报纸上登广告，公开征求画仓颉像，据考证说仓颉有六只眼睛，徐先生画了一张去应征，获得录取"。

差不多三十年前，我就读了廖静文的《徐悲鸿一生》，并由此开始了书评的写作。现在，为着写这篇文章却一时找不到这本书，一直惦记着，就在交稿的那天我在朋友家中的书橱中发现了这本老书，赶紧索纸和笔抄写了廖静文为我们提供的警顽与悲鸿相交的文本，当初悲鸿从宜兴到上海先是遇到黄震之，因黄好赌，之后才搬出，住到新结识的朋友黄警顽先生的宿舍。"黄警顽是商务印书馆门市部的营业员，悲鸿常去那里站读，日子久了，彼此就交谈起来，渐渐产生了友谊。这位比悲鸿长几岁的营业员对待所有的人都很热情，丝毫不因悲鸿只是站读，从不购书，而冷淡他。在悲鸿困难时，他还伸出了援助之手。"

可是，这件事在"补白大王"郑逸梅的笔下则有着不同的说法——

1915年悲鸿自宜兴来到上海，凭着他同乡徐佩先的信投奔商务《小说月报》的主编恽铁樵，请警顽为之先容。警顽很热情地领他到编辑部，恽氏看到他带来的几张画稿，觉得人物画画得很好，可为教科书给插图，叫他在上海多住几天等待回音。他暂寓一小旅馆中，等待了好几天。有人嫌线条太粗，不同意。恽氏只得表示歉意。悲鸿大为沮丧，往访警顽说："我无颜见江东父老，在上海只有你一个朋友，永别了！"说罢就走，警顽初不介意，既而一想，悲鸿告别，神色不对，可能寻短见，跳黄浦。想到这儿，连忙赶到外滩，果然看见悲鸿低着头，在那里很不安地来回踯躅着。警顽上前把他抓住，悲鸿见了警顽，立刻掉下泪来，才知他拖欠了旅馆宿费，被驱逐出门，并扣住了衣箱，致无地可容，不得已出此下策，警顽劝慰了他，愿为设法，代谋工作，留他在商务宿舍里，和他同宿同食。

警顽是精武体育会的会员，那时大家提倡拳术，学着所谓"谭腿"，但缺乏像学习体操时用的挂图，警顽动了脑筋，立访他所熟识的某书局经理，建议出版一套《谭腿图说》。他自告奋勇撰写解说，推荐悲鸿绘画，经局方同意。从此他一下班就赶回宿舍，给悲鸿摆架势，让他照式构图，不多几天，绘成了全图一百多幅，交给书局，获得三十元稿酬，悉数给了悲鸿。又为他介绍审美书馆的高剑父、高奇峰弟兄俩，为书馆绘了五彩花鸟屏条，也得了相当稿酬。又介绍了一位湖州丝商黄震之，震之很赏识他的画，并同情他的遭遇，给他一个小室，很为安静，让他看书作画。这时悲鸿还学习法文，因法文学得好，考入震旦大学。此后一帆风顺，成为一位驰名中外的画家，因此他别署"黄扶"，说明成功的人生，出于黄警顽、黄震之二人的扶助。

这类不同的传说在170年的上海出版史上实在太多，以致后辈大有不知信谁的迷惑。好在悲鸿与警顽的友情却有着三十五年的经历。

警顽自己有一篇《回忆徐悲鸿在上海的一段经历》的文章，略云："徐悲鸿是中国近代杰出画家，在中国美术史上占有很高的地位，1953年9月23日，在北京逝世，还只有58岁。我从1915年和他相识，直到他在中央美术学院岗位上去世时为止，相识35年。据我所知，现在已经很少有比我认识他更早的朋友。我们共过患难，同过生死，特别是1915年，他初次来到上海以后，他一生中关键性的年月，彼此有过极亲密的关系，所以对他了解得较清楚、较详细。"

头版广告位被收买：《资本论》广告上了《中央日报》

1938年8月31日《资本论》第一卷由读书生活出版社在上海出版，第二卷第三卷也相继问世。

《资本论》从上海运往当时的文化据点重庆和桂林是绕道香港再转运内地。第一批二千部运达广州，适逢日军占领广州使这批"宝书"沦陷于战火中全部损毁。后从上海再印一千部，改道广州湾（即湛江）内运，又遭法国殖民当局扣留，读书生活出版社经理黄洛峰多方设法，找到与法国总督有同学之谊的熟人，辗转相托，从中疏通，才将这批书抢救出来，运到桂林和重庆，送达预订读者手中。重庆预约订户宋庆龄、冯玉祥、邵力子等，都喜悦地得到了这部巨著。

在延安时期，毛泽东攻读马列著作并留有字迹和批注、而又保存在他故居的书籍中，第一部就是《资本论》。运达延安的这批《资本论》在1939年延安学习运动中发挥了作用，王首道、王学文、吴亮平、王恩华、艾恩奇、何锡麟、邓力群等十余人组织了《资本论》学习小组，规定隔周在张闻天窑洞里学习讨论半天，从未间断，一直坚持到把《资本论》第一卷的二十五章全部学完，历时一年有余。

有说兵败如山倒。国民党《中央日报》1947年2月20日头版头条竟然出现了读书生活出版社发行预约世界伟大名著马克思《资本论》的广告，上面还有介绍的语句："是政治经济学不朽的宝典，是人类思想光辉的结晶。"预约每部八万五千元，三月底出书。

这件事立刻引起了轩然大波。当天上午，"最高当局"就下令把这天的《中央日报》全部收回，可为时已晚，这时已到了读者手中。国民党中央党部秘书长吴铁城奉命打电话给《中央日报》社长马星野，严令彻底追查……

1947年2月上旬，《资本论》再版本已修订完毕，准备对外预约，想请正风图书公司南京门市部担任预约工作，黄洛峰提议，在南京最大的《中央日报》上刊登一则广告。

为了顺利地实现这个计划，读书生活出版社内部在事先进行了分析和研究，由范用同志根据《中央日报》的版面格式，设计了一张长方形的约三十寸大小的广告稿，排版制型。黄洛峰委托正风图书公司经理陈汝言与报社联系广告业务联系，并把纸型和六十万元广告费交由其带到南京见机行事。

陈汝言认识在《中央日报》广告部工作的奕藩，就约他到家里来商量，那位广告员为难地说："《中央日报》是从来不登这类广告的。"陈说："这是学术著作，欧美一些国家作为一门政治经济学来研究。"那位广告员说："我纵然同意你的说法，但在刊登过程要经过各道关卡（即生产中的各道工序），怕也不容易通过。"由于他未断然拒绝，陈就趁热打铁地说："这些情况我们早已考虑到了。"于是陈把已准备好的那张纸型拿给他看。这时，为了促使他便于接受这个任务，增加刊出的可能性，陈紧接着加重语气说："目前各报馆都在争取广告收益，指定刊登地位，广告费增加一倍，我们采取这个方式，事情也许更好办一点……"他表示："我当尽可能利用各种有利因素，努力去办。"当时如无特殊情况，一般在凌晨3点钟左右中央通讯社的电讯稿最后截止时，即压型浇版上机印刷。

机器房操作工人只要广告部发下来的（意味着上面已经通过了的），他们一律按照广告部的意思进行工作。

2月19日黄昏时分，陈把纸型和一百二十万元广告费（陈垫了六十万元）交给了广告部奕藩。奕说，明天见报。

2月20日清早，这则世界伟大名著《资本论》的广告，赫然出现在报头旁边，陈立即赶回家中，打了个招呼，匆匆赶到下关车站买了两份报纸，乘坐快车到了上海，直奔四川北路仁智里找到了黄洛峰，把报纸交给他。洛峰看到广告，紧紧握住陈的手，深情地对他说："谢谢你！这件事干得非常漂亮！"然后他一再叮咛，为了安全起见，暂时不要回南京去……陈也从心底里感谢他至诚的关心和爱护。

要员、遗老、大亨出手：另类董事、监事云集

光绪举人郑孝胥1935年出任伪满洲国国务总理兼文教部总长，在这之前，1909年商务印书馆董事局第一次会议时，出席董事有：郑孝胥、张元济、高梦旦、鲍咸昌、夏瑞芳、高翰卿、印有模等七人，张元济为主席。这七人中惟郑孝胥是例外，其他各位都是商务的发起者、创业者。

据说，郑孝胥的字写得很好，商务的店招也是他书写的，只是在他出任伪满洲国总理后，商务改用黄蔼农的汉隶了。

郑孝胥、罗振玉、王国维、宋耀如等都是商务早年的股东，据《商务印书馆九十五年》刊出的《商务印书馆的早期股东》一文介绍："1910年清廷公布小学教师检定制度，商务举办师范函授讲习班，就请他们三位（郑孝胥、罗振玉、王国维）当发起人，颇有号召力，使3000多名学员获得检定资格。举办函授虽无直接利益，却可通过这3000多名教师推广教科书，收到间接好处。"

1912年至1926年郑孝胥出任商务的董事长，1926年之后才由张元济顶替董事长职务。也许其之后的政治背景，造成现在所有能见到的商务史料都难以谈及这位前辈，这不能不说是件遗憾的事。照理，在商、中、大世、开这五大书店中，商务的史料是最全、最丰富的，回忆文章也是最多的。

其次中华，再次是开明，世界书局和大东书局的回忆文章就很少见了。

现在我们很难见到商务董事会名册，当然在王云五当家时，以王云五的实力，商务也不必再在政界找靠山了。王云五在商务总经理的位上就是国民政府参政员，辞职后出任过国民政府经济部长、行政院副院长、财政部长等。

中华书局在1917年12月16日召开的临时股东会议上新推了于右任、孔祥熙、宋耀如等出任董事，孔祥熙这位历任国民政府财政部长、行政院长、中央银行总裁、中国银行总裁的大人物，也即宋耀如的大女婿从此进入了出版界，历任董事至1949年。1943年被推为首席董事，1948年4月24日被推为董事长。从史料中我们发现了孔先生的作为——

商务的老董事陈叔通曾回忆，1917年前后孔祥熙曾作为中华的代表与其商谈过双方合并的事宜。

1936年，财政部长孔祥熙指令中华与中央、中国、交通三银行合组钞票公司。当时，中华已有完善的设备，董事会认为不必另起炉灶，此事虽未有结果，但通过孔董事长的关系，中华的印钞业绩实在是很大的。中央银行印制法币券、关金券、金圆券、银元券都有中华的份。如果按照孔部长的指示，中华与三家银行合资建立钞票公司，说不定中国、交通银行的印钞也会给中华占有一席的。可惜，中华没有照办。

1949年8月12日，有董事提案，认为孔"自被推选为本公司董事长后，久居国外，迄未返沪，最近以政治关系，其全部股份已由本公司遵令呈报在案。"于是，董事会改推常务董事吴叔同为董事长。至此，孔祥熙与大陆的中华书局就没有关联了。杜月笙也在中华书局出任董事多年，只是到1950年以其"身体衰弱留港，不能执行职务"而被他人替代。

曾任袁世凯的国务总理、国民政府委员的唐绍仪从1914年起出任中华董事多年，还被公举为临时主席、参事多年，直至1938年去世。

1916年由吕子泉、王幼堂、沈骏声、王均卿合资创办的大东书局，1944年在重庆由杜月笙、陶百川接办，杜任董事长，陶百川任总经理。

杜、陶接办后，向中央、中国、交通、农民四银行贷款四千万元，由杜出面与邮政储金汇业局洽谈续订承印邮票等合同、豁免罚金等，又从中央印制厂接了一部分印钞业务，使大东的面貌有了改变。1947年下半年，陶竞选国民政府监察院监察委员而辞职，董事会决定由杜兼任总经理，杜的儿子杜维屏也兼任了大东副经理。1949年上海解放，杜月笙父子先后去了香港，政府对大东书局实行军管后关门大吉。

大东书局1931年成立15周年时，邀集多位名流题词，蒋介石是"发扬文化"；张学良是"智识渊薮"；于右任是"以琢如玉，以铄如粟，文苑之福"；宋子文是"新识灌输"；孔祥熙是"文化津梁"，一时热闹不少。

1917年由沈知方创办的世界书局在1921年改为股份有限公司。1933年由于经营不善，濒临破产，改组董事会，沈辞去总经理职务（1939年逝世）。1934年，吴稚晖、李石曾投入巨资、合资经营，并任董事等职，张静江为董事长。1937年，世界书局由陆高谊等留沪维持。1946年李石曾接收世界书局，1947年初，推选杜月笙为董事长，李石曾为常务董事代理董事长和总经理职务。据世界书局原监事李清悚在《我所知道的世界书局与世界社》称："书局之所以推杜月笙为董事长，是利用其名义以应付当时上海的社会关系和调度经济，他一天也没到过书局。书局的大政方针主要是由李石曾掌握。"1949年李石曾去香港。

张静江、吴稚晖、李石曾都是国民党的元老。当时，李石曾把夫人林素珊也拉来当了董事（林原是戏剧家焦菊隐的夫人，抗战胜利后与焦离婚），杜月笙是以中国通商银行投资代表身份加入的。

1926年8月章锡琛兄弟组建的开明书店在1928年改为股份有限公司，也由国民党元老、曾任国民党中宣部长的邵力子出任董事长至1950年，由其出具董事会决议《开明书店请求与国家合营呈文》，1953年作为开明书店的私方首席代表与共青团中央的青年出版社达成合并协议，成立中国青年出版社。

叶圣陶曾撰文《邵力子先生和开明书店》内称，开明书店既要谋生存，又不愿意投靠国民党，朋友们商量就推举邵力子先生担任董事长。"开明书店请他当董事长，无疑地能起保护色的作用，至于作用到底有多大，我说不清楚。只记得有时候遇到了麻烦，夏丏尊先生就赶到南京去找邵先生。邵先生一直很关心开明，每次路过上海总要到开明看看丏尊先生、锡琛先生等几位老朋友"。

其他如曾任国民党中宣部副部长的潘公展1946年也复任了儿童书局董事长（曾在1935年担任过）。

由于这些委员、遗老、大亨的政治背景，我们现在已很难通过事实来判断这些人物当时对上海出版的态度和行动。虽然执政与执事常常不在同时，董事长又不执事，但是，毫无疑问，这些人在位时或多或少都会产生影响，包括注入资金、上面有人好说话、拉大旗等等。

我只是靠着开明书店吃饭："章老板"成为"右派"之后

1966年5月17日，是锡琛先生与夫人吴耦庄正式结婚六十周年之良辰。这在旧日是最为人所重视的所谓重圆花烛，理当是要大大庆祝的。老两口特地去照相馆照了张合影，尽管那时"文革"的火药味已经十分浓重，头童齿豁的两位老人在相片上依然流露着一丝坦然的微笑。

十数日后，破四旧、抄家等天翻地覆的"革命行动"便铺天盖地而来。锡琛先生被街道"红卫兵"抄了家，把他日常工作必须要用的书籍也都悉数掳了去，接着是强迫劳动，侮辱，打骂……

不久，他夫人就病得卧床不起，去世时，锡琛先生都未能与她诀别。也就在这年，他的儿子士敏在洗劫中遭打身残，又得不到应有的治疗，终于十月惨死家中。

同一年一头一尾连遭丧妻丧子之痛，如何承受得了？而他一一承受下来了。

留在他身边的惟一的外孙女要"上山下乡"，他还特地做了首《沁园春》来鼓励她安心接受再教育。

然而最后，他还是被赶出了自己的家屋，轰到一大杂院去住。1969年6月初，锡琛先生因偶感风寒，便很快成了"不治之症"，送到医院，就在急诊室里咽了气。

这是章锡琛老同事王伯祥之子王湜华先生1995年发表在《人物》杂志的《开明书店章老板——追怀章锡琛先生》的文章节选，使后人看见了章老板人生终极时的场景。同样，李白坚在《中国出版文化概观》中，也为我们描述了章老板的经历：

1957年，在北京一所大杂院里，透过昏暗的玻璃窗，可以看到一位老者，正佝偻着背，戴着一副老光镜，伏案工作。他颤巍巍地握着钢笔，在厚厚的样稿上圈点。这便是人称章老板的章锡琛，前开明书店的创始人。这时他已经过70岁了。

这时的老人，正经受着极大的痛苦，因为在他的头上，有一顶帽子，一顶重有千斤的政治帽子——右派分子。从此，他不但被撤销了中华书局副总编辑的职务，而且待遇上一下子从编辑四级降到编辑七级，这就从政治到生活上给了这位老人无情的打击。

虽然如此，他对交给他的工作却仍然一丝不苟。这时他的任务是校点《二十四史》。在校点这套古籍时，也许，他正在以史为鉴，反思着二十世纪中的这段曲折和坎坷。

孜孜不倦，兢兢业业，时间在书页的翻动声中"滴答"逝去。日历终于扯到1961年，章锡琛就这样寒来暑往地熬过了4个年头。他的目力已经大大减退，他的身体也与4年前大不一样了，他提出了退休的申请。但是，申请没有得到批准——有各种各样历史问题或者现实问题的人，是不能退休的。

不能退休，就继续工作。好在从年轻起就在商务印书馆接受锻炼，他早已把书籍和出版与自己的身家性命联系在一起了。

不久，他又愉快地担负起审阅《张载集》这项艰辛的任务，并把审阅中的所得所感所思，写成《张载思想分析》（后改为《张载哲学初探》）一书。与此同时，老人还写下了长篇回忆文章《漫谈商务印书馆》，回忆了他早年投身商务印书馆的经历，表达了对商务印书馆的一片深情。

以今天的眼光看，这篇《漫谈商务印书馆》的文章仍然带有那个年代的烙印，但是，我们绝对不能为难老人，毕竟他给后人留下了一份令人神往的回忆史料。

回头看，那时的书业规则

关注中国近现代出版文化多年，我一直对原始资料感兴趣。譬如日记、文本、档案、出版物等等，以及亲历者在1966年以前撰写的回忆史料（1978年以后的回忆，常因手头无资料又加了不少想象和个人喜好而不怎么可靠），只有阅读和辨别了这些资料，通过旁证侧引才能对一些影响出版文化发展进程的人物、出版物和书店的真实面貌有所了解和把握，从而，梳理、还原出一个真实的历史，给后人提个醒。

近年来，随着多家出版集团、发行集团的组建和改制，一些规范运作的规则、章程开始大量、系统制订，期望成为出版发行机构（在这里不以企业或出版社、书店相称，处于一个转型时期，出版发行业并存着事业单位、企业管理、国有企业、有限公司、股份公司等类型）日常运作的依据。当我阅读了一些办事准则、操作规程后却发现，基本、常规的内容多，具行业特点的内容体现的少，急就章、相互抵触的多，留有余地、人性化的条款少。如何在较短的时间内提供一个规范、系统又富有人性化的文本，这是一件令相关人士关注的事情。其实，我从事多年的一项资料积累完全可以弥补。我们的前辈在20世纪的前五十年，已经制定了涵盖出版业（包含出版、发行、印刷）整个行业的各种规章制度，其详细、周到，严厉又不乏人性化，常常使我折服。

现在，我把商务印书馆、生活书店、百新书店、开明书店以及上海市书业同业公会的一些规则、章程内容作些介绍，使读者与我一起分享前辈的智慧。

1936年教育部颁布了教科书及其他图书划一出售办法

这个办法也许就是我们现在图书实行定价制的最初依据。由十项内容组成。它首次明确："书籍，无论大中小学教科书或普通新书古书，应一律标明定价。"如果减价，则有下列规定："同业批发酬劳，由同业公会议定；学校贩卖部或合作社照定价九折；图书馆照定价九折，但同书以二部为限，字典、词典以五部为限；出版者之股东或在职同人照定价九折，但普通书以一部为限，教科书以二部为限；著作人购自著之书照定价七折，其版权共有者不给版税，照定价六折，均以三十部为限。""由教育部通令全国出版者及贩卖书籍者，一律照上开各款规定办理，如有违反者，得由各该地同业公会或任一同业呈请地方官厅为有效之制裁。"

根据这个办法，上海市书业同业公会颁布了《划一图书售价实施办法》，以及《本埠同行批发简章》《外埠同行批发简章》《同业寄售图书简章》《特约经销处契约》《代办分庄契约》《独家寄售契约》等一揽子配套办法。

在《实施办法》中"罚则"有四条，令人感到了同业公会的威严。它告诉同业，不按定价实售私行增减者，经检举调查属实，除由公会呈请政府作有效之制裁外，公会还会依据情节轻松予以书面警告、公议罚款拨充公益、登报通知全国同业停止往来、请政府或公共机关予以制裁等四项惩罚办法。如果遇到同业自设分店或代办分庄出理错误，该同业即受这四项办法惩罚，如确系分店或代小分庄错误，该同业将该分店经理辞歇或将该代办分庄撤销者，得免除该同业应受之处分。

想想现在的协会，偏多的是同业之间的联谊、交流、沟通。其实，当年这个书业公会也应多种因素而遭一些新书业的不满，有人还为此组建了新书业公会，但终因政府主管机构不允一个行业出现两个公会而作罢。如果追求历史的踪迹，前辈宋原放曾撰文总结了书业公会的十项工作，包括调解上海与外地同业之间的版权纠纷五十二项；推定商务印书馆、生活书店等起草书业业规，呈请政府审核准予备案和督促同业执行；举办艺徒补习班；代表同业申请免征书籍转口税；抵制日货等。

图书划一定价制尽管至今仍被人钻空子，仍有人加以指责，但延续至今也足见后人对前辈的崇敬和依赖了。

商务印书馆1932年公布的《总管理处职员服务暂行规则》有六章五十一条

制定类似规则，是一些成熟书店、有限公司（以下均简称书店）的共同举措。商务的规则相对比较详细，其中有几条可以提出来说说：

"各职员对于顾客门市购货，或批发计议交易条件时，不论成交与否，必须竭诚招待，谦和应付，不得有厌烦、自大、傲慢、怠忽或出言不逊情事。"这里的"竭诚招待、谦和应付"值得关注，可能是延用旧书铺、古玩店那种来者都是客，先上茶让座、生意慢慢谈、成否不论交朋友的习惯，如果这种态度一直沿用至今，那该多好啊！

同时代的书店对职员（以下也称作同人，依各家书店的规则所定称呼）的行为都有若干规定，如在工作时间内，除因公司事务由管理人员召集外，不得聚集开会，各职员不得兼营与本公司同样之营业或兼做与本公司同样营业店铺之工作，各职员不得在外兼任他处职务，但与本公司及职务无妨碍，事前报告公司经公司许可者不在此限，各职员对于公司营业或事务上之秘密不得泄漏，等等。也许经营者对于工人运动在20世纪30年代的屡次争利争权有点怕了，"不得聚集开会"成了每家书店的一律规定。同样，当年的跳槽、另起山头的作派太多了，对于兼职也做了明确的规定。既不能吃里爬外，也不能私自兼职。如果出现这种状况，则要受到解雇的处分。一般的惩戒依次有警戒、记过、记大过、解雇四种。患花柳病者、扰乱安宁秩序者、殴人致伤者、在工作场所赌博者、吸食鸦片或其他代用品者等等，都被列入解雇的理由。这个年代，患花柳病、吸食鸦片已为正当职业所不容。

同时，还规定在一年内记过九次或记大过满三次者得随时解雇。同样，记过次数与记功次数可以抵销，记大过次数与记大功次数抵销。"记大过一次者，如遇有记功一次，得相抵改作记过两次，以此类推，但受解雇处分者不得以功作抵。"

职员因为"平时工作无积压；办事成绩优良；改进对顾客及往来关系有成效；改进办事程序及方法有成效；遇有损害本公司之事于事前预先报告本公司，因而得免损害或损害减轻；各职员建议有利于本公司之事项经公司采纳施行"等，都将随时酌量奖励。

这种奖惩规则的执行，一定为这些闻名于今的老牌书店良性运转奠定了基础，成为发展的基石。

过去政府没有养老保险制度、退休金制度，但一些书店则推出了储蓄办法

曾经听说，那个年代是做牛做马等老了就被一脚踢开的年代，那些卓有成效的书店则推出了同人储蓄（活期、长期）、人寿保险、赙慰金等方法，使职员安心工作、勤俭持家、退休娱老。商务印书馆为了鼓励职员储蓄，先后制订了《同人储蓄章程》《同人长期奖励储蓄规则》等实施文件，并在1934年发布的《总管理处通告》中强调，"期各同人均能积有相当整数之储金，以为将来退休娱老之资，且注重鼓励，并不强迫"，介绍了储蓄只需每月薪工的百分之一起计，加上每年的奖励金、年终所得的特

别休假薪工的一部分。利息常年以一分至一分二厘计算。"月储薪工百分之五，似甚细微，然积少成多，持之以恒，若干年后必可得相当整数之储金。"例如月薪六十元，提百分之五（三元）为储蓄，全年三十六元。假定每年以等于一个月薪工之奖励金六十元及特别休假薪工平均十天计二十元加入储蓄，利息与奖金一并利上生利，五年之后约可得九百元。十年之后约可得二千五百元，十五年之后约可得五千三百元，而其中增加薪水尚未计算在内。《通知》最后表示，"依上述储蓄方法与利益，凡我同人，人人可储蓄，应不致有困难。"

按照陈明远先生在《文化人的经济生活》一书中的推算，当时的一元约合今日的三十元。十五年的正常储蓄，可获相当于今日的十六万元娱老。当年，一般人四口之家的月度基本开支约三十八元，这五千三百元可维持十一年的家庭开支。当年，大米每斤约五分、鲜猪肉每斤约三角、活鸡每斤约三角五分、糖每斤二角，大饼加油条一分。

关于同人储蓄，使我想起二十多年前刚进单位时也有互助储金，部门中每人每月交二元，如果同事中有意外之不幸或喜事，从这项储金中经全体讨论划拨。年度用不完则长年积累，同事有难时也可商借。虽然没有利息，但这个互助储金还是蛮有人情味的。可惜，随着老人的逐渐退休和机构的变化，这种方式只能存于记忆了，有着这种记忆而且能够回忆，也成了一种享受。

为了保障职员的福利，也有书店开展了人寿保险

商务印书馆1933年同泰山、友邦、四海三家保险公司订立了合同供同人任择一家参加保险。保费半数由本公司津贴，其余半数由被保人自己认付。而且，被保人自己认付的半数也由公司先行垫付，在本人薪工内分两个月扣清。在起始三个月内投保，可享免验体格之优惠。

为了促成投保，商务先后颁布了《同人人寿保险暂行规则》，并公布了总管理处与这三家保险公司商谈的相关文件和合同，以及指导同人投保的"通启"。这种做法放在今天，就是事务公开了。

投保，也是娱老之一种。读了这些规章及文件，你就会感受商务等老书店的发展是有群众基础的。

职员婚丧假、女职员生产假津贴也值得记住

常例是本人结婚或父母、夫妻丧，得请假六天至十五天不等，婚假路程日期至多以八天为度，丧假路程日期至多以十六天为度，请假以连续一次为限。但丧假因丧葬不能一次办竣，其请假不足规定日期者，得将请假不足规定日期保留，于一年内再请假一次，照给津贴，惟外埠不再加路程日期。这种规定在百新书店等企业的职工待遇中多次出现。

对于丧假不能一次办妥，假期可保留一年的条款，现在可能也做不到了。当我将这个例子告诉同道时，他们都对这个条款表示赞赏。

按规定，女职员生产前后得请假共八星期，薪工照给。商务印书馆工厂、开明书店都设有哺儿室，有专人看护，婴儿可由家属送来哺乳，每日二次。设疗病房，施医给药。春秋两季施种牛痘。亦不收费。作为一种延伸，一些年份长久的出版社至今仍设置有医务室、托儿所。不过，这种做法现在都成了企业的包袱，被责以企业社会化而改除掉了。

年终奖如何分配？过去叫每年度结账盈余所提之款

一般总经理、经理占百分之十，全公司同人普遍奖励金、特别奖励金各百分之四十五、普遍奖励金以总分支馆各个同人月薪数目比例分配。

以个人而言，门市柜友（营业员）出现下列情况就可获特别奖励金：营业数量及次数均超过平均数者；营业数量列于最高之百分之二十者，营业次数列于最高之百分之二十者，办事细心而常常矫正他人之错误者，屡次兼办他之事而本职并无延误者，曾为公司节省耗费者。如果不是营业员，则办事敏捷而无积压者、改良工作而有效者。若以各部门、各工厂、发行所而言，还有具体的操作办法。而且，总管理处副科长、各工厂副厂长以及发行所副所长以上人员的特别奖励金由总经理主持派发。其他人的特别奖励金由总经理商同经理并咨询各主管人之意见，参考人事科或其他部分记录，酌量派发。像商务这样的企业，还订有专门的奖励金派发规则。

对照现在的联销计奖、以利计奖之类的单一统计方法，过去的方法肯定会显得繁琐。但是，不能造假，也有制约。其实，把复杂事情简单化之后，在发放年终企业盈余时似乎就没有说服力了。

在企业规章中几乎都有一个《人事陈述规则》

这个规则现在已经被批评与自我批评、民主生活会、谈心等取代。了解当年《人事陈述规则》，其实也是颇有价值的。

首先，陈述什么？有十项内容可以陈述："本人对于工作无兴趣，本人感觉工作太繁重，所任工作不能使本人才能充分展布，本人才能对于工作不能胜任，本人对于报酬或其他待遇不满意，本人对于同事间感觉不能合作，本人对于安全设备不满意，本人对于卫生及工作环境不满意以及其他对于本人人事有关的事情。"

其次，如何陈述？"以书面送交或寄交人事科科长，向人事科科长当面陈述，以书面送交或寄交所属部门之主管人员，向所属部门之主管人员面陈。"

再次，书面陈述应注明姓名、部门及通讯处。当面陈述每人每次接谈以十五分钟为度。

最后，在不宣布陈述意见者及事由的同时，由人事科设法处理或提请人事委员会讨论办法并陈报总经理核夺。同时规定："对于同人陈述之意见，凡须从缓解决或有其他情形时，均由人事科通知本人。""同人陈述此项关于人事之意见，概不给奖。"

既不允许擅自聚集开会，又订有《人事陈述规则》，有阻有畅，目的都是为了维护企业的正常运作，使职员有正常反映本人情况的空间。

这种规则在今天的失缺，似乎也可追纠或补充一番。

为了建立诚信，普遍设有同人保证金、同人押柜金的办法

同人保证金是新进职员非直接经营银钱，但一时没有保证人保荐时，可以通过暂缴存保证金的办法进入工作。

这种保证金在商务印书馆以银币五百元为额，如月薪在四十元以下者可酌减至二百元为底限。缴存保证金者应先由人事科领取知照单（凭证）连金额交出纳科，由出纳科出具存单为凭。如果觅得保证人或离职，保证金凭单如数发还。保证金自缴存之日起计息，按常年九厘计算，每年结算一次，到期不计复利，不能在外抵押借款。存单如有遗失，应即立具报告书报告人事科，并登载公司指定之上海著名日报两种，经过一个月后始得补给新存单。

同人押柜金是对账友（财务人员）直接经管银钱者采取的管理办法。与保证金不同之处是，押柜金以银币二千元为额，按常年一分二厘计算。缴存押柜金之同人，如离职或调任非直接经管银钱之职务时，其缴存之押

柜金，俟交代清楚即凭单如数发还。但如有宕欠款项，应即照数扣抵。

现在，遇到辞职而有宕欠款项之类时，大概只能扣留人事档案了。

三联书店设立了总、分店联系的工具——《分店店务日记》

《分店店务日记》由三联书店总店统一制发，各店必须按日总结情况，于次日填好邮寄总管理处。这种日记包含本日销货（门市、批发、邮购）和进货（现进、赊进）、本日库存、昨日存现、本日共收、本日共付、本日现存、银行存款、银行透支、应收票据、其他、合计、总处往来、分店往来、收发信包件数及摘要、工作状况、本日畅销书、学习状况、生活状况、读者意见、备考以及年月日、编号、分店经理签字等栏。

现在已经没有人做这样的事了。据说，三联书店也因为机构变化太快而没有太多时间执行。

我尽所能，把以前的规则、章程尤其是出版发行业带有普遍性的人事、待遇、福利等管理方面的内容作了些介绍。因为有了这些令人在时隔半个多世纪之后读来还是十分亲切的文本，才使中国近现代出版文化得以长久、良性发展，而且，这些规则在1949年之后继续被修改参照，也使当代出版文化有了一个延续的基础。如果我们能在吸取通行的现代管理模式的同时，制订一些既有人性化又有凝聚力的行业规则，也许就不会使人"这山看到那山高"、出现"没有前途、没有想法、没有留恋"等等状况。

虽然操作起来不容易，但是，看看前辈的努力，我们应该还有空间。

从事出版，值得留意的经验

上海新华发行集团控股的新华传媒在借壳华联超市上市时，我受邀参加了一次与基金代表的交流。期间，有位年轻的基金代表询问一本书从写开始到书店销售的过程，这个在我们业内看来近乎幼稚的话题，我只能拣其主要作了介绍，使之知晓了一本书的出版经历。

　　业内，知道一本书是如何出版的，那不该是问题。可是，当我翻阅那些老书店的规则时，还是发现了一些其实我们可以留意的经验，而且，我不愿将其提炼成纲领性理念化的文字，一方面是缺乏造诣，一方面也是缺乏高度，我喜欢的是从以前的故事中去感悟。

同业准则，一种生存的条件

　　1936年，上海书业同业公会为了执行教育部颁布教科图书及其他图书划一出售办法，相继公布了一系列措施：

　　同行批发，"小学教科书及无著作权之出版物，每百元本埠同行酬给回佣二十元，外埠同行酬给回佣二十五元；中学教科书、零本杂志及有著作权之出版物，每百元本埠同行酬给回佣十五元，外埠同行酬给回佣二十元；预约书、特价书及预定杂志，每百元本埠同行酬给回佣十元，外埠同行酬给回佣十五元。"

　　这里说的"回佣"就是现在的折扣了。相对于现在的扣率，过去做出版的利润空间比现在要多20~30%，还不得再给津贴、升水（升水是指旧时调换票据或兑换货币时，因为比价的不同，比价高的一方向另一方收取一定的差额）或其他任何利益或借予款项。

　　针对账款支付的难题，当年也指定了明确的标准：

　　"每次配货至少须付半数之现款，欠款超过保额者应全付现款。所付现款得先除回佣。例如外埠同行配小学教科书一千元，得先除回佣二百五十元，其余之七百五十元应付现款三百七十五元。"

　　"保额以内之欠款，照政府规定结账日期，即一月底、五月底、九月底各将本期内欠款结清。其账款尾数抹零以不满一元为限。"

　　"本埠出版同业得记账往来，于每月底结清。"

　　"每届不能结清欠款之同行，应由关系人报告本公会经调查属实后，由本公会通知各同业一致不与往来，俟还清时为止。"

　　"预定杂志、预约图书及批购特价者，应一律以现款为限，概不记账。”

同行试销，“此项试销书每种只得发货一次，如不能售脱应于四个月内退还原书。”

这个标准是很令人肃然起敬的。既规定了结账的比例、日期，也提出了对不当欠款者的处置办法。

当时，分清了廉价书与特价书的概念，这两个词现在几乎等同了，有时还以为廉价书不够雅，把原本可定性为廉价出售的书也统称为特价书了。廉价书发售办法为：

“出版同业或贩卖同行无论何时均不得举行廉价或赠券。”

“滞销或污损图书得设廉价部发售，不限折扣，但每年以二次为限，共计不得过两个月，并须事先通知本公会。”

“廉价部发售书籍均须于事先在书上标明折扣或价格，并须加盖廉价部戳记。”

“廉价部交易一律以现款为限，并不得退换。”

按照这个办法，只有滞销或污损书才在廉价部出售，而且以现款交易为限，还不得退换。

特价书发售办法为：

“教科书以外之图书得售特价，应照定价七折或七折以上出售。”

“特价图书每种每年以一次为限，时期不得过四个月。”

“特价图书应列举书名及特价起兑日期，于开始发售日在日报公告。每家每年发售特价图书种数，除新书外以占本身出版总数百分之十为限。其所占百分之十如超过三百种者只能以三百种为限。”

“每种不论册数多少，以有单独定价及书名者为一单位。例如，某某丛书整部发售特价则该丛书整部为一种。如以该丛书单行本发售特价则每种单行本作为一种。”

“发售特价，总分店及代办分庄、特约经销处，本外埠同行以同时举办为原则。其有远处不及同时举办者，得将起讫日期酌量顺延，惟至多以一个月为限。”

特价书如同现在时行的优惠打折，如能参照实行当年的办法，我们的市场该净化多了。

还有对学校、图书馆购书优待办法、邮政局代购办法等，都是划一有标准，如果不执行怎么办？

罚则有以下说法：

"出版同业及贩卖同行违反教育部训令，不按定价实售私行增减者，经检举调查属实，出版同业及贩卖同行不遵守本办法者，除由本公会呈请政府作有效之制裁外，由公会视情节之轻重作下列之惩罚：

书面警告；

公议罚款拨充公益；

登报通知全国同行停止往来；

请政府或公共机关予以制裁。"

20世纪三四十年代，上海书业处于全国独大的地位，由上海书业同业公会制定的规则，一般也就具有了全国价值，虽然当时的大环境不理想，但是，凭藉这些规则以及格式化的特约经销处契约、代办分庄（分庄）契约、独家寄售契约、寄售图书委托书等文本，书业的小环境应该是不错的。可是，现在的大环境好了，小环境却日见其弊端，有时，新出一个销售四联单，轰轰烈烈表述成一种包治百病的举措。可是走不多久或被忘记、或也潦草而为，再过若干时间就谁也记不住了。这既是我们这个行业的特点，其实也是与社会环境的不入流之处。

有效配送，从三张表格获得体现

1937年，商务印书馆在自己的规则中明确了《分馆常备本版图书规则》，分为"分馆等级表"、"图书等级表"和"各级分馆应备各级图书表"：

1、分馆等级表

特等	广
甲等	港、京、平
乙等	湘、梧、汴、滇、渝、津、沈、成、济、杭、厦、汉
丙等	潮、晋、赣、兰、保、陕、皖
丁等	金、慈、衡、浔、运、青、埠

说明　（1）上列等级系1933年各分馆普通书之销数多少分别定之。

　　　（2）支馆及现批处与所隶属之分馆，其备货数量应各按等级，分别计算。

2、图书等级表

书类 等级	子	丑	寅	卯
一般用书定价	五角以下	满五角以上	满一元以上	满二元以上，十元以下
儿童用书定价	一角以下	满一角以上	满二角以上	满三角以上
字典词典全年销数	五万部以上	六千部以上	二千部以上	五百部以上

说明 （1）一般用书类定价十元以上图书，作为例外，由各分馆酌存。

（2）字典词典分级，另印书目附上。其不列入目录者，因销路太少，归入一般用书等级备存。

3、各级分馆应备各级图书表

等级类别		特级			特等分馆		甲等分馆		乙等分馆		丙等分馆		丁等分馆	
		单位	分数	本位部数	单位	应常备部数	单位	应常备部数	单位	应常备部数	单位	应常备部数	单位	应常备部数
一般用书	子	3	4	12	6	72	4	48	3	36	2	24	1	12
	丑	3	3	9	6	54	4	36	3	27	2	18	1	9
	寅	3	2	6	6	36	4	24	3	18	2	12	1	6
	卯	3	1	3	6	18	4	12	3	9	2	6	1	3
儿童用书	子	15	4	60	6	360	4	240	3	180	2	120	1	60
	丑	15	3	45	6	270	4	180	3	135	2	90	1	45
	寅	15	2	30	6	180	4	120	3	90	2	60	1	30
	卯	15	1	15	6	90	4	60	3	45	2	30	1	15
字典用书	子	15	4	60	6	360	4	240	3	180	2	120	1	60
	丑	15	3	45	6	270	4	180	3	135	2	90	1	45
	寅	15	2	30	6	180	4	120	3	90	2	60	1	30
	卯	15	1	15	6	90	4	60	3	45	2	30	1	15

这种标准做法，按现在的说法就是配送了，只是现在没有几家能这样做的。随机、无序在计算机时代变得更加混乱，于是，人们不断通过更改程序来满足自己的习惯，除了主发、退货、结款，现在的人还在干些什么有价值的事？

造货过程，其实不是很简单的

1934年开明书店制定的造货规则，也是一份值得关注的文本：

一 凡外来书稿经过审查后，由编译所主任提出于编审会议讨论之。

二 书稿经决定收用，应请著作人拟定广告词转交推广部。

三 业经订约之书稿，应由编纂部指定负责人员审订内容，配制图版，注明排式字体等，交还编译所主任室决定发排日期。然后存入稿箱。其广告词未经原著作人拟定者，并由审订人代为拟就，转送推广部。

四 书稿一到决定发排日期，由编译所主任室提交出版部，造具成本估计表准备发排。同时由出版会议预计纸张、印数，咨照供应部预备。并将估计表移送成本课。

五 发排时应由出版部与印刷所决定每日排出页数及最后排成日期，并即通知校对部。

六 书稿在排校中，应由校对部将排校状况每星期通知出版部，并于出版会议报告之。

七 校样在最后一批初校送出后，校对部应将全书面数及预计签齐日期报告编译所主任室及出版部、推广部。

八 出版部接到前项报告后，应即提交出版会议，并准备发印手续。

九 出版会议决定印数、纸张、定价后，即将记录通知公司各部及总店各课（其不及开会议时，由出版部另备单据通知）。

十 印书用纸凭单应由出版部开三复写单，除存根外，一交印刷所，一交供应部。但印刷所持凭单领纸时，须送经供应部签字。

十一 书印成后应先令装订作速打草样两本，由出版部送交原审订人查核，经审订人复查签字后，送还出版部处理之。

十二 书出装后应先令装订作装出若干本，由出版部分送下列各部（此项书本在额定印数之外，于付印时注意加放附印）。

1、栈务部转核货科转经理室（核货科应于该书全部入栈后送交经理室）一本；

2、营业处主任室一本；

3、编译所主任室转图书馆一本；

4、供应部转成本课转出版部一本；

5、经理室（呈请注册用）二本；

6、著作人十八本（版权著作人仅需五本）。

（再版则5、6两项减免）。

其应呈送教育部审定者，应多印五本。

十三 图书发装时出版部应协同装订作决定分装批数，每批装出日期及册数开成四复写发装单。除存根外，一交装订作，一送栈务部，一送营业处主任室。

十四 初版书封面应多印五十张，交整理课备用。再版封面应否添印，由整理课查明经由栈务部通知出版部。

十五 各种图版、纸型一律须先送核货科考核签字。

十六 各书标准存数、印数，不论初版、再版，应由出版会议决定。

十七 出版部对于栈务部通知再版之书，应将能否发印之实际情形及预计印成日期通知栈务部及营业处主任室。

十八 再版样书除有大改动者照初版书再送各部外，概不另送。

阅读这个文本，有下列事项值得注意：每本书要有广告词（由著作人拟定或审订人代拟）；发排时出版部与印刷所决定每日排出页数等；每种初版书最多送出二十九本样书，其中著作人十八本。三联书店1949年的样书发放标准是：书出版后，总处留样本新版十册，再版书二册，作者新版书十册再版书二册。发编审部、本部负责人、设计科，保管科、及备查样书各一册。现在一般给作者是二十本，看来经过七十年的变革，在赠送作者样书数量方面基本保持着一致。

开明书店的造货程序放在现在，我们可能早就改革了。

稿费办法，让后人知晓其认真

1950年，东北新华书店编辑部作为新中国初期最有成效、东北最大的出版机构，颁布了一个《稿费暂行办法》，分为"书籍出版费""杂志稿费""美术作品稿费"等三个门类，计二十六条。其中，对于书籍出版费的办法为：

凡采用之书籍，初版，再版均付以出版费作为稿酬，版权仍归作者。

一、初版新稿：每千字八分到十二分（文艺、理论、创作、翻译同。特佳作品酌另增加）。

二、编著与改写（如名著改通俗本，资料编著等）：根据改写、编著情况以及程度之不同，每千字自四分到八分。

三、编选：除一次给作者发稿费外，另致编辑费以万字计数，每万字八分。

四、翻译如校改较多者，校改费应在稿费中扣除百分之十至十五。

五、约稿不被采用者，千字四分。

六、再版：

1、有较大修改者每千字八分；

2、再版增入新稿者，新稿部分按初版规定，其余部分每千字按六分计算；

3、原稿不动或只有技术方面的更动（如改标题、符号、错字），按初版时分数之三分之二计算。

七、编辑费：定期杂志每月四十分（稿费除外），丛书编校费千字二分至三分。

八、特约审阅校订（在政治上负责）每千字二分至三分。

九、为提倡与鼓励通俗著作，通俗著作稿费按规定增加百分之二十五至五十。

十、教科书的稿费临时另订。

十一、字数计算办法：

1、一般稿件均以原稿纸计算；

2、诗歌以行计算，每行以三十二开本竖行为准，横排则加三分之一计算；

3、歌曲以所占页数计算，每页以新五号字版面之字数加倍计算。即词、曲各发同样一份（如每页计七百字、即词、曲各得七百字之酬）。

十二、出版费支付办法：

1、经采用决定出版后，即可支付；

2、预付（限于特约稿）不能超过字数之半，仍以分数计；

3、再版费须待书籍出版后发给；

4、稿酬一般在每月终政委会公布分数价值后发给，如本月分数之值未公布前要求支付者，则只能按前月公布之值发给。

看似很复杂，但很管用，当时付给"初版新稿的稿费为每千字八分到十二分"，我们现在不能小看1950年千字八分的价值。现在稿费变成了版税，通常是半年结一次，一般的情况下可能一年后也想不起来了，基本上都忘了，或者书都从书店退回了。

对于出书品种年年增长的出版社而言，稿费制度的简单化是件好事，但对于一般作者而言，除了把稿纸变成书，满足了一种追求之外，还有就是稿费了。格式化的出书合同现在获得严格执行了，但是，稿费制度的简单化却未必是一件双赢、人性化的举措。

搞出版、做编辑、开书店，前辈早已提供了完整的经验模式，处在"纸媒"仍有市场的今天，我们何必也无知者无畏呢？虽说"历史的经验值得注意"，但人们常常遗忘过去积累的经验。

悠悠书香170载
——上海有条福州路文化街

上海福州路从河南中路以西、福建中路以东周边的山东中路（麦家圈）、河南中路（棋盘街）、山西南路和昭通路一带，以前统称为福州路文化街。在170年的历史中，这里既是上海近现代出版业的开端，也是中国出版的中心，不仅仅汇集书业，还有报馆、文具店、书场、茶馆等。

一

1844年一家以隆泰洋行为名的商铺开始在福州路经营乐谱、商业辞典、航海历、水路图等，这些商品大都是"舶来品"，既有船员携带也有教会组织在东南亚地区生产的产品，这被后来的研究者认为是福州路书店的源头。上海从1843年开埠至今，这福州路文化街的历史也有170年了。

人们把1843年由传教士麦都思在上海南市创立的墨海书馆视作中国具有近代印刷设备的第一家书馆，它稍后迁入麦家圈营业，使福州路开始有了印刷出版业。之后，千顷堂、尚义书坊、点石斋等20多家古旧、石印书店纷纷开业，1897年夏瑞芳等创办了商务印书馆，其馆址从福州路周边的江西路、北京路向棋盘街推进，店多成市，众多的新式书店也开始以福州路为开业的首选地。中华、大东、世界、开明乃至光明、现代、北新等书店在福州路的集聚经营，最终确定了福州路在上海乃至全国的地位。

据1925年统计，上海市书店有163家，其中福州路有106家。

1937年"八一三"之前，福州路有新旧书店300多家。中国资本雄厚的出版单位几乎都集中在福州路。因为战争，1939年全市有240家书店，福州路有92家。1949年福州路有各类书店144家、书报摊100多家。统计表明，当时上海年度出版的图书占全国总量的90%，福州路上的商务、中华、世界三家则占了全市的60%以上。

福州路文化街的名称是1939年在一项全国书店调查录中由许晚成先生提出的，他在统计了福州路及周边数十家报社、数百种杂志、300余家书店乃至多家纸张笔墨、笺扇书画、文具仪器等店铺后，给出了"文化街"这样的称呼。虽然我们现在难以获悉这位许晚成先生后来的情况，但提出福州路文化街的概念则沿用至今。

门面买书，阁楼编书

福州路以前的书店是编辑出版与销售合二为一的，与同时出现的裁缝店操作模式基本相似，通常楼下做门面卖书，在阁楼上编辑加工，印刷在福州路的周边区域。也有门面靠马路，编辑部设在弄堂里的。当然，员工比一般裁缝店多，自己有"落脚地"，也有三五拼档住宿舍的，睡在店堂的一般都是小伙计。

这样的环境，人浸在书海里，编的书上架后销得怎样每天可见，隔壁店家有什么新品也是走过路过随时可见，不必专门搞调查，专人做信息。

店多成市，周边散布

假如福州路只有商务印书馆那很简单，除了说明商务印书馆缺乏市场意识，我们很难再说什么。商务印书馆1912年在河南路、福州路建成四层的发行所大厦时中华书局刚刚成立，1916年中华在其隔壁建成五层的发行所大厦（解放后，这两幢建筑被打通，后来成了中国科技图书公司所在地），这就为造就福州路文化街创立了基础。这也足以证明商务的强大和中华以其为坐标的心态，以致后来办书店，都要在福州路插一足，哪怕房租贵。有商务、中华在这福州路文化街的东首顶着，"饭店面前摆粥摊"，虽然福州路已有很多家书店，但后来者还会选择在那里开店，因为读者口味不同，各人口袋里的钱多少也不同，各种各样的书都会有销路的。

福州路文化街从一开始就不仅仅指福州路从河南路到福建路的直线，而是以此为中心线向两边延伸，包括河南中路的棋盘街、广东路、昭通路、山东路、山西南路一带，如此展开，就成群成市成街，有规模有特色了。于是，开书店不在福州路沿线就有点非主流了。上海的书业从福州路向全国拓展，商务、中华、世界、大东、开明等书店在福州路站稳脚跟后，都纷纷在全国各地设立分馆、分店。其中商务有80多家，中华有40多家，大东有9家，世界有22家，开明有20多家。

自然形成，互相交融

福州路，因为有书店群而出名，同样也因为有着众多的报馆、文具店、书场、茶馆的红花绿叶相衬，才使这个文化街长年不衰。报馆曾有《申报》、《新闻报》、《时报》、《天立报》、《民锋路》等20多家；文具店有笔墨业的老周虎臣、曹素功、胡开文、杨振华等；纸张书画笺扇有阆庄、杭庄、九华堂、朵云轩、荣宝斋等；仪器文具店有科学仪器馆以及书店兼营仪器文具乃至旗帜礼品店等；书场、茶馆等娱乐场所也是层出不穷。正是这些相关产业的互相交融才使福州路名声得以延续。如果福州路只有书店、只是书店街，没有相关产品的帮衬或者携手经营，那么，福州路的生命力就会减弱。这个区域有着同样闻名于世的妓院，而且，有统计说福州路会乐里一带娼妓人数也曾创全市之冠。当初这文化街与娼妓业的共盛也许是有关联的，我们偶尔也会从旧书中发现当时的文人喝"花酒"逛妓院，从书店出妓院进之类的故事。虽然，这种叙述为"尊者讳"，现在已经很少见了。

二

1949年上海解放，终结了旧上海，对于福州路文化街而言，也被彻底地清洗了一番。国民党办的中国文化服务社、正中书局，官僚资本的世界书局、大东书局被接管和军管，一大批私营书店被接纳收编，最终形成中国科技图书公司、外文书店、古籍书店、艺术书坊等数家。文具店还有多家，影院、剧院已所存无几。

政府动迁，撤停并转

1949年5月30日上海市军事管制委员会宣布对正中书局、中国文化服务社进行接管。8月6日上海市军管会对世界书局、大东书局实行军管。当时有20家书店分别被接管和军管。接管和军管是级别不同、待遇不同。前两家当即就在上海乃至整个大陆消失了，后两家在1957年前后清理完毕才关门。

1951年，商务印书馆、中华书局、三联书店、开明书店等组成公私合营的中国图书发行公司，开始了编辑与发行的分离和重组。之后，这些书店的编辑出版部门纷纷内迁北京，或保留原名或名也不存。福州路上的那些书店原址也被改造了，大东书店成了美术书店，商务印书馆、中华书局转向中国图书发行公司上海分公司，一直到后来的中国科技图书公司，世界书局成了外文书店……

众多的书店不是转业、歇业就是公私合营。文具店、茶馆书场等也是这样。在一场文化革命之后，据老辈的人说，经历者从自豪到自责到自弃，从渐渐消失到彻底砸烂，后来者只有遗憾、痛楚和不满，就如梁思成先生对北京城市的建设、马寅初对中国人口的增加等观点一样，只有在跨越了数十年后，执事者才发现他们的观点是有道理的。可惜，当时没有被接受。

编发分离，重心转移

福州路文化街的存在，一个重要因素是编辑出版与发行同在一个屋檐下。1951年成立的中国图书发行公司将商务印书馆、中华书局、三联书店、开明书店等的发行部门从各自主体剥离合并，标志着原先的操作模式被彻底否定。随之而来的是福州路的书店成了纯书店，只是销售图书，原先各自的编辑出版部门被"合并同类项"，成立新的出版社了。

至于商务印书馆、中华书局和开明书店、三联书店都从福州路上淡出，总部迁入北京，合并或重新运作从此消失（公私合营），使福州路文化街的底蕴被剥离了，福州路从此只是比其他马路多了几家书店而已。而且从中也体现了中国出版文化的重心从上海开始移向北京。

老旧破损，尝试回头

1949年之后至1998年，上海书城建成开业之前的福州路尽管还有书店、文具店，但都黯淡无光，不单商品无光彩，就连建筑也老了，人气也散了。只是，作为国有企业的职工，人们仍能悠闲地晒晒太阳、看看路人，戴着一副袖套在这里上班下班。不能转制、不能卖其他商品，只能等退休……所有的一切都昭示社会的恒稳和不发达。

等到我们的各级领导想起福州路曾经是一条文化街时，福州路的文化除了几家书店外就没有什么了。但是，这个昔日的文化街毕竟还有知名度，还能出效应，于是，跨街竖一个"福州路文化街"的牌楼，联合几家书店搞些应景书展，再把区级少年宫、图书馆纳入这个区域建设，好像很热闹。

现在，走在福州路上数着门牌，追忆旧时的书店，仰望不太多的旧建筑，眺望着那些名气曾经很响的书店、文具店的时候，总还有些茫然。

三

1998年年末开业的上海书城使福州路又开始红红火火，派生了多家书店扎根。文化商厦的开业、操各地口音的人们在这里经营的小文具店使这里多了一点文气，也使这条街有点看头了。

仅仅增加几家书店及相关商店，乃至把上海世纪出版集团迁入福州路，都不足以显现福州路文化街的新意，毕竟福州路的过去太辉煌了，要想在今天继续使福州路文化街延续，也不是件容易的事。

目标全新文化园区

政府设想对福州路进行全面改造，目标是建成"西段时尚文化，中段经典文化，东段商旅文化"的全新文化园区。福州路的改造曾有望在去芜存菁、保留文化街特色的同时，进一步提升城市景观和文化档次。

改造规划包括：以逸夫舞台为主的展览演出中心；筹建福州路文化街历史陈列馆；引进从事交流、中介、服务、工作室等文化产品的文化商务机构；开发文化商务办公楼群；引进艺术、古玩、民间收藏品的拍卖行……

曾经，政府给福州路文化街的建设划定了时间表：2005年形成初步框架，2010年基本建成，可惜结果却没有如愿。

引进老的保留旧的

现有的中国科技图书公司在成为交通顺畅的障碍后终于被拆除大半，外文书店从早先的四层加高到六层，也难有发展空间。这就引出一个品牌延伸的问题。福州路只有使散去的老东家再返回、现存的品牌书店旧瓶装新酒，才能提升存在的价值。这既有市场运作的因素，不能单靠政策优惠，但是，缺乏政策面的支持，也难以承继文化街的重任。看来，市场概念与政策倾斜成了福州路文化街成败的双刃剑。

创新容易改建不易

福州路文化街的建设，创新项目容易，只要从台北、香港到巴黎、纽约等走一圈，搬一点回来就能露脸了。譬如福州路西口的来福士广场，你能在上海的徐家汇、南京西路、淮海路找到踪迹，也可在东京、台北发现它的来历。建一个卡通城也不难，搬一个小迪斯尼也就差不多了。建个古玩城，把各式小店圈起来成为市场那也容易。

如果开一家美术书店，那就得画廊、教室、艺术品兼而有之，成为复合型书店，不能只是一家书店按图书分类而变成多家专业书店就算成绩了。这种复合型书店，还要有专售英文、德文、日文书籍的书店，兼着旅游开发，老旧书店可有古玩收藏陈列。单单以市场入户数为依据，卖的却是同样的书，比着打折优惠那就惨了。

福州路，差不多也是170年形成的老文化街，正在被打造成新的文化街区，有作为的政府和有责任的企业应该比以往一百多年更具眼光、更富成效。

人们沉浸在回忆中，那是对现实的失望；如果因为现实的灿烂而引起人们对旧时的回想，那多健康呀。

从数字简述上海书业的演变

我一直以为，研究出版史，只要横向把握书、社（店）、人、事，纵向以时段为界，即可梳理出一个大概。

1949年以来，出版社与书店被分割成两个经营实体，出版社是以出版为主业，兼带的发行也是那种总经销、总批发而已，出版社的建立、合并、注销是政府掌握的事情，工商注册只是必需的手续之一；书店纯为发行（销售），不能从事出版。现在出版社与书店开始串门了，彼此投资互为一体，但出版社与书店还是有着明显的分工。

出版社与书店在1949年以前，是没有多少差异的，都做着同样的出版、印刷、批发、营业之类的事。譬如：商务印书馆，初始以"招揽印刷为目标"，只是以印刷与商业经营业务有关的书为己任；中华书局，是出版社还是书店？陆费逵先生出任了局长一职；生活书店，也是以出版书刊为主体经营业务的；亚东图书馆，曾是一家出版陈独秀、胡适等作品为主的出版社……

我在最近十多年的时间里，从无意收集到有意留心再到寻寻觅觅，从搜集、梳理、甄别、还原，最后经过整理，完成了《上海书业名录（1906—2010）》。这里所指的书业，不仅包含了现在概念上的出版社、书店，也包含了早期以印刷图书为主的印刷所（局）或兼营出版、印刷、发行业务的同类机构。

在历经清朝、民国到新中国三个朝代从1906年到2010年这跨越一百多年的历史长河中，选取具有标志性年份的书业名录，涵盖近现代在上海产生、发展、消失的书店的绝大部分进行分析，也会令后人钦佩。

这一百多年，大致可划分为下列四个时段：

1910年之前、1911—1948年、1949—1977年、1978—2010年，以下分别叙述：

1．1911年之前：《1906年上海书业商会会员名录》

1905年12月成立的上海书业商会是代表铅印平装书为主的所谓新派书业商人利益的商会团体，与1905年年初成立的以出版雕版书、石印书、翻印古书为主的书坊同业组织——上海书业公所成为各有侧重、互有渗透的书业同业组织。比较而言，上海书业公所的会员企业历史更为悠久，从事的又是传统书坊经营。上海书业商会的会员企业存世时间不长，是伴随着铅印的成熟而诞生的，1906年上海书业商会只有22家会员，毕竟书业商会刚刚开始。

2．1911—1948年：《1911年上海书业名录》、《1917年上海书业同行一览表》、《1930年上海书业同业公会会员名录》、《1935年上海市书店调查》、《1939年上海书局调查》、《1942年上海特别市书业同业公会会员名录》、《1946年上海市书商业同业公会会员名录》、《1948年上海书商业同业公会名录》

虽然这些名录编制部门不同，但基本上反映了某个时段的书业单位的大体。

《1911年上海书业名录》、《1917年上海书业同行一览表》由上海书业公所、上海书业商会编制。上海书业公所、上海书业商会以及未经注册的新书业公会在1930年合并成立上海市书业同业公会，《1930年上海市书业同业公会会员名录》是该会成立之初的会员名录，1942年该公会改名为上海特别市书业同业公会，1946年更名为上海书商业同业公会，也算一脉相承（详见笔者所编：《上海书业同业公会史料与研究》，上海交通大学出版社2010年7月第一版；《民国书业经营规章》，上海书店出版社2006年8月第一版）。《1935年上海市书店调查》由上海市教育局第四科通俗教育股编辑，列入上海市社会调查之一，由上海市教育局第一科庶务股发行，属于政府职能部门的工作。《1939年上海书局调查》为许晚成所编《战后上海暨全国书局文具店调查录》的一部分。

1911—1949年年初，是辛亥革命开始到国民政府执政的一个完整阶段，若要细分，仍然可以分为1911—1927、1927—1937、1937—1945、1945—1949几个小时段，为了便于归类，本文将这个时段作为一个整体进行论述。

《1911年上海书业名录》收录了新旧书店（印局、印刷所、编辑所、书庄、书局、书社）150家，存档中只列出店名及所在地区，如棋盘街、三马路、昼锦里等。1911年虽为辛亥年，对于书业而言，似乎没有什么变化，一切都在按部就班地循序而进，只是等到1912年1月1日中华书局成立、出版"中华教科书"之初，书业才感受到了辛亥革命带来的改朝换代式的政治格局影响着教育的走势，一批新出版单位开始出现。

《1917年上海书业同行一览表》列出了123家书店，1917年与1911年的数据应该都是针对全行业的，但1917年比1911年书店总数减少了27家，主要是一些传统书店的收歇。据1911年的统计，这一年有20家书店歇业。一批印刷书局改名为书局，如中新印刷局、国光印刷局分别改为中新书局、国光书局，纯印刷局、印刷所也逐渐不在书业公所、书业商会会员范围。1911年与1917年相比有近60家会员是相同的（包括1910年统计时商务印书馆为一家，1917年统计时商务印书馆分为商务印书馆发行所、商务印书馆印刷所），也就是说，1917年的123家书店中有近60家是新设的，1911年存世的书店到了1917年则有近90家消失了。1917年123家中，以资本来源分：独资73家、合资33家、股份制16家，一家未标；以营业方式分：发行所43家、书庄30家、石印局25家、铅印局4家、印刷所4家、批发所1家、古书2家、书画碑帖1家、木板石印1家、木板石印印刷所1家、书帖庄1家、铅印社1家、石铅印刷公司1家、金石书画1家、杂志小说1家、小说1家、地图小说1家、新小说1家、善书经忏1家、未标2家。由此可见，1917年的书业以批发（发行所）零售（书庄）印刷为主体，而这时的单纯出版却不是主体，似乎还只是依附在发行所、书庄乃至印刷局上。发行所发什么？自己出的书；印刷局印什么？主要是自己出的书……

上海书业同业公会1930年有80家法人会员，总资本额984.16万元，平均每家资本额12.3万元。其中，200万以上2家（商务印书馆500万元、中华书局200万元）；10万元以上的8家（世界书局60万元、开明书店30万元、正中书局30万元、大东书局16万元、文明书局12万元、北新书局12万元、华通书局10万元、儿童书局10万元），3万元以上11家，1万元以上20家，1万元以下39家。

80家法人会员共有从业人员4146位，平均每家51.8位，有200位以上员工的6家（商务印书馆1353人、中华书局975人、正中书局400人、大东书局311人、世界书局300人、开明书店240人）。有49—199位员工的7家、有20—50位员工的12家、有9—19位员工的11家、有10位以下员工的44家。

1929年营业总金额排列居前的是商务印书馆556万元、中华书局367万元、世界书局222.7万元、大东书局102万元（开明书店、正中书局未标）。

1935年，上海市书店调查显示，上海共有各类书店261家，对247家标出经理年龄的书店统计，经理的平均年龄为38.6岁。其中，最小的是18岁，最大的是67岁；20岁以下3位、21—30岁50位、31—40岁107位、41—50岁51位、51—60岁30位、61岁以上6位。这个数据表明，当年上海书业经理中，43%年龄在31—40岁，31—50岁之间的年龄则占了总人数的63.9%。统计显示，在261位经理中有215位经理住址是在本馆（本店），占总数的82.3%；有7位未标明；只有39位住址不在本馆（本店）。也就是说，当年的书店经营者前店后宿、底楼营业楼上办公居住的现象十分普遍。这也说明，大多数的经理就是业主，住址与营业场所都是个人家产，而且是唯一家产。

1930年前后，上海本籍人口只占总人口的22%左右，1934年上海"华界"人口中，本籍人口占总数的25%，江苏省籍人口占39%，浙江省籍人口占19%，这个比例在公共租界也基本一样，广东、福建、安徽、河北、山东等省籍人口在上海也有一定的数量。

这种因为做生意、逃难、找同乡等从各地迁移到上海的人口与上海的经济发展、"十里洋场"密不可分。上海书业261位经理的籍贯来源与当时上海的人口籍贯分布基本上是一样的。江浙人共有173人，占总数的68%，上海人仅占14%（含现在郊区范围的籍贯）。详见下表：

江苏籍（89位）

无锡13	镇江12	江阴7	丹阳7	吴县6	苏州5	南京5
扬州5	南通4	江都4	海门2	盐城2	江苏2	武进2
如皋2	东台2	宜兴1	泰州1	高邮1	常州1	吴兴1
常熟1	泰县1	江宁1	靖江1			

浙江籍（84位）

绍兴17	宁波15	杭州9	镇海9	嘉兴5	浙江7	上虞4
嵊县4	余姚3	奉化2	嘉善2	桐乡1	海宁1	平阳1
金华1	铜乡1	慈溪1	淳安1			

上海籍（36位）

上海20	浦东5	嘉定3	崇明2	宝山2	松江1	川沙1
南汇1	金山1					

其他省籍（40位）

广东8	河北8	安徽8	湖北6	湖南3	天津2	江西2
福建2	河南1					

其他（12位）

外籍5	未标明7（含海苏）

细分的话，上海本地20位、绍兴17位、宁波15位、无锡13位、镇江12位。如果把店员一起算进去，比例也会差不多。毕竟人口的迁移呈现出一

人站稳引出一批，同乡、同学、亲戚、父子、兄弟同行、同业的情况十分普遍。就以张元济先生为例，据张树年先生回忆："（1914年）元旦一早有十来位族人来拜年，他们是季臣、季安两叔，震声、川如、爽秋诸堂兄。父亲大伯父的孙女贞姊亦同来。他们除贞姊外，都在商务印书馆工作。"（《我的父亲张元济》，东方出版中心1997年4月第一版）

《1939年上海书局调查》显示，总计有252家书店（包括一些书店的本埠分支机构），这次的统计加了电话项目，252家中有152家已安装了电话，占总数的60.3%，列出电话号码的包括：商务印书馆92310、中华书局91160、世界书局92290、大东书局96917、儿童书局91923、正中书局92040……

张元济先生家里电话是1915年装的，张树年先生曾回忆："迁到新居的第二年（1914年），公共租界电话公司派人来装电话。当时电话还是很新鲜的洋玩意儿，上海安装的人家并不多。电话装在父亲卧室墙上。这是一只淡咖啡色、高约一英尺的胶木盒，右侧是一个摇柄，上端有一个金属架，搁放听筒，盒前有两个铃，没有拨盘。打电话时，先将听筒取下，放在耳边，摇几下摇柄，很快就听到电话公司接线员的问话'接什么号？'于是告诉他要打的号码，等对方铃响，电话就通了。当时电话号码仅三位数，按公共租界中、东、南、西、北五个区划分。记得我家的号码是'西385'，河南路商务印书馆发行所的号码是'中555'。过了五六年，电话机改用拨盘式，号码增加到五位数，不再分区了。我家的电话是由商务印书馆装的，每月费用也由馆方支付，直到父亲1926年退休为止，以后的电话费全由我们自己负担。"（《我的父亲张元济》，东方出版中心1997年4月第一版）

1942年，日本侵华机构兴亚院操纵在上海成立上海书业联合会，由该会接收上海市书业同业公会，改名为上海特别市书业同业公会，该会会员却只有201家书店。

1946年，上海市书商业同业公会会员有273家，这时，出版业伴随着抗战胜利，开始呈现恢复、繁荣景象。

1948年，上海书商业同业公会会员有607家，当时上海行政区划为30个区，按照各区所在的书店数量统计，获得：

区别	数量	区别	数量
0	91	1	24
2	1	5	62

9	101	11	166
12	56	13	12
17	9	18	31
19	5	20	2
21	1	23	32
25	8	27	6

1937年的抗日战争爆发，上海的一些主要书店纷纷内迁香港、武汉、桂林、重庆等地从事出版，上海本地的中、大型书店只是留守或从事一些重印工作，小型书店歇业不少，也有一些汪伪背景、日本背景的书店在这个时间获得了畸形发展。1945年中国人民抗战胜利，商务、中华、开明等民营书店乃至正中书局、中国文化服务社等国民党背景和生活书店等共产党背景的书店迅速南下，使上海出版业再度兴旺。与此同时，上海的一些书店重新布局，向台湾派人送书开设分支机构，到了1949年年初，正中书局、中国文化服务社等随着国民党退溃台湾而将人员、物资、设备抢运到了台湾……

3．1949—1977年：《上海公私营图书出版业调查录》等

1949年5月27日上海解放，上海市军事管制委员会迅速对上海的12家书店、8家杂志社、9家印刷厂进行了全面接管，对4家书店进行了军管。什么叫"接管"，接管就是"将所有财产全部造清册移交，对所属人员量才录用"。

6月5日，随军南下的新华书店开始在接管的正中书局发行所、中国文化服务社开设了两家新华书店临时门市部（详见笔者《留在笔下的新华书店》，上海交通大学出版社2010年7月第一版），从此，上海书业的格局翻开了新的一页。

上海迅速成为华东新华书店总部，华东新华书店设编辑部、发行部、出版部，下辖上海分店等。1951年，新华书店华东总分店划分为新华书店华东总分店、华东人民出版社、新华印刷厂华东区管理处三家单位。在国营单位蓬勃发展的同时，一些私营单位则开始了转型，新旧政权的更替，人们阅读口味的改变，单位工会的发展和原有作者队伍、销售网络的更迭，致使经营维艰……

据1949年9月的统计，上海有13家书店在北京设有分店，其中有9家分店

设在琉璃厂经营新书，北京包括河北的业主则在上海汉口路附近经营着古旧书，以此成为上海、北京两地书业的一个有趣对照。1952年进行工商核准时，北京只有5家私营出版单位获准营业。

张元济先生1952年4月4日致信全国人大副委员长、全国政协副主席、商务印书馆董事陈叔通，写道："乃近据公司总处同人来言，公司最近财政已濒绝境。前与人民银行所订业务合同，本月二十一日届满。依合同贷款最高额为八十亿元。上年中国图书发行公司销货数量未能如预期所定，致目前尚欠人行四十八亿元。人行近曾派员来馆接洽，约于满期前本利清偿。公司于无可如何之中拟具处理办法，分为五项（详见附呈节略内），请求续订新约。按公司自发行部分划出以后，养命之源即惟中图是赖。据报本年春销发货远比上年为绌，故中图来款亦因而顿减。政府规定在'三反'、'五反'期内不得欠薪，不得停业。万一人行立时停止旧约，不允续订，则数百员工薪水及开门各件从何筹措？彼时情形何堪设想？逆料后半年市面必可恢复，中图营业必可从而扩充，但在此生命将绝之时，不能不急求一续命之汤。弟不忍此已有半世纪之文化机关堕于一旦，故敢违命续陈，谨将公司总处交来节略一份附呈台阅。上年与人行订立贷款合同系由出版总署胡愈之兄玉成。其事迫不获已，务求再商愈兄始终维护，转商人行，准将公司原订业务合同予以展期，俾得从容处理，换订新约，争取业务转机，藉免倾覆。迫切上陈，惟兄怜悯而拯救之。"（《张元济全集（第2卷）书信》，张元济著，商务印书馆2007年9月第一版）

中华书局1950年净亏二十八亿七千余万元，"如无海外资金挹注，已无法周转。主要原因为旧教科书可用者甚少，其他出版物可售者亦尤为减少，新书不及大量出版。而在读者心目中已成'旧书店'，威信降低，也影响销数。"（《中华书局大事纪要（1912—1954）》，钱炳寰主编，中华书局2002年5月第一版）

开明书店1950年2月请求与国家合营呈文中称："而以前营业数字，教科书占居半数，今后教科书既归政府编印，营业必将因之锐减，尤感无法维持。"（《开明书店纪事》，王知伊著，书海出版社1991年9月第一版）

世界书局工人曾给上级写信说："在上个月还能开动几部大机器的，在这个月没有开动过。天天只有零星印部四部小机器在印着杂件。有120人左右没有工作，坐吃等待拿工资。"（上海档案馆资料431—1—186A）

1950年5月8日，由驻大东书局军代表卢鸣谷签发给上海市军管会文管会的《大东书局情况汇报》称："（1950年）春季教科书的发行工作已届尾声，离秋季发行还有五个月，在这五个月中，收入方面只能靠为数极微的杂书销货了，如果秋季算术课本出版与发行也发生问题，将更无其他收入之门了。"大东书局经理室在情况汇报中更是表白："同人们，我们在这里并不是为公司诉苦，因为自从上海解放到现在，为时尚不到一年，时间很短，记忆尚新，公司在这短短一年中所经过的情况，大家都很清楚，我们公司是在这样的实际情况下面经过这一年的，今天公司用什么力量来应付当前的困难，公司今天已经库存如洗，并且在两个月之前还是负债的，常言道：'屋漏偏逢连夜雨'，这句话正为大东说了。"（《中华人民共和国出版史料（1950年）》，袁亮主编，中国书籍出版社1996年6月第一版）

抽走教科书，对于这些大型的私营出版业而言，可能是致命的。1949年7月，上海组建了以华东新华书店主体、由61个单位入股的上海联合出版社，成为以供应上海地区为主的中小学教科书出版发行专业单位。

1949年秋季共印刷从小学到高中的教科书20种、42册、932.8万本；1950年春季共印制从小学到大学在内的教科书24种、84册、1124.8万本。1950年秋季选定仍由各家出版社自行印制的教科书只有39种，包括商务7种、开明13种、新亚2种等等。1950年10月上海联合出版社正式改组为人民教育出版社上海办事处，从此中小学教科书实行了统一版本、划一售价的供应办法。

没有了教科书，私营出版业就只能靠诉苦、救济、输血，主动要求合并、歇业了。

政府开始对私营出版业进行社会主义改造，通过公私合营、联合经营，实行出版事业专业分工，进行核准营业的登记，淘汰了一批"皮包书店"，对私营批发书店进行出版、发行专业分工，把编辑出版部门和发行部门分开，建立联营书店、中国图书发行公司等；对私营零售书店采取私私联营、公私合营最终国营。

1949年上海公私营图书出版业共216家。1949年6月新华书店华东总店外版书进货单位有99家，其中8家为外地单位，6家单位无地址，其余85家均为上海出版单位。

1950年6月，上海出版单位名录显示：国营1家、一般公营3家、公私合营3家、私营138家。

1951年，35家书店联合成立童联书店，78家书店联合成立通联书店，115家书店联合成立连联书店，15家书店成立地图联合出版社，13家书店成立影印西书联合书店，15家书店联合成立中国科技图书联合发行所……

1951年，上海的公私合营图书出版业：公营12家、公私合营5家、私营305家。

1953年，上海有国营出版社6家，私营出版社中核准营业的有52家，未核准营业的有204家；国营书店2家。

1956年，上海有各类宗教出版机构14家。

1965年，上海出版单位有15家，书店只有上海新华书店、上海书店、外文书店三家在继续分分合合、下放、收回之中。

1966年"文革"开始，1971年上海有5家出版单位，主要的只有上海人民出版社一家了。

4．1978—2010年：《上海出版单位名录》等

1978年，上海迅速恢复或新建了多家出版社，总数达到10家，1980年有14家，1989年有36家，1996年有39家，1998年有40家。

1999年上海世纪出版集团成立，2004年上海文艺出版总社成立，上海出版单位的格局再次发生变化，加上出版物外延的扩大，从事音像、电子出版物的单位与图书出版社共同成为出版单位，使上海的出版单位有所增加，不过，图书出版单位变化仍然不大。

因为出版、发行分离，1950年新华书店华东总分店在上海门店有8家，1954年有23家，1959年有各类书店、书亭160家（个），1978年市区综合性门市有：大型1家、中型14家、小型20家、工人新村12家、专业门市部6家、书亭33个（内部书亭7个、部队2个、工厂6个、大专院校18个）、合作书亭14家，郊县门市41家、上海书店门市5家、外文书店门市7家……

由于1978—2010年刚刚在我们眼前消逝，因为有着较为详细的名录，而且书业的变化似乎也不大，这里就不再评说。详尽可以参阅《1949—2010年上海出版机构变迁录》（《上海书业名录（1906—2010）》，上海书店出版社2011年6月出版），这可能是一份较能说明问题的资料。

阅读和研究这百余年书业的名录，尤其是记录先辈们曾经有过的足

迹，哪怕只是留一个店名、记一个经理姓名或说一下员工籍贯，都是后辈可以做的事，也是一件有益有趣的事，或许还能体现近现代上海书业在整个中国书业发展中的地位和价值，对于延伸研究书业与教育、文化、政治、经济、社会的发展，应该也是一份难得的史料。

印刷是出版赚钱的始祖

日前与一位在印刷集团任职的领导相聚，集团有意以投资的方式向书刊出版业进军。出版与印刷、出版与发行原本就是一家，好比一个人每天吃早、中、晚三餐，都可以在家里进行，有时却被要求三顿饭要由不同的人在不同的地方做，于是，事情就复杂了。现在，烧中饭的人也想着学烧早饭，烧晚饭的大厨也盼着做早点。毕竟做早点的早已烧起晚饭了。不知我说的是否有理，这里我把早中晚三顿饭喻成了出版社、印刷厂和书店。

　　当初，商务印书馆就是从印刷起家的，中华书局、世界书局、大东书局都有自己的印刷厂，开明书店也有自己的关联厂家。历史的车轮转到现在，上海书刊印刷骨干企业还是商务印刷厂（商务印书馆）、中华印刷厂（中华书局）、新华印刷厂（世界书局）……这商务、中华、新华三家印刷厂尽管名称换了几次，设备添了不少，但是，谁能割裂它的历史呢？好像改革开放以前，上海人笑话外地人站在南京路国际饭店前数国际饭店的楼层，还没数完帽子就被风吹走了。可是，这笑话没说的是，上海人曾经以为骄傲的国际饭店原来也是1931年由捷克建筑师设计的。

　　原先，印刷与出版在上海的区分是不明显的。有的是先开厂再搞出版，有的先做出版再开厂。1897年成立的商务印书馆就是一家由夏瑞芳等四位印刷工合伙开设的印书馆（厂），从自己接印刷业务到找人翻书编书再印刷发行一路走过，等到以张元济为代表的编译力量进入后，出版才成为其中坚力量，印刷退而求其次了。可以说，没有当初的印刷就不会有后来蓬勃发展的商务印书馆。印刷在商务印书馆的前期是奠定基础，后来是降低成本、增加利润的基点。而像中华书局、世界书局等，虽然都是先有出版再开厂，但是，印刷厂所获的利润支撑了出版，尤其是中华印刷厂在孔祥熙董事的支持下通过印制钱币而使中华书局获得了稳步前进的机会。有的如永祥印书馆、文明书局、中国图书公司、汉文正楷书局都是以印刷起家兼而做出版的。一些教会背景的印刷机构对于教义的传播和印刷业的发展也起了促进作用。商务印书馆印刷厂1932年被毁于日军炮火，而且，王云五当家后对印刷的关注和投入似乎也不大，他的关注点是图书出版。等到抗战胜利，因为有着王云五的背景，商务印书馆印刷厂又有了发展。

　　中华书局印刷厂1936年从常德路迁至澳门路，日军占领时曾改名美商永宁公司，避开了日军的正面打击。

　　世界书局印刷厂1921年建立，抗战时遭日军占领，解放后与正中书局印刷厂等因官僚资本而被没收合并成为新华印刷厂。

大东书局对印刷的投入尤其明显，胶印、凹印和凸印三配套的印刷力量使大东书局印刷厂成为当年的上海印刷业的重要力量，它与其他大书局印刷厂一样，除了印刷图书外还承接证券、印花税票和邮票等。解放后，也因官僚资本而被改组。除1956年大部分职工和设备支内迁往广西外，后来的海峰印刷厂、群众印刷厂、日历印刷厂都有着大东印刷厂的背景。

开明书店没有自己的印刷厂，因为有一家美成印刷厂是专接开明印件的。大股东是章锡琛的小舅子吴仲盐，该厂抗战时期被日本人炸毁，之后开明的印件就散开了。

印刷作为一种产业，在上海的产业发展中有着重要的地位。商务、中华印刷厂的工人运动在上海工运史上也是名声显赫的。已故革命领袖陈云就在商务做学徒并参加多次工运。1927年上海工人第三次武装起义前夕组织的400人工人纠察队，其中绝大部分都是印刷工人，起义指挥者周恩来也常到商务印刷厂指导工作。

上海的印刷工人在与老板、日本人的斗争包括解放前夕护厂、保厂等方面都有上佳的表现。上海印刷业的发展因为有着先进的设备、充足的印件，再加上熟练工人的安逸生活，虽然劳资双方有矛盾，这种矛盾的发生也是由于印刷工人长期与文字打交道，普遍知书识礼，知道委屈与伸张的地方，而且，双方最终总能妥协、和解。

以商务为例，在一本纪念商务成立30周年的志略上介绍——

本公司印刷所职工，为数众多，而学徒亦不少。苟非学习有年，于工作不无耗损。公司有鉴于此，特设艺徒学校，招收高等小学毕业或曾在初级中学一二年者，授以公司有关系之工业智识，及必需之普通学科。日间在厂实习，每晚授课二小时。供给图书用品及膳宿外，再给津贴若干。三年为期，期满后授以相当之职务。

……

本公司上海总厂，现有男女职工三千一百余人，女职工五百余人，合各分馆分局计之，共有五千余人之多。平时视职务之难易，定薪之多寡。每逢星期及例假休息，不扣薪资。办事勤勉者，薪金按年递加，苟公司能获赢余，职无大小，一律派给红利。在公司任事已久者，年老不能工作者，有退俸金；因病出缺者，有赙恤金；因公毁伤身体或竟死亡者，并特别抚恤之。公司年提一万元，为薪水较小病假较久者补助之用。制作优良者，有奖励金。如有特别发明者，予以特别奖励。分馆经理成绩较优者，花红之外，亦有奖励金。对于女工，尤为优待。平时工作时间，少于男子，生产前后各休业一个月，除由公司给保产金十元外，其愿入公司指定医院者，费用由公司担任，不愿者，另给津贴五元。厂内特设哺儿室，派定看护妇司之，婴儿可由家属送来哺乳，每日二次。设疗病房，施医给药。春秋两季，施种牛痘，亦不收费。

工场注重卫生，空气光线，特别注意。夏则风扇，冬则热气管，亦甚周备。饮料尤清洁。有花园及俱乐部，可以游、息，有图书馆、阅报室、陈列室，可以披阅书报。

上海的出版业带动了印刷业的发展，一百余年的历史使得上海的印刷发展史就是一部中国印刷发展史，全国各地的印刷业有不少都是在抗日时期乃至新中国成立之后由于上海印刷业"支内"才成规模的。

据说，上海的一些印刷机械曾为欧美印刷史研究者带来了实证，因为人家早就被淘汰的古董设备我们还在使用。可惜，因为没钱更新而存在，存在着又烦其旧，在设备更新、厂际重组时丢弃或贱卖了不少旧设备，以现今的眼光看太可惜了。否则，筹建中的上海出版博物馆的藏品就更丰富了。

老板从"打工"开始

老板从"打工"开始。这句近年作为勉励青年奋发有志、创业进步的话在我翻阅上海现代书业发展史的过程中获得了佐证。

很难设想，假如没有1897年成立的商务印书馆这个书业的摇篮、可以称作"星星之火，可以燎原"的企业的培养，上海乃至中国现代书业的发展就可能不会如此辉煌，以至于因为它的存在而让后人感到丰碑在前、难以超越。

当年，夏瑞芳与鲍咸恩、鲍咸昌是从书馆、报馆的英文排字工的生涯中跳槽在家族中集资"自己干"的。

1912年元旦成立的中华书局有五位创办人，局长陆费逵、编辑长戴克敦、投资人沈继方都有在商务印书馆从业的经历，事务长陈寅则是文明书局的职员。其中，陆费逵1908年进入商务，离职前还是商务的出版部长。

大东书局1916年由常务董事吕子泉、常务董事王幼堂、董事兼经理沈骏声、王均卿合办，其中吕子泉在商务做过，王幼堂在中华书局干过，王均卿与沈知方合办过古书流通处，沈骏声是沈知方侄子，两人合办过进步书局。

1917年成立的世界书局由沈知方创办，其1900年入商务，1913年进中华曾任副局长，其间还自办或与人合办了不少书店。

1926年章锡琛、章锡珊兄弟开办开明书店，章氏兄弟两人也是从商务出来的。章锡琛1912年进商务，1926年因出版理念不同而被辞退。章锡珊1917年由大哥章锡琛介绍考入商务，后任商务沈阳分馆会计，1926年辞职与大哥一起创业。

……

写到这里，我们已经发现商务的人才输出够有成绩的了，中华、大东、世界、开明这四家与商务一起排名为中国现代五大书店的掌门人都是从商务离开的。作为中国书业的母体，商务的本事是当年既招用了这些人才，使自身的业务获得了发展，这些人才摆脱商务就能自身发展。当时中国的出版家，几乎全部都有从业的历史，当成熟而分立门户之日，便是一个新的出版机构诞生之时。商务既培养了竞争对手也促使自身有着参照对手而不断奋进，这大概就是商务等五大书店数十年发展的一个写照。

因为有了这个事实，我们是否可以据此推论，做出版开书店有着"打工"的经历和从业的背景更具存活率？这样的例子还有很多。办儿童书局的张一渠，开光华书局、现代书局、上海杂志公司的张静庐，办群众图书公司的方东亮都在泰东图书局工作过。大众书局樊剑刚、上海书局钱辅卿、正气书局陆宗植、广益书局刘季康都在世界书局做过。新亚书店的陈邦桢是从中华书局出来的。良友图书印刷公司创办人伍联德、中华舆地学社陈铎也有着商务的经历。

这种一脉相存的同事关系也使上海的书业在当时的起点较高，成长较快，往往一上手就能成为业务骨干、支撑企业的运作。而且，不少人还有着同乡关系。这种"老乡见老乡，两眼泪汪汪"的关系，为彼此的生存、发展提供了便利。据世界书局老人朱联保统计，90家新书店的创办人或经理人的籍贯中，浙江人40家；江苏人33家；河北人6家；广东人5家；福建人2家；江西、安徽、湖南、四川各1家。除了这种同乡关系外，还有亲友关系。如开明的章氏兄弟、中华的陆氏兄弟，商务的夏瑞芳、夏筱芳父子，大东的吕子泉、吕海珊父子乃至世界书局沈知方与中华的创办人之一沈继芳也可能是兄弟，沈知方的儿子沈志明开启明书店、侄子沈骏声是大东书局的创办人之一。同时，这种亲缘关系还伴随着祖先的书香气息一起张扬。如陆费逵的先祖陆费墀在清乾隆年间曾任《四库全书》总校官等达二十年；沈知方本人也是古籍版本的专家。张元济更是同辈人的骄傲，王云五的成绩也是有目共睹。

有时，也有一些政界、新闻界、教育界的人员被聘用转而成为书店的员工，他们往往是从事编译工作。

人员的流动，因为有着同事、同乡、亲戚、先祖等关系，使上海出版业从商务这个大船中走出了一批能人巧匠，为中国出版业的发展做出了贡献。

曾经发生的"书案"

揭人伤疤总不是件叫人痛快的事。不过，翻翻史书总能发现历史与现实的相似与相通，以下整理三则由书带出的案子，看看我的观点是否有理。

1930年，中华书局出版了一本《武昌革命真史》，计十五章、五十万言、一千多页，还有图片、墨迹等八十多幅，印成精装一册，平装三册。上市不久便被国民政府一个参事发现，进而认为此书抹杀武昌起义时其他团体而归功于作者曹亚伯参加的日知会，有欠公道，呈请国民党中央党部禁止发行该书。不久，中央党部命令中华书局缴出所有库存、销毁纸型图片，还派了一批警察当场把收缴得来的书用铡刀拦腰铡毁。

当时有一个说法，中华书局总经理陆费逵也曾是日知会成员，因此此书由中华出版也属情有可原。书中标着由中华书局"代发行"，显然"代发行"的法律责任就不直接了。后人回忆，也许陆费逵对内容会引起纠纷早有预感。不过，有史家认为，这本书却是很有价值的，如果现在有人收藏，身价应该不菲。

李小峰的北新书局如果没有鲁迅先生的照应，想来名气不会很大。这个话题我们留待以后再说。这里说的是北新书局在1932年出版了一本署名林兰编的民间故事《小猪八戒》（林兰系李小峰的笔名，他长于编写民间故事，尚有《徐文长的故事》等），书出版后立即被回族人士认为内有侮辱伊斯兰教的内容，成立了上海回教礼拜寺联合办事处聚众抗议、击毁店面，推派代表在上海请愿从严处理，并在南京游行到行政院向南京政府请愿要求销毁图书、处罚和关闭书局。行政院经过调查，最后责令销毁该书，停止北新书局继续营业。1932年11月10日上海《申报》刊出《北新书局李志云对全体回教诸君声明》，表示道歉。后来，北新就以青光书局名义出版了一些书，一年之后，北新才恢复出书。这件事在现今的一些回忆录中记载不多，我也是从朱联保先生的《近现代上海出版业印象记》中找出线索的。不过，同年11月3日，鲁迅先生在致函许寿裳时对此表示了看法："北新所出小册子，弟尚未见，要之此种无实之言，本不当宣传，既启回民之愤怒，又导汉人之轻薄，彼局有编辑四五人，而悠悠忽忽，漫不经心，视一切事如儿戏，其误一也。及被回人代表诘责，弟以为唯有直捷爽快，自认失察，焚弃存书，登报道歉耳。而彼局又延宕数日（有事置之不理，是北新老手段，弟前年之几与涉讼，即为此），迨遭重创，始于报上登载启事，其误二也。"这件事在李小峰的笔下述不多，李小峰1971年9月3日病逝，终年75岁。某次我在一家晚报作客，朋友指着一位走过的女士说她是我以前的同行李小峰的女儿，我很惊讶，一下子把这历史与现实扯近了。

1934年3月，中华书局出版了一本《闲话扬州》的小册子，作者易君左时任江苏教育厅编审主任。此书由扬州人的生活、扬州的风景和附录三部分组成，是介绍扬州风土人情的普及读物。但是，书中不时出现的一些说法激起了扬州人特别是妇女界的不满。

"一个上午，就只有皮包水；一个下午，就只有水包皮，这一天就完了！"（皮包水是指孵茶馆，水包皮是指呆在澡堂里——笔者注）。

"古人说的烟花三月下扬州，全国的妇女好像是由扬州包办，实质扬州的娼妓也未见得比旁的地方高明。"

"出姑娘的原因，就我的直觉所及，大约不外三种：一、经济的原因。即一般生活很苦，地低水患多，收入不饶。二、历史的原因。即由于一种习惯人情和风俗，浸至不以当娼妓为耻。三、地理的原因。即近水者多杨花水性。扬州杨柳特多，且完全水乡见不着山的影子，所以人性轻浮活动，女性尤然。"

"在街上很难遇着一个精神饱满的人。"

6月，扬州组织了"扬州各界追究《闲话扬州》书籍案联合会"，扬州八邑旅沪同乡会在报上刊登广告，江都妇女会更是向省法院起诉，控告易君左和发行人中华书局总经理陆费逵诽谤罪。法院曾两次开庭，经调解后由作者易君左登报公开道歉，赔偿名誉损失800元交由扬州用于公益事业，中华书局登报道歉销毁纸型、停止发行《闲话扬州》。不久，易君左"辞去现职，以明歉意"。

历史的经验值得注意，有句话说首都无小事、政治无小事。我想，出版大概也无小事吧！出了事，停止发行、销毁纸型、法庭诉讼、登报道歉、追查责任、停业整顿、撤职离任等也就是看着上了……

销售西文书的三家名店

以往买西文书（特指美英等国出品的英文书），通常有三个渠道。一个渠道包括英华书馆、广学会书店等，尤其是以南京东路近外滩的数家书店为一般读者人所看重，书源以进口为主，如1870年创办的别发印书馆、1890年创办的伊文思图书公司、1917年创办的中美图书公司，这几家书店有着良好的经营业绩和从业经验，都是在1949年以后才陆续歇业或合营；第二个渠道是诸如商务印书馆的西书柜，西书只占整个书店所售图书的一小部分，品种不多但引进的时间仍然比较及时；第三个渠道是被称为"冷摊"的书摊，如被施蛰存先生津津乐道的添福书庄，老板是个曾在外国兵舰上当过厨司的广东人，"他对于书不很懂得。所以他不会讨出很贵的价钱来。我的朋友戴望舒曾经从他那里以十元的代价买到一部三色插绘本魏尔仑诗集，皮装精印五巨册，实在是便宜的交易。"

无论整个店全是西书还是西书只是点缀或者是书摊，西书在上海的市场促成了这种态势的延续，从中也可见上海曾经的热闹。不过，随着1949年解放后俄语迅速替代英语在上海乃至全国的影响和读者群体的变化加上进口通路的阻碍，西文书在上海的市场渐渐失去，这些曾经有过的西文书店也就相继消失了。

不过，跨了三个世纪，解读数家西文书店，所存资料不多，但应该还是有益的。

我先从周越然先生在20世纪40年代发表的《申市过去的西书店摊》抄出几段：

发售西书资格最老的店铺，恐怕是别发洋行。洋末民初，他们还在外滩；他们的屋子很低，前面无楼。华人（尤其是学生）购书，不可进外滩的前门。华人购书，应入边弄，进后门，上小楼。我的那本高依氏《拉丁初步》，就在小楼上买的。小楼上所陈列的，都是教科书。

到了民国四五年的春季——那时我穿西装——我看见一个穿着中装肥胖华人大步走入别发的大门。我自言自语道："华人可以进大门么？他可以进去，我为什么不进去？让我跟他进去，看他们前门售的是什么？"我想了一想，决意进门，果然买到几本好书。只要你会讲英国语，他们待中国顾客并不十分苛刻。后来他们迁至南京路，我除了通信购货外，常常进去参观。他们那位"老太太"（售货员），最能与我表同情；我所要的新书，她总为我细找；我所要的古书，她总为我代定。

除了别发之外，恐怕要算伊文思书馆的资格最老。他们最初在北四川路，后来移至九江路，最后移至南京路。他们与别发不同，为美国几爿书坊的代理人，并且喜欢做中国人的生意。别发专销英国出版的书籍，几乎完全没有与中国人做交易的意思。我向伊文思购的西书，约在二千种以上；向别发购的至多三百种。

……

资格比较新的西书铺，是中美图书公司。最初到上海来的时候，他们的经理叫做桑格鲁，专以推销法律书为目的。后来改组，迁至南京路，不专推销法律书。但经理的人常常说"开销大，销路小！"不知是什么缘故。难道美国人不知推销术么？或者他们所经售的书，不及别发、伊文思呀？中美经售之书，以亚波尔登出版者为最多。

此外还有老资格的美华书馆、美生书馆。他们也推销过西书，不过早已停止了。真的，推销西书，还有商务的西书馆。

别发印书馆1870年在上海开设，被认为是英商在上海开设较早的印刷公司（印刷厂设在西康路400号），除了出版兼印刷外，为一般读书人所注意的是出售进口书籍和文具。

1885年别发印书馆在香港登记为股份有限公司，总公司设在新加坡，曾在上海四次增资。别发印书馆所在的别发大楼（南京东路66号）是1929年建成的，也称别发洋行，曾是上海最大的书店文具店。原址现为国旅商务楼，门面也改成了真丝大王销售店。

据说，这家以外国人为主要受众的书店也有一种很时尚的服务方式，就是每年在夏暑之际派人带书到莫干山、庐山、北戴河等避暑胜地设立临时分销处。同时期的中华书局也在庐山开设了季节性的支店。

抗战中，日军要求内山书店接管别发印书馆和中美图书公司。据《山内完造年谱》介绍，"由于不能拒绝，不得已只承担中美图书公司的管理工作，并决定把内山书店改成内山书店有限公司"。

别发印书馆1943年被日本人改为太平书局，抗战后恢复原名。1949年后由于营业衰落、货流不畅而难以为继，终于歇业。

南京东路220号曾是英商伊文思图书公司所在地。伊文思是传教士，1889年来华，1890年在四川路30号（海宁路口）创设伊文思图书公司，是一家经销欧美图书杂志的外文书店，1935年华商沈芝泉集资10万元盘进后改为股份公司，1937年从九江路200号迁入南京东路220号新址营业。1949年以后，以经营文具用品为主进而转营国产文具，1959年改称万国仪器文具用品商店，现在已专售男士精品了。

近日，我与朋友在南京东路闲走，指着上海体育用品总店向朋友介绍了曾经在那里经营过的中美图书公司，朋友很是惊讶，急切地要我描述当初的情景——

中美图书公司1917年由美国人创办，关于地址现在的说法都是南京路78号，后改为160号（这78号与160号只是门牌号的变化，地址未改），只是，我从《申报》上看见了中美图书公司1919年11月9日刊出的一则出售百科全书的广告，标着南京路25号。这是怎么回事说不准，是广告错了还是后人回忆出错？

该公司以经营欧美图书、杂志、教科书、参考书为主，也兼营些进口的文具用品。陈独秀先生1932年被捕在南京坐牢时，屡次写信给亚东图书馆的汪原放先生，托他到中美图书公司购英文书，在1933年10月15日的信中写道："亚东和有正书局以同业名义购书，如有折扣，望代买《汉晋西陲木简汇编》（珂罗版印）一册，托便人带来。（书重，邮寄太贵，不合算。）倘无折扣，则勿购。"仲翁先生真是内行。1941年太平洋战争爆发，日军进驻上海的公共租界，派出军人将该公司美国老板关押在集中营，指定内山完造的内山书店管理，中美图书公司也就改称内山书店南京路分店。内山书店的办公机构也从四川北路迁到了南京路，内山本人的办公场所也搬到了该分店（有关内山书店的情况笔者另有详文，这里不再展开）。据当事人回忆，当时除销售存货外，主要经营日本出版的图书期刊及部分日产文具。1945年抗战胜利，美国老板也从集中营出来收回了中美图书公司的财产和房屋，恢复从美国进口书刊，并成为美国一家著名医学出版社的远东总经销店，进货折扣优惠至六折。1947年，老板回国结婚，由东亚书局出资2万美元接盘以中美图书馆名义继续经营。

新老板夏乐天当时也极有作为，设置了一个英汉辞典编纂小组、增设进口钢笔专柜、投资股票买卖、从香港以私人名义带进西文书销售等，可惜，股票买卖失利、窃贼在一个夜深人静的晚上把进口钢笔全数搬走，从香港转口进货又遭封锁，如此等等，气数就差不多了。

1952年上海经营西书的中美图书公司、东华书局、外文书店、新中书店、洪盛书店、联营书店等组成西联书店，仅维系一年，1954年成为新华书店代销店，1956年结束营业，人员则被安排至新华书店、外文书店和上海图书发行公司。

从这个时候开始的数十年，要寻西文书只有外文书店了，1978年以后我在福州路310号原大东书局的楼上看见外文旧书门市部人还很多，现在则早已人去书散楼拆。

销售西文书，当年在其他地方也曾开过几家店，南京东路曾为冠龙照相馆的地方1906年开过一家普鲁华书店，我曾把这家书店内部陈设的一张老照片翻拍后收入《上海老书店》明信片，销出了2000多套，这张明信片包括本文也算是对这段百年前的历史有个照应，似乎记住历史，才能更好地发展。

我的描述，听得朋友都入神了，不知不觉就忘了吃晚饭，回到家我也就顺势把这篇文章整理完成了。

书与咖啡只是一种搭配

现在的书店，除了有书可卖还得可看、可坐。怎么坐，有人就沿袭了有咖啡供应的做法，说沿袭那是有根据的，不像现在的业者或媒体无知者无畏，做什么事都被称作是创新，譬如在书店里辟一块场地设立一个咖吧、茶座就是一种情调、一种氛围、一种创新。书与咖啡在书店里同步出现，也许只是搭配，是经营者获得名声、盈利的一种行为。于是，汉源书店因为有咖啡可饮而闻名、马可孛罗因为面包和咖啡而在上海的几家书店立足。这种混合经营，上海的样本来自台湾。台湾人现在走得更远，想着把书店里的咖啡场地变成能供应早餐、午餐、下午茶、晚餐、宵夜的咖啡茶饮，当然，这里可以看书、可以歇脚。

书店以这样的理念一业为主、兼营其他，得益的当然还是读者。不过，书与咖啡的结合，并不是近年才有的事，以上海为例，至少在80多年前就有了。

1930年2月21日，周全平、谢澹如在西门书店（上海老西门中华路1420号）的楼上附设了咖啡座。当事人回忆，这个咖啡座只是在开书店的同时增加一些事做做，还可以让同道有个座谈聊天的地方。

这个咖啡座的"火车座"是从张资平在四川北路已经关闭的一个文艺茶座中借来的。作为作家的张资平现在名声不响，虽然与胡兰成有相同的汉奸前科，但没有胡兰成出名，胡兰成有张爱玲护着。其实，张资平是个写了中国现代第一部长篇小说，长篇小说的数量在中国现代作家中也名列第一的人物。他曾开过乐群书店，办过杂志。1959年病死在安徽劳改农场。

西门书店还从东北一家书店的主人那里获得了十多幅俄罗斯文学家的肖像悬挂在咖啡座的墙上，这些肖像是从俄国书店选购、在东北用白木头的镜框制成的。这种艺术品就是以今天的眼光看，还是显得高雅、考究。而且，咖啡座还装了"西门咖啡"四字的霓虹灯招牌。

在这个当时还是比较繁华的区域开设了这么一家咖啡座，够气魄的了。司炉是店主周全平的夫人，她能操国语，又会烹煮咖啡。当时的价格是牛奶、咖啡、可可，收费一角；茶类五分，点心二分半，一元钱可买五分券二十四张随意使用。曾有广告说，这里是文艺的、大众的、十字街头的象牙塔。

西门书店1929年10月开设，是一家进步书店，与"左联"有关系，曾编印《出版月刊》，内有新书推荐、批评讨论、文坛消息、分类书目等，1930年夏天被当局注意而歇业。之后，谢澹如独自在西门书店附近开设公道书店多年。由此而言，这家由书店而开设的咖啡座存在的时间仅仅只有半年左右。真乃动荡的社会为有志者创造了挑战的机会，同样，当时的社会其实也难容书与咖啡的结合。单纯的书店与单纯的咖啡店开开关关都不成问题，只是周全平等把两者结合起来了，又因为本身是社会的异化者，所以其命运也就多变。

周全平、谢澹如现在早已为世人淡忘。其实，他俩都是有故事的人。据《上海出版志》等介绍，周全平曾创立创造社出版部，1926年从上海去东北表伯父处经营垦荒。1929年秋带一笔钱回上海。可能咖啡座墙上的镜框也是在当时带回的。创造社被查封后，他在1929年开设西门书店，1930年参加"左联"，1931年代表"左联"参加中国革命互济会工作，却因所管理的经费失窃，逃离上海，被"左联"除名，从此离开文艺界。解放后受潘汉年冤案株连，平反后于1983年2月3日在新疆逝世。

谢澹如因为掩护瞿秋白、杨之华在自己的寓所居住达两年之久，矢志保存瞿秋白、方志敏烈士的手稿，资助出版《鲁迅风》刊物，保存《独秀文存二集》、《瞿秋白论文集》以及鲁迅手迹等，这些被后来广泛称颂的事只要办成一件就了不起了，更何况都集中在他身上。比较而言，他的晚境还可以。解放后，谢澹如将这些保存的物品都捐献给了政府，先后任华东文化部研究室副主任、上海鲁迅纪念馆副馆长等，1962年9月26日在上海逝世。

……

现在，咖啡伴书演变成了一种小资式的情调，社会的平稳和发展，从这个视角也是一个佐证。

红白相间的作家书屋

曾经是文学青年、诗人、作家而且开过一家作家书屋的姚蓬子原本也就像其他书业从业人员一样，书屋公私合营后找个闲职、吃点定息、住着过去用金条顶来的洋房度完余生。可是，姚蓬子不会这样，虽然在过去的岁月中曾有"污点"。因为他有个叫姚文元的儿子，于是，在1966年，姚蓬子的生活又不平静了。类似改变命运的经历在他身上至少还有一次，而且，从此改变了姚蓬子的人生轨迹。

1933年12月，时任中共特科"河北交通"的姚蓬子因为叛徒的出卖，与潘漠华、洪灵菲一起被捕。1934年5月14日的《中央日报》刊出了《姚蓬子脱离共党宣言》，内称："现在是我结束过去的生活，开始未来新生的时候。""因此在忏悔过去的错误之余，我完全放弃过去的政治立场，脱离中国共产党，自后决定站在三民主义的旗帜之下，为复兴民族文化，尽我个人的力量，并将此种微意，敬献于青年的朋友之前。"

姚蓬子的这个"宣言"，终究被他自己背在身上，当时才27岁的他，1969年64岁因肺癌在上海去世。

1924年，姚蓬子这位18岁就读北大的青年在料理完母亲的丧事后从家乡诸暨到了上海，在同乡的介绍下到了张静庐等创办的光华书局做编辑，业余写写诗。1925年，姚蓬子在李志云创办的北新书局碰到了一次机会，北新准备出版一套"欧美名家小说丛刊"，姚蓬子自荐能翻译法国作家果尔蒙的《处女的心》，李志云同意出版。1927年，一本《处女的心》打开了姚蓬子的作家、译家的窗户。因为潘汉年、周全平、叶灵凤的《幻洲》在光华书局印行，使姚蓬子结识了潘汉年，潘介绍姚蓬子在1927年加入了中国共产党。接下去的故事就顺畅多了。1920年姚蓬子出版诗集《银铃》，1930年参加"左联"成立大会，并被推为执委兼总务部部长。1930年翻译果尔蒙的《妇人之梦》出版，1931年又推出《俄国短篇小说集》。1931年协助丁玲编《北斗》，《北斗》办了不到一年停刊后主编《文学月报》，1931年潘汉年从上海"失踪"从事地下工作，1932年潘汉年调姚蓬子到中央特科工作……

"自由"后的姚蓬子先后在几家报纸编副刊，从芜湖到南京到重庆。1942年，靠着中统头目徐恩曾资助的二十三万元，姚蓬子开了一家后来名声不小的作家书屋。

有一个说法，说的是徐恩曾给姚的钱是假钞。当年，中央银行的钞票是上海中华书局印刷的，在日军攻占上海的时候，这批从上海运往香港的铜版落入了日军之手，被日本人大量印刷，徐从日本人手中获得了这批假钞。

姚蓬子本身就是从"四马路"走出来的，开了作家书屋，自然如鱼得水。出版了郭沫若、茅盾、老舍、冯雪峰、胡风等人的著作。1944年5月3日重庆文化界集会发表《重庆文化界为言论出版自由呈中国国民党五届十二中全会请愿书》，签名的有郭沫若、老舍、茅盾、胡风、夏衍等，姚蓬子也在。姚担任过国民党中央文化运动委员会委员，成为中央图书杂志审查委员会委员。

1945年年底，从重庆复员到了上海，姚蓬子把作家书屋开到了现在的延安中路610号（近石门路），靠着徐恩曾的关系，姚蓬子获得了一批平价纸，并迅速将从重庆带回的纸型重印出书，使之成了在上海很引人注目的一家新式书店。而且，姚还纸张、黄金、公债、股票样样都投，不久，就从书屋二楼搬出，住进了静安寺附近用金条顶进的一幢三层洋房，这在同业者中是少见的。1955年，作家书屋并入新知识出版社，姚蓬子做了自由人，没进出版社，其妻在出版社做了一年资料员也辞职回家了。

靠着定息、利息，加上在上海师大的兼课，姚蓬子的日子好过了一阵。后来，被认为是胡风、潘汉年分子而押解北京，结果查出了历史上的叛变问题，因为是历史问题，而且是没有单位的自由人，使之避免了一些皮肉之苦。之后的日子在家里帮了儿子姚文元不少忙，为其查找、提供资料。如果不是"文革"，姚蓬子也如此这般地生存下去了。偶尔，回忆回忆与鲁迅、冯雪峰、丁玲、胡风、潘汉年、老舍等的交往。而且，姚蓬子在姚文元1岁时父子曾拜访过鲁迅，鲁迅以诗相赠，1946年重印《鲁迅全集》二十卷，这多少是件可以挂在嘴上的事。当然，在当时要因时而忆，如果成文应该会成为一种史料丰富的回忆录。

"文革"出了姚文元，也给姚蓬子提供了舞台，他也在上海师大成立了造反组织，也被抄家……看着儿子的步步升迁，自己则逐渐步入了人生的终点。

1986年，姚蓬子的妻子周修文提出继承姚蓬子遗产，在秦城监狱的姚文元对此提出了三点意见：

一、在"文革"的历史条件下，父亲上交定息是对的。现在母亲和妹妹对父亲的遗产提出继承要求，请依照继承法给予满足。

二、我个人对父亲遗产没有想过继承问题。对于母亲，我长期未尽赡养义务。

三、我接受父亲遗产中属于我的部分。在我服刑期间，我应继承的份额由妻子代管，作为家属去探望的费用、妻子治病和子女学习的费用。

随着遗产归还，姚蓬子生前身后诸事，大致就结束了。现在，人们偶尔还会记着作家书屋，同辈人在不多的修订版回忆录中偶尔还会提及，毕竟它的故事在中国的出版史上有其特点，那就是姚的既"红"又"黑"的人生经历，因为这种经历，也使这家书屋成立、发展乃至终结。

一折八扣书的招式

友人问我，新搬的小区内常有人在推销精装豪华本图书，叫卖价只是标价的二折或三折，这种书是否可信？

我的回答是这样的，通常八本十本一套的豪华本图书只要自己喜欢，有堆放的空地和有闲的钱，选择一两种没什么问题，因为从盗版的成本而言，盗版这类书显得不太务实。据说，这类书都是计划外加印的，成本只是纸张、油墨和少量的印工而已，通常在定价的一折以下。况且比积压在手上、堆在仓库里，这样的降低也是有价值的。不过，由市上的这类事例使我记起昔日上海滩也有过一折八扣书的风波，说来也是出版史上的一个经典呢。

所谓的一折八扣书，是指定价一元，一折成为一角，再加八扣，八分钱就能买一本书。或者以业内的话说，定价一元，门售一角，批发八分。这是20世纪30年代先由在福州路272弄4号营业的新文化书店首创的。该店老板樊春霖把《水浒传》、《红楼梦》、《三国演义》等旧小说加以标点铅印，以标点书为号召，挤走了在河南路、福州路经营的广益书店老板魏炳荣等的石印本销路，广益靠着以前石印本畅销的资本也出标点铅印本，与新文化书店叫板。于是，照定价三折跌到两折甚至一折半等，相持不下。不过，彼此都赚了不少钱。传说，樊春霖一年内就赚了二十万元，成了富翁。当时加拿大报纸以每令三元的价格在中国倾销。用这种纸印刷，不要付稿费，也无版权之说。

新文化与广益两家书店的老板白天大打折扣战，晚上却常在杏花楼、大西洋等菜馆聚餐。杏花楼还在，大西洋关掉了，很多年前我见过大西洋，已破落，杏花楼有着月饼的支撑，门面常有翻新，日子也很好过。想像不出这对怨家相聚喝酒吃饭有何滋味？不过，也许这也是现在的人所缺乏的职场心胸。

真正的一折八扣书，还是当时的中央书店（福州路326弄6号）经理平襟亚掀起的。此公于1980年去世，在1966年1月回忆了这段经历：

某一天我向他们二人建议说："你们出版的标点书越出越多了，何不改进一下，在读者群众之间留下个好的印象。现在风行一时的廉价书，对于减轻读者负担这一点，的确是做到了，但是，效果怎样呢？"魏炳荣素来胸有城府，当时听了不表示什么意见，樊春霖心直口快，忍不住道："老平，我到要听听你的高见，缺点是难免的，你说怎样改善呢？"我直截了当地说："首先必须明确这批书的读者对象，然后可以着手改革，你们这批书与亚东出版的小说，读者对象完全不同。亚东出版的由胡适作了篇很长的序文，并加以考证，读者受其吸引，不惜代价，买来作为研究的，所以读者大都是文艺工作者和一批中学学生。你们出的是普通一般版本，由于价廉，为小市民群众们买来阅读，借此消闲遣闷的。所以读者对象根本不同，那就应当针对着你们的对象加以改善。"樊说："你这个医生的脉案是对的，还得听听你怎样用药呢？"我回答他说："可是你要问改善的方案？那就非得有改革精神，把出版物彻头彻尾的大改革一番不行。第一、全部删除标点符号，不分段落，不另行排列，只须断句加点，还它传统小说的本来面貌。第二、书中首附每回插图，封面改用彩色图画。第三、精校，减少错字。第四、全部用仿宋体五号字排印，那就面目一新了。"樊笑道："如此脱胎换骨地改造，好是好的，不过我们的家产完了。告诉你老兄吧，我们做了这几年生意，连一副纸型都没有赚出来咧。要把它丢掉，重排重印，等于另起炉灶，怎么办呢？一副纸型平均作它四百元，四百种书就得十六万元，这是个很大的数字，而且重排四百种书，非两三个年头不行，这一改革，今生怕办不到，只好待至来世吧。"那时魏炳荣也插嘴说道："老平，你要知晓，我们都是已成之局，譬如建造一宅七层楼公寓洋房，已经落成，我们动工的时候把方向弄错了，朝对北方，冬天冷，夏天热，自知不适宜，但是虽有大力搬不过来的，除非另有人造一宅南向的大厦在我屋对面。老兄如有改革精神，急起直追，请来革我们的命吧。"话说到这里，彼此都有些面红颈赤。

平襟亚继续写到，当时世界书局的沈知方也在，而且酒喝醉了，由我伴同他回家。他留住我坐谈片刻，兴冲冲地说："刚才你对标点书的看法有道理，你的方案真是对症下药，但是他们两家已积重难返，谁都没有大牺牲的勇气。我却有个打算，由你来革他们的命。"这个沈知方哪里醉过？沈说："书业中谁都知晓你是我的助手，你取得了胜利，也就是我的胜利，让他们认识到强将手下无弱兵，你当头阵，我在后方全力支援你就是。"

沈知方分析："书业的经营方式向来有两种：一种属于保守的，只图厚利，例如印一千本书，造本只有六百元，他竟要卖两块钱一本，只要销去三百本，已捞回成本，留下七百本，便是滞销，也不在乎。这叫做'两死主义'，买主上门来，买主该死；买主不上门来，老板该死。另一种方式是'薄利多卖主义'，只消从一本书上赚五分钱，销去一万本，就赚了五百元。这就是他们标点书的经营方式。你跟着走，万无一失。也许他们还要跌价，因为照目前的售价，利益尚厚，例如一部《水浒》卅二开本约计四百页，只消十三张白报纸，每一令五百张计三元，六分钱十张，仅仅七分八厘，算它八分，加上浇印、钉工、封面，算也是八分，合计每部成本只消一角六分。他们定价二元四角，二折计算，四角八分，除掉造本一角六分，尚有利润三角二分，超过造本一倍，怎好说是薄利呢？资金不妨取诸于外埠同业，号召他们预约定货，先付十分之五，到交货时付讫，这个办法亦行得通的。你只要看商务与中华，他们正在出版大部头旧书《四部丛刊》、《四部备要》，定价几百元一部，何尝自己动用资金，还不是借买主的钱在造货，你取法于他们就是。"

到底是书业高手，这般细说，把沈知方高人一筹的本事显现出来了。

1936年，平襟亚的中央书店开始行动了。先印《三国演义》，用仿宋体五号排，只用断句，不分段落，附加插图，人物绣像，请画家重绘彩色封面。印了书目和广告各一页，说明先印一百种通俗小说畅销书，在三个月内出齐。书的定价都与新文化等书店相同，凡预约定印者作为基本户，依照各书价一折计算，定印时先付七成，余待出书时全数付清，各书随出随寄，以资周转。非预约户，批价二折，出书时先尽预约邮寄，得享优先的权利。当时把样本分寄给外地各同业，约有七百多家。各地同业争先恐后大量向中央书店预约定印。之后，还规定印满一千部者，可印上他们的店名牌号，于是更受欢迎，各地汇款纷纷而来，订单数额每种总有一千二千部。一个月内汇款总数就在十万元以上，用这笔钱作流动资金，半年内出版了三百多种。

新文化书社和广益书局营业大受影响，在跌价至一折八扣不见效果后，也依照中央书店的式样重排上市。当时，林语堂把袁中郎的诗文集以时代图书公司的名义分册出版发行，全集分装五册，每月出版一册，每册实价一元，必须预付。周越然有次对平襟亚说："袁中郎的诗文集名为《瓶花斋集》，虽然是明朝版本，本人曾收藏一部，我借给你付印出版，以廉价出售，打击他一下。"平襟亚把书拆成散页，将透明纸夹了排铅字，使原书不致污损。分订五册，实价一元。比买林语堂的书省四元，而且早了四个月一次可以读毕。林就此出不下去了。中央版此书两次重印，销出一万五千部，盈余三千元以上。

就在一折八扣书风行之时，1937年发生了一件意想不到的事。有个读者买了一部《王安石全集》，四本书一纸匣，只花了四毛钱，他拿去责问某大书局："你们出版的同样这部书，为什么要卖二元四角？"店员一时回答不上，只道："我们是用瑞典报纸印的，这一部是用日本报纸印的，日本报纸含有毒素，看了要传染毒素，不合卫生。"这种说法被同业广泛散布，中央书店、新文化书店等赶紧联合刊登辟谣声明，并以纸张来源的发票制锌版附刊在声明广告内作证明，以及由医生作证，号召大家放心购读。由此，书更好卖，仿效者更多，从一折八扣降到了一折五扣，粗制滥造、错误百出，再加上抗日战争时期白报纸来源断绝，廉价书也就若釜底抽薪般消失了。

鲁迅因《译文》而抑郁

几年前读周海婴《鲁迅与我七十年》，吸引我并使我难以释怀的是书中写的鲁迅与生活书店的关系。鲁迅是我敬佩的，生活书店也是楷模，两者之间竟然会出现问题？之前读的很多史料都未曾说起。而且，四十万言的《生活书店史稿》也无一字提及。但是，我相信鲁迅与生活书店曾经出现过什么事，以我对周海婴文章的感觉。

　　周海婴在书中介绍了鲁迅逝世后，许广平坚守上海的经历以及1940年以"鲁迅全集出版社"名义出版发行鲁迅著作的情况，其中写道：

　　至于此中遇到的种种纠葛和不愉快，直到多年后母亲回忆起来，仍不免感慨系之，心潮难平。比如著名的生活书店，他们以前出版父亲的著作，却从未认真结算过版税，而负责人章宗麟竟在《上海周报》上著文说，他们印了多少书，付了多少版税给许某人。这使母亲看了不由怒火中烧。须知，对她来说，有没有付过款倒还在其次，却会引起北平方面的误会。如朱安女士，她会认为母亲在向她故意哭穷而克扣她的生活费，如果周作人再乘机插上一杠子，搞点什么名堂，岂不会造成分解不清的纠纷？母亲为此当即写文章予以辩驳，却被主编章宗麟扣下不予发表。因此，后来当胡绳先生代表生活书店来商借《鲁迅全集》的纸型，应允每印一套给一元钱，母亲因余气未消而不予答应，连朋友也得罪了。

　　其实，鲁迅与生活书店的矛盾与合作时间都很长，交恶则在1935年，只是周海婴没写进书中，其他当事人也未曾披露罢了。

　　也许以下的说法是比较客观的：

　　1935年8月，邹韬奋从欧洲回到上海，见经理徐伯昕身患肺病就请其夫人陪同，"押送"莫干山疗养院疗养。离职期间，经理职务由毕云程代行。之前，徐伯昕曾与《译文》主编黄源签订了第二年出版《译文》的合同，徐还允诺出版译文丛书。《译文》是由鲁迅、沈雁冰、黎烈文一起发起的，由生活书店出版，沈雁冰推荐黄源做执行编辑，并与徐伯昕商定由黄源作编辑人。当黄源知道徐伯昕外出休养后写了信并当面交给韬奋，说明由鲁迅主持的译文丛书正在编辑之中，徐伯昕是同意出版的。韬奋先是表示，这事还需商量一下才能定下来。请黄源明天再去。次日，韬奋明确回答不准备出版了。

　　现在已很难剖析当时韬奋拒绝出版译文丛书的理由。应该说，他从黄源的信和交流中应该知道徐伯昕是口头允诺的（当然，通讯不便，难以在一个晚上予以证实），也应该知道这套书是鲁迅主持的。不过，毕云程已与郑振铎签订了出版"世界文库"，这是同类书，也许是一个原因。

这还只是开头。《鲁迅日记》及注释部分提供了下列过程：

经鲁迅同意黄源与吴朗西、巴金等进行了联系，9月15日晚，在南京饭店鲁迅与吴朗西、巴金等商定，这套书由文化生活出版社出版。

17日，鲁迅接受生活书店邀请到新亚饭店聚餐。生活书店新任经理毕云程提出撤换黄源《译文》编辑的职务被鲁迅拒绝，不欢而散。

18日，鲁迅与沈雁冰、黎烈文、黄源商量《译文》的事，鲁迅认为生活书店如续出《译文》，合同应与黄源签订。沈、黎均同意并商定由沈雁冰通知生活书店。

22日，沈雁冰告诉鲁迅，郑振铎向生活书店提议，《译文》合同由黄源签字，但原稿需经鲁迅过目并签名，鲁迅表示不同意。

24日，黎烈文和沈雁冰告诉鲁迅，生活书店未接受郑振铎的提议，表示情愿停刊，允将已排出的稿件汇齐出一终刊号。

其间的有些事情未见诸《鲁迅日记》，如9月19日胡愈之找黄源，要黄源告诉鲁迅，《译文》合同要由鲁迅签名。21日，黄源去了鲁迅家，鲁迅听闻后更加气愤……

鲁迅对此表示了极大的愤慨，在给曹靖华的信中说："生活书店貌作左倾，一面压迫我辈，故我退开。"给孟十还的信中写道："人竟有这么狭小的，那简直无话可说。"

之后，《译文》转到了张静庐的上海杂志公司出版。

数月后，胡愈之从香港返回上海约见了鲁迅。鲁迅逝世后，胡是鲁迅治丧委员会委员，曾促成了《鲁迅全集》的出版；韬奋在鲁迅灵柩落葬时发表了演讲。1938年之后，韬奋在武汉专门探望了黄源并表示道歉。黄源在新四军中任职期间也主动探视在苏北考察的韬奋……

这件因《译文》及译文丛书而使韬奋与鲁迅乃至胡愈之、黄源等产生的矛盾，现在看来，实在是事出有因、各有己见，生活书店理亏些。

为这事翻了《鲁迅日记》，也翻了《生活书店史稿》等，就是翻读1978年香港三联书店出版的《生活·读书·新知三联书店成立三十周年纪念集》中黄源《鲁迅与生活书店》，也未谈及此事。这本书还给我开了个玩笑。我藏有此书，那天获知黄源有这样的文字发表，兴奋地找书翻检，却发现此书从161—192页是缺页，而黄源的文章正好是从163—169页，这真是"吃素碰到月大"，读书数十年，从未碰到过这样的巧事。现在的这本书是向时任韬奋纪念馆馆长雷群明借阅的，他不知道我在关注这件事，而且这件事也许有损韬奋的形象，如是，只能向雷馆长赔礼了。

许广平女士1966年5月曾写了《左联时期有关三十年代后回忆资料》一文，把《译文》之事写成是打击、扼杀鲁迅的手段：

1934—1935年间，鲁迅主持《译文》杂志的出版。大约负责编辑了两三期之后，受到了广大青年读者的欢迎，销路上升。鲁迅扶持了黄源之后，便放手让黄源主持编辑，自己从旁协助。这是鲁迅一贯辅助青年作家的态度。不久便听到生活书店拟停止《译文》的出版，理由是改出另一种刊物。

某一日，鲁迅被召至一旅馆开会。回来心情极为气愤，对我说："那里几个人在一起，简直对我是'吃讲茶'的态度。"听鲁迅说几个人其中有胡愈之，又闻当时生活书店的主持者是毕云程。

又有一天，茅盾（沈雁冰）来家里和鲁迅谈《译文》之事，记得很清楚鲁迅是用尖锐的口吻说话，而茅盾是用辩护解释口气，最后不欢而散。这种面对面针锋相对的情景，我从未见到鲁迅有过，这态度令人惊异。谈话后，鲁迅问我："我这样谈怎么样？"我表示同意。可惜现在已不复记忆那次谈话的内容。我怀疑扼杀《译文》是给鲁迅打击，背后有人表面说黄源的资格不够，而实质上的用心是扼杀鲁迅出版此书。

最后《译文》终于停止出版了，鲁迅为了抗议，要求在这一期上刊出"终刊号"。以告读者。不久，因该刊得到广大的读者爱护，鲁迅又冲破困难多方设法，在另一家书店重新出版，在杂志的封面上写明了"复刊号"以对终刊的回击。这件事的过程对鲁迅的影响颇大。心情十分愤慨，使他悒郁于怀，实受不小的打击。

至于周海婴的文字，我想，可能已与韬奋、徐伯昕等无关了。许广平不答应胡绳为生活书店说情，自然与章宗麟有关。

我实在不明白，生活书店的同仁为什么不把这件事说清楚呢？尤其是现在。

大陆出版业在台湾开店创业之行

中国当代出版发展史总不该少了台湾部分。尽管早几年辛广伟先生已有《台湾出版史》问世，也有郭太凤先生《王云五评传》等作品出版，但要梳理的内容还有很多又难以详尽，尤其是1949年前后两岸出版的互动或者就是1945年台湾光复后以上海为主体的出版机构在台湾设立分支机构、1949年部分出版机构的两岸分拆，或重起炉灶乃至之后的数十年中这些老牌出版机构的生存状态一直少人关注，也难以关注。我对这个话题关心多时，曾到访台湾寻找历史的遗痕和今天的架构，也曾广泛收集资料和访谈，但都有不尽如人意之处。毕竟，当初创业的人几乎都已仙逝，晚一辈的也都七老八十，从大陆赴台的业者更有一些早已远居美国，使历史的复原显得不太容易。

上海是中国现代出版业的发源地和中心，以星星之火之势燎原大地。台湾当代出版业也是因为有着从上海出发的商务、中华、世界、开明、正中等书店的推广、培育而发展至今。

日据时期，日本人主持的供应台湾中小学教材和参考读物的台湾书籍株式会社设在台北重庆南路，以此开始了重庆南路成为"书店街"的历史。

1945年8月15日，日本投降，被日本侵占达50年之久的台湾回到祖国怀抱。1945年8月29日，国民政府任命陈仪为台湾行政长官。

1945年12月10日，台湾光复后的第一家出版社——东方出版社在接收了位于重庆南路的日本新高堂书店基础上成立。

1946年，台湾省教育厅接收台湾书籍株式会社，改名台湾书店。

同时，大陆的儿童书局、中华书局、商务印书馆、世界书局、启明书局、正中书局等相继在台北以分（支）馆形式在重庆南路及周边区域登陆，迅速把大陆出版物向台湾民众展示。

国民政府迁台后，采取了一系列革新措施，针对出版业而言，"行政院"1949年颁发了大陆工商企业总机构在台原设分支机构管理办法，规定在台分支机构应改为独立机构报"政府"核准，并与大陆原总机构断绝关系。由此，商务印书馆台湾分馆就改为台湾商务印书馆股份有限公司，其他如中华、开明等也依此执行。"行政院"1964年又公布了在台公司股东股权行使条例，规定原经报批核准的独立公司，应在一个月内召集股东会，建立董事会，完善现代企业制度。

20世纪60年代，台湾商务印书馆、台湾中华书局、世界书局三家民营出版机构与党营的正中书局成为台湾出版"四大"……

这些带着大陆出版印痕的老书店，在台湾路途中走的怎样，请由我逐一介绍：

儿童书局

儿童书局1930年2月由余姚人张一渠（笔名徐晋）在上海集资创办。之前，张一渠在1929年受聘泰东图书局任经理，获得了不少书店经营的经验。1931年儿童书局改组为股份有限公司，由石芝坤任董事长，张一渠任经理。1932年从浙江路同春坊经广东路迁至福州路424号，1935年增资后由潘公展任董事长。

儿童书局以推进儿童教育为主旨，注重儿童的阅读能力和适应性，陈鹤琴、陶行知、周作人、丰子恺、楼适夷等都是支持者，陈伯吹曾任编辑部主任、主编四种儿童刊物。

儿童书局在1944年再次扩股，黄仲明任董事长、张一渠为总经理，延聘庞来青任经理（黄原在商务印书馆工作三十多年，曾任襄理、协理，1950年创办上海连联书店时任董事长，1958年组建朵云轩，1959年病逝。庞由黄推荐，系地下党员，上海解放后参加军管会接管工作）。1945年，潘公展复任董事长（潘曾任上海市教育局长兼社会局长，独立出版社经理，《中央日报》总主笔，中央图书杂志审查委员会主任委员、《申报》馆董事长兼社长，1975年病故于美国），儿童书局开始在广州、北平等处设立分局。

1946年，儿童书局台湾分局在台湾挂牌经营。

张一渠此时还受聘为正中书局协理，当选了上海市参议员。1949年携家眷经广州留居香港。据说，"在港时接受同乡友人楼适夷之劝，留港不去台湾"，楼适夷与张一渠是余姚同乡，1925年加入中国共产党，长期从事地下工作，曾翻译出版高尔基《在人间》等，解放后长期任人民文学出版社副总编辑、副社长。张一渠在港仍从事儿童书刊出版事务，主编《好孩子》、《儿童之友》等，1958年4月病逝，享年64岁。

当年，张一渠在上海出版界是有地位的人物，但不是国民党党员，也没做国民党系统的官员，可能是因为与潘公展的私交，在出任了上海市参议员和正中书局协理等职后，使他对新生的政权缺乏信心，才匆匆由上海迁居香港，但又不去台湾，这是研究者值得关注的一位出版人。

上海解放后，儿童书局因有潘公展等背景而被军管并加以清理，1950年改组为公私合营新儿童书店，后又并入少年儿童出版社。

因为张一渠没去台湾，有关台湾儿童书局的资料又少见，等到我去寻找它足迹的时候为时已晚，使得我们对于它的存在和消失都难以发现。

正中书局

正中书局由陈立夫1931年10月10日在南京创办。陈立夫晚年撰文称，注册正中书局的四千银元是蒋介石对其任总司令机要科长时发明破译军阀密电方法而颁发的奖赏，当时共获一万银元，六千元由陈立夫分给了同仁。正中书局取名之意为"不曲为正，不偏曰中"。1933年，中国国民党中央决定筹设文化出版机构时，陈立夫遂将正中书局全部资产捐出，由党中央增拨资金加强管理，陈立夫为董事长，叶楚伧为出版委员长，吴秉常任总经理。总局设在南京杨公井，成立营业、编辑、印务三所。自此，正中书局隶属中国国民党中央而为党营事业。

1934年，正中书局增设发行所，专司发行业务。1935年起先后在上海设置批发处、办事处。1938年，将编审、印务等部门及印刷机器迁运重庆，业务部门留武汉并设立香港办事处，当时已有九个分支局、八个代理分局等。1946年在重庆以正中书局股份有限公司之名、五千万元资本金登记获准颁发执照。

1945年8月10日，日本无条件投降，正中书局复员南京，在上海设立发行所。1946年设立台湾分局。

1948年11月，正中书局将档案、账册、纸型装箱分批运送台湾。1949年4月，董事会决定总处迁台。1949年5月23日台湾分局改为发行所，掌管全省批发及门市业务。1951年，陈立夫辞去董事长，由周鸿经接任，之后，董事长、总经理更替多次。

1949年，正中书局负起供应台湾及海外教科书的任务。据统计，1950年正中书局编印的学校教科书占台湾全省各校用书85%以上，编就各科教科书及教学指引96种专供南洋华侨学校使用。同时，正中书局也出版了大量宣扬三民主义、复兴中华文化的读物，如古籍菁华、秘笈丛刊、朱子语类等善本古籍、国学汇纂、国学萃编以及现代科学丛刊、科学家传略、正中文库、知识青年丛书等大批丛书、丛刊及单本读物。1969年开始，将业务重心由教科书转向普通书。

在《正中书局60年》纪念册中，时任总经理黄肇珩表示："正中创立之年，时当中央政府励精图治，本着不曲为正、不偏曰中的宗旨，肩担起党国文化出版大业，以编印教科书、学术参考书，以及整理中国古籍为主要工作。抗战期间，更克服万难，肩挑全国教科书的编印事务，把版权献给政府，将权益与同业分享。"

正中书局1949年10月在香港成立集成图书公司，1968年起先后在日本、泰国、美国等地成立分公司。迁台时资本总额为新台币二十五万元，1969年增为一千二百万元，1976年在台北重庆南路建成正中大楼（8层）。1991年启用正中复兴大楼（11层）。

2003年4月1日，正中书局由党营事业转为民营，老店新开，走上了重新擦亮正中书局招牌的艰难之路。

有关正中书局的前世因缘，在大陆当时的语境下，在论及商务、中华、三联等民营或左翼出版业的时候，总把正中书局这个国民党党营事业机构作为一个对立面予以论述，于是，我们对于这家同样历史悠久，伴随着国民党、国民政府荣衰的出版机构的研究甚至是客观的了解就少而又少了。

我也因为从台湾获得了一些口述和由王承惠先生整本复印的《正中书局60年》才对这家书局有了一些了解。有点遗憾，2006年年末我在台北行走时，坐落在重庆南路上的正中书局正在修缮。那天傍晚，站在"红衫军"正在装饰的办公室门前，远望正中书局，感觉原本不近此时又更远了。

读书出版社

1946年年底，原在国民政府教育部任职的黄荣灿（版画家）被派往台湾参与接收工作。其间，他将日本三省堂东北书籍台北支店作价盘下，成立新创造出版社并出任发行人出版《新创造》杂志，同时提议与大陆的读书出版社合作，将门市部改为出售内地新书的书店。读书出版社获知后当即同意黄的建议并议定每月支付黄一万元台币并派人直接经营。

1947年1月，读书出版社经理黄洛峰派曹健飞与胡瑞仪带了一批书刊抵达台北。书店设在临近郊区的桦山町，店名仍沿用黄已开业使用的新创造出版社，共两开间，将原有的日文书籍集中，腾出一间陈列运去的新书刊。1947年2月1日这家由读书出版社经营的书店在台北开业。当时，书店共有4名工作人员。

开业后，看书和买书的读者多数是中年知识分子。曹健飞等带去的许多书刊没几天就售缺了，迅速要求上海迅速补充货源。

当时在台湾大学任教的许寿裳、李何林、雷石榆等，都曾介绍学生到书店取书再到学校售卖。书店还开展批发、邮购业务，在台北市区一些书店设立代销，在高雄、台中、嘉义等地也迅速设立了代销点。

不久，台湾发生"二二八起义"，国民党迅速予以镇压，整个台湾处于恐怖之中。

随着国民党加强统治，宪警和特务常到书店检查、没收书刊，外地寄来的和寄出的书刊常遭扣留，书店业务越来越难以开展，面临随时被强行封闭的危险。为了保存实力，避免无谓损失，遵照读书出版社的意见，新创造出版社决定"自行停业"。于是，这家书店在台北开办了10个月就于1947年11月停业，曹健飞、胡瑞仪返回大陆。

黄荣灿当时没有离开台北，1952年被当局逮捕杀害。据说，罪名之一就是曾在台湾出售"反动书刊"。

后来，曹健飞在回忆这段往事时，还特别感谢台北开明书店时任经理章士敏。"过去他在江西赣州和福建永安时，曾对新知书店在上述两地从事地下出版发行工作的同志给予很多帮助，这次我们在台湾也得到他不少帮助。在我们的书店停业后，他热情地协助我们处理善后，接受原在我们书店的工作人员。更难能可贵的是台北开明书店本来不经销外版书，这次却买下了我们大批存书继续在台湾发行。"

开明书店

开明书店1947年在台北设立分店，据说是与范寿康有关，范在早年与开明书店关系密切，光复后又出任台湾行政长官公署教育处处长、加上开明书店董事长邵力子从南京给陈仪的函件等等，使开明书店得以顺利推进。

1985年1月10日，时任新华书店上海发行所顾问（原任副经理）的钟达轩在《开明书店的经营方式和作风》（原刊《我与开明》，中国青年出版社）中写道："总管理处准备在台湾开设开明分店，要在台北市闹市区买几间街面房屋，一时无法落实。命我到邵先生处请其致函给台湾省主席陈仪，要求帮助解决。后来就在台湾中山北路买进店屋一幢，设店营业。"钟达轩是1945年9月赴南京筹备开明书店南京分店复业的，1946年5月南京分店复业时任经理。开明书店董事长邵力子当时住在南京。

1946年年初，开明书店经理章锡琛应范寿康的邀请曾赴台湾参与接管日本印刷厂，任台湾教育处印刷厂厂长并筹建开明书店台北分店，但半年后辞去厂长返回上海。1948年9月章又携夫人、妹妹和女儿与丰子恺及女儿同游台北，那时，由开明书店台北分店刘甫琴作陪。范寿康后来出任台湾大学教授，1970年退休后曾任台湾开明书店董事长多年，1981年回国，1982年受到邓小平同志的会见，1983年去世。

　　开明书店台北分店初创时，派出了当时在福建崇安县赤石镇主持开明书店东南业务处的章锡琛儿子章士敏、开明创始人之一的刘叔琴之弟刘甫琴去了台北。章士敏在1947—1948年曾任开明书店台北分店经理。当时，我国著名科普作家高士其曾到台北隐居，受到章士敏与夫人韩珍如女士的掩护和照顾。高士其在1948年1月8日韩珍如女士30周岁生日时，写下了《为章士敏太太30寿辰而作》的诗篇（原刊《高士其全集》第三卷，航空工业出版社），全诗共五段，现将第二、五段摘录如下：

　　我们庆贺你/你是一位开明书店聪明的主妇/你孕育着文化的果实/你滋养着文化的花朵。

　　章士敏太太/啊！你今年30周年/你经历了多少苦难与欢乐/才达到这美丽的年龄/你真有福气/你真有福气/你的福气，就是文化界的福气/你的福气，就是新中国的福气。

　　章士敏1948年返回上海，之后一直在北京从事出版印刷管理工作，1968年10月，被造反队以走资派罪名遭打致残。他的弟弟后来回忆，“医院拒绝留治，竟死于家中。”等到1969年6月章锡琛病故时，家里只有被高士其视作“真有福气”的章士敏太太这个儿媳相伴相送了。

　　刘甫琴1931年17岁时进入开明书店工作，1947年赴台参与筹建开明书店台北分店，继章士敏后成为台北分店经理。1981年从台湾开明书店退休后在美国洛杉矶定居，2007年6月，上海出版博物馆曾在洛杉矶对刘甫琴作了“口述历史”采访。

　　李敖在1998年8月写作的《李敖快意恩仇录》中，有一段对以台湾开明书店的描述：

　　《开明青年丛书》、《开明文学新刊》、《开明文史丛刊》、《开明少年》月刊等等，都是我最喜欢的。由于喜欢它的出版品，连带也喜欢上那家书店。在北平，我去过它在琉璃厂的分店；在上海，我去过它在福州路390号（应为福州路268号——笔者注）的总店。北平的分店比较大，上海的总店就小多了，但不论大小，比起附近的老字号书店像河南中路211号的商务印书馆，或是河南中路福州路口的中华书局来，都寒酸得不成样子，虽然如此，开明书店却给青年人一股朝气，它是左派的书店，比起它来，任何老字号的书店都显得尸居余气了。开明书店不单在北平有分店，在南京、重庆、成都、汉口、广州、长沙、杭州、南昌、昆明也有分店，最后一个分店，设到了台北，在台湾光复后，它把触须延伸过台湾海峡，使在台湾的中国人一同感染它的朝气。不过，这股朝气还没感染多久，国民党伪政府就撤退到台湾来。这个伪政府既跟大陆断掉了锁链，在它狭窄的视野下，凡是大陆书店在台湾的分店，都要被迫剪断了锁链。商务印书馆改名叫"台湾商务印书馆"、中华书局改名叫"台湾中华书局"，开明书店也未能幸免，改名叫"台湾开明书店"。比别人更惨的是，由于它是左派书店，它的出版品，大量的被查禁了。纵使内容不涉及政治的书，也因作者没有来台，变得只敢印该书，作者名字却不敢印出了。……这种小心翼翼，其实还是不够的。于是，台湾开明书店啊，开始明目张胆地印出刘清波的《三民主义纲要》了、印出芮和泰的《三民主义总复习》了、印出李华柱的《国父革命之学》了。——一个左派的开明书店降格到出版这种右派的不开明的党八股，它的无奈，也就可想而知了。跟大陆上的开明书店不同的是，台湾的开明书店，坐落在台北中山北路，距坐落重庆南路的老字号的书店很远。它孤零零的在中山北路一段七十七号开起店来，店面开得极不景气，推门进去，书架分格未扫、书本尘封未除、冷冷清清、疏疏落落、一眼望去，令人倍感凄凉。因为去中山北路太不方便，我在大学时候，每年会去上一次，有点似曾相识之感的，是我看到那位衰老的店员索非先生。索非先生编有《世界语入门》，开明书店出版，算是唯一跟大陆发生连锁的老作者。他不晓得我知道他就是索非。它的《世界语入门》，书如其人，也早就落伍了，但他在那儿，多少还流露出一股味道。不过，似曾相识之感很快就被沧海桑田之感取代，索非先生人如其书、书如其店，他象征了一个书店的没落。——政府可以流亡，书店不能流亡。一朝变成了流亡书店，它的精神就中断了。

1992年的一天，我忽然心血来潮，要去看看它了。我到了中山北路、到了一段77号，却连那家极不景气的店面都找不到了。门牌一段77号的，却分明是一家气派堂皇的"马可孛罗面包公司"，营业项目包括"西点面包/葡萄美酒/香醇咖啡/西式冷食自助餐"等，全然一片口腹之欲，没有丝毫精神食粮。我呆了。开明书店呢？开明书店哪里去了？难道连那么一家极不景气的店面，也开不成了么？我不死心，向面包店的柜台小姐打听打听。小姐头都没抬，把手向上一指，又向后一指，声音平直地说："搬三楼去了！它没有门，你就从后面上楼梯。"我顿觉起死回生，谢谢她，遵命做了。走到后面，满屋满地都是面包工厂狼藉，满楼梯也是。我左闪右躲、九转十绕，总算上了三楼。迎面的是一间小房，左边有一点铁栅式书架，右边就是四张办公桌。要找的书，寥寥可数，就在书架上。办事的是一位女孩子，她很亲切地帮我包了书。我跟她谈了几句，她对开明书店却很陌生。这时，一位老先生进来了，坐在朝窗的办公桌旁。我想这位老先生一定知道得多些，我首先打听索非先生的下落，他望着我，为之一怔。然后说："索非在本店，已是二三十年前的事了，下落早已不明。"我向他说："四十多年前，我去过上海开明书店总店。"看他反应。他盯住我好一阵，慢慢地说："你这位先生啊，你看到最风光时代的开明书店了。可是，这回开放探亲后，我去了上海，上海的总店却早就没有了。所以，开明书店啊，全中国只剩下台北这一家。我们这一家也撑不下去了，只好把一楼房子租给面包店，自己搬到三楼来。这就是开明书店。没有人认识它了，连我也不认识它了。"

抱着新买的一包书，我原路走下楼来，走出了"马可孛罗面包公司"。站在门口，我转身仰望，在古老的建筑沿线外，是一片苍穹。像是死掉一个老朋友，我黯然而别。

引文已很长，但我不忍删节太多，毕竟如此仔细写出开明书店真情的作品不多。在李敖去过台湾开明书店之后的很多年，不知还有多少人去那里走走？台湾的变化很小，至少对于台湾开明书店而言。我是2006年11月29日下午由台湾开明书店发行人卓刘庆弟女士的助理吴小姐陪同去中山北路一段77号台湾开明书店参访的。

台湾开明书店依然在中山北路，似乎还是钟达轩老人受开明总管理处委托拜谒邵力子并由陈仪解决的。台湾开明书店发行人也即马可孛罗面包有限公司董事长卓刘庆弟女士是东华书局老板卓鑫淼先生遗孀，多年前在台北创办马可孛罗面包有限公司之后，迅速在上海扎根经营，业绩斐然。我缘于上海马哥孛罗面包公司副总经理钱永林（原系上海新华书店静安区店经理）的介绍而与卓太太相识。

马可孛罗面包有限公司在台北有重庆店、金桥店、中山店、博爱店四家，重庆店即东华书局门市部，中山店即台湾开明书店所在地，金桥店为金桥图书公司所在地……

当天下午，我见到的台湾开明书店，如李敖当年所见一般，一楼为马可孛罗面包公司，二楼堆放着杂物，上了三楼，顿生亲近感：一排排书架上整整齐齐放置着开明的出版物，堆书的搁脚板、作为工作台的一张八仙桌和一位六十多岁老人组成的这个库房完全与我以前管辖的上海新华书店样本室（上海广东路306号，解放前为商务印书馆栈房）以及无数次去过的上海新华书店大名路仓库（解放前曾为正中书局栈房）一模一样，走进那个环境，如果不看窗外景色，沉浸在一种旧式、恒稳的空气和环境中，使我马上产生认同感和回归感。可惜，我已无法向章锡琛、钟达轩等前辈复述。

那位老伯是台湾本地退伍军人，在这里已有二十多年，日常的工作不多，守着一屋子十多年前重印的开明版图书等着零售书店的添货，闲时也看看报纸。老伯把整个库房打理的清清爽爽，打包的牛皮纸、废报纸、塑料绳、剪刀、算盘、圆珠笔都放在恰当的位置上。老伯不太知道开明书店的前世今生，可能陪着的吴小姐是老板的属下而使老人不便多说。我说了一些开明的历史情况反使老伯露出了惊讶的目光。如果有半天的时间，能泡上一杯茶坐在这个书味缭绕的氛围中与老伯多聊聊，那该是多么的享受呀。

可惜，我是行色匆匆，临别时，我向吴小姐、老伯提出要带几本书回家的请求，当即获准。我在库房中随书架巡阅了一周，取下了《清初流人开发东北史》、《东北地方沿革及其民族》、《中国的地理基础》和收入开明青年丛书的《丰富的人生》四种书，还向老伯索要了三枚不同规格的台湾开明书店信封。

告别时，老伯送我到楼梯口，一再说着再见。去之前曾想过与老伯合影之类，但身处这个环境中，我却没有想要拍些照片，不知为什么？

台湾开明书店20世纪70年代中期曾由刘甫梁任总经理，后来由东华书局接手，由卓太太出任发行人一直迄今，虽然牌子还在、书店还在，但已处于"吃存货"几近停顿的状态。

世界书局

1932年出生在上海的刘冰，因父亲刘雅农1947年被上海世界书局总管理处派赴台湾开设世界书局台湾分局（任经理，世界书局总公司迁台后任副总经理、总稽核），而于1949年5月18日随母亲、妹、弟一起坐油轮去了台湾。1951年，世界书局大股东杜月笙在香港召开董事会，决定总公司迁往台湾，并任命李石曾任董事长、李鸿球任总经理，把整个书局的运作中心——上海总管理处经过香港搬到了台湾。据刘冰介绍，因为只有世界书局将总管理处迁到台湾，所以没有冠上"台湾"两个字，依然称作世界书局。

原世界书局编辑、知名学者杨家骆当时也从香港到台湾，李鸿球请他当总编辑，编著了台湾适用的第一批教科书。但杨、李不和，后来在董事会选举总经理时，李鸿球失败，杨家骆当了总经理兼总编辑。1958年，董事长李石曾与总经理杨家骆也发生争执，最后是杨输了，吴开先接任总经理。再后来，李石曾把股票卖给成舍我，成舍我当了董事长。

杨在位时的20世纪五六十年，是世界书局处于全盛时期，重版《四用辞典》、《诸子集成》、《永乐大典》等等，远比台湾商务印书馆、台湾中华书局和正中书局出色。后来，又与台湾故宫博物馆合作出版《四库全书荟要》，成为"镇局之宝"。

……

我到访台北时，在世界书局感觉出了新式书店与传统出版品的吻合（它是新装修的）。

世界书局现任总经理严初，其父严奉璋是继成舍我之后的董事长。曾想拜访严初总经理，可惜她居家有事，未能如愿。

我在世界书局买了一本刘雅农先生撰述的《上海闲话》，刘先生1982年从美国定居大陆。世界书局在此书再版后记中说："本书作者刘雅农先生为上海文化人，是台北世界书局的老同仁；雅农先生公子刘冰先生亦在书局服务十余年，现今克绍箕裘，在美国成功地经营出版事业，为纪念其父亲，要求本局再版此书。我们也深盼藉由本书的出版，将雅农先生经验上海的第一手资料，以最平易真实的角度呈现读者眼前，让卸去浓当艳抹的上海风情，营造出另一种兴味的参考。"

我取回了世界书局一张画面为燕子报春的明信片，其背面文字是：

分享十三亿人口的阅读

世界书局扩大门市服务！精心遴选各类优质简体字书，涵盖经典文学、历史、人物、哲学、古典小说、艺术、民俗、鉴赏、线装书等等，并陆续举办主题书展及大陆各省书展，提供最新、最快的出版资讯，周周都有新书上架，期使读者在古色古香的环境中，打开另一扇中文阅读窗口，尽情领会中华文化之美。

中华书局

1947年5月20日，中华书局董监联席会议决定设立台湾分局。先于1月中，派秘书许达年赴台办理结束代理店业务，并考察当地情况，开始与各方联系，觅租店屋等。正式决定设立分局后，派许达年、姚绍文分任经理、会计。7月21日，中华书局台湾分局在台北重庆南路360-362号正式开始营业，共有职工七人。

1949年8月12日，中华书局董事会决定改选常务董事吴叔同接替孔祥熙为董事长，同月，董事会"推董事长吴叔同在港主持一切"。9月28日，董事会在《新闻日报》刊出声明，内称"顷接吴董事长由香港来电，获悉李叔明以总经理名义，擅自在台湾设立总管理处，调动资金及准备搬运港厂机器等件，实属违反本公司章程，损害本公司利益。兹经9月26日董监联席会议决议，自即日起，李叔明应免除总经理及在本公司其他兼职职务；其擅自在台湾设立之非法总管理处一切行为，本公司概不承认。倘本公司因此受有损害，应依法向其追究。"从此，李叔明与中华书局就脱离干系，随后就以台湾中华书局之名运作了。

台湾中华书局从50年代初起就开始编印初中、高中及大专等教科书，同时，翻印过去在大陆出版过的一些古籍。1956年在熊纯生总经理带领下重印《辞海》，成为台湾中华书局当时最有影响的出版品；1965年重印《四部备要》，也是20世纪60年代该局最重要的出版品。之后，台湾中华书局的代表书籍还有中华科学丛书、中华国学丛书等。

1975年成立台北市出版商业同业公会时，代表台湾中华书局参加的是总经理熊纯生，后来，熊纯生的儿子熊杰在90年代接班担任了台湾中华书局总经理。而今，台湾中华书局不复存在了，我曾问过多位台湾业内人士，不知为什么，都不太知晓其终结的时间和过程。

启明书局

启明书局1936年8月由沈志明等集资七千元发起成立，以翻译出版世界文学名著及英文补充读物为主，先设在福州路400号，次年迁至福州路328弄

5号经营。

1941年，出版斯诺的《二万五千里长征》等书遭查抄，经理朱炎被拘，纸型、存书被没收。

1945年抗战胜利后，启明书局在南京、北京、广州、重庆等地设立分局，1947年在台湾设立分局，1949年后，各地分局纷纷停业关闭，沈志明则去了台湾执掌启明书局台湾分局。

启明书局创办人沈志明系世界书局创办人沈知方的儿子，曾为世界书局的早期组稿人之一。自1946年起一直为世界书局董事。当年在复旦实验中学读书时，介绍该校教员徐蔚南到世界书局工作，沈知方即以月薪五百元、派车接送的待遇使之成为世界书局编辑，主编《ABC丛书》等。徐蔚南1945年任上海通志馆副馆长并兼任大东书局编纂主任，解放后任上海文献委员会副主任，1952年逝世。沈知方曾在商务任发行所所长，在中华任副经理，1919年独资创办世界书局，并在1921年改组为股份有限公司，1934年辞去总经理任监理，1939年57岁时在上海病故。

沈志明在台湾经营启明书局多年，1958年世界书局总经理杨家骆在一场人事、股权纷争后离职，沈志明也曾回到世界书局担任总管理处处长，但时间不长。

沈志明夫人应文婵，笔名映芝，慈溪人，10岁告别故乡到上海民立女中、复旦大学就读。婚后与沈志明一起经营启明书局。1949年之后由台湾赴美国，曾在华盛顿大学攻读图书管理学，后任职于美国斯坦福大学胡佛研究院中文部，长期撰文，著有《月未圆》、《闲笔集》等。沈志明1973年在美国去世，映芝1972年曾有大陆行，北京的中国友谊出版公司在1984年7月出版其作品《书斋志异》（定价0.68元）。我是1987年10月31日购买此书的。

前几年我向上海社科院陈梦熊先生讨教时，承陈先生借出《书斋志异》，回家翻阅，似曾相识，便从书丛中翻出，还列于书橱醒目位置。后将所借此书还予陈先生，再诉说此书原已有藏，不觉大笑。

据《书斋志异》介绍："我们夫妇定居美国后，生活与在国内不同，由老板一降而成为拿薪水的职员，上班下班忙忙碌碌。"她曾称沈志明是个"体格健全，态度诚恳，个性和善，忍耐乐观，而且趣味很广泛的青年"，"结婚后，我们的书局和我们的孩子，很顺利地先后诞生了。做出版业真是不容易的事，尤其是在减低成本上，我与他费了不少心血研究，才算成功。我忙着写简介和搞校对工作。他计划营业发行等等。……这书局就是开设在上海四马路世界里五号的启明书局。"

世界书局老职工朱联保在《近现代上海出版业印象记》中曾说,启明书局的名称和出书方向,都是沈志明采纳朱联保的意见而决定的。

商务印书馆

1947年7月,上海商务印书馆总馆指令福州、厦门两分馆及梅县支馆调派5人赴台北筹设支馆。台湾改制建省后,商务印书馆总管理处指示在台机构改为分馆,以相应提高层次,并聘定原总管理处会计主任赵叔诚为台湾分馆经理,偕同会计陈贻成自沪赴台。1948年1月5日,商务印书馆台湾分馆正式开张,馆址由许昌街迁至重庆南路一段三十七号,拥有一座三层楼房办公。商务台湾分馆职工十余名,以销售上海总管理处运来的图书为主。1949年5月上海解放,商务总管理处不再向台湾分馆发货,台湾分馆以销售存货维持营业。1950年11月1日,商务印书馆台湾分馆更名为"台湾商务印书馆股份有限公司",以新台币20万元办理登记,1951年5月取得营业执照。从此,"由原任经理赵叔诚独立经营,向来仅负经销总馆出版图书之分馆,自是演变为兼编辑与印刷之机构,一切有赖自力更生。"(王云五)

台湾商务印书馆虽然成为独立的出版机构,但当初只能做到勉强维持。早期,台湾商务印书馆年均出书不过数十种,营业额在数十万元至百万元之间,原商务总馆的董事没有一人在台湾(王云五的董事头衔在1948年被取消),在台湾股东的股份仅占原公司总额的2%,因而无从召开董事会和股东会。赵叔诚既不能与大陆的商务联系,又找不到合适的人接任职务,一直在内外交困的窘境中勉力坚持,挣扎求存。

1964年4月,台湾当局颁布了在台公司的大陆股东股权行使条例,根据这一条例的有关规定,台湾商务印书馆可以召开正式股东会,成立董事会,董事会能行使职权。其时,王云五刚从政坛退休仅4个月。经过两个月的筹备,1964年6月14日,台湾商务印书馆召开首次股东会,选举董、监事。王云五以最多得票当选为董事,并在董事会上以全票当选董事长。

自1964年6月起,王云五以董事长身份主持台湾商务印书馆15年,直到1979年8月去世。王云五任董事长之初便设置编辑室,于1965年2月聘用刚从美国留学回台的徐有守博士为总编辑。两个月后，赵叔诚辞职，当时台湾还没有"劳动基准法"保障，但商务仍给予赵叔诚退职金一次十万元，并聘为顾问（为时一年三个月），徐有守兼任经理。

赵叔诚顾问任期之内为寻觅生计，曾赴港谋职，因无从取得居留港地的合法身份，被迫返台。等到顾问期结束，生计无着遂再次赴港，不幸竟病故船中，享年六十有余。

1947年11月进馆、1974年接任总经理（1995年辞职，仍任副董事长）的张连生先生曾撰文提及，赵叔诚先生，江苏武进人，秉性宽厚，处事谨饬。"虽然，赵经理克勤克己，竭力维持业务，有一事对商务实颇有贡献，应予特别记述，此即在其任内购置现在重庆南路之馆舍也，吾人饮水思源，不容抹杀。"

赵叔诚的后任徐有守博士对赵的评价是："笃实谨慎，忍辱负重，忠厚保守。"那个时候，"路人经过书馆门前时，所见只是一破落老旧商店，橱窗玻璃肮脏不堪，所陈列的书多年不予更新，纸质陈旧、黄。进入店内，灯光昏暗，顾客稀少，门可罗雀"。

王云五上任后，决定从开源、节流和加强交能三方面行动。广印旧籍、出版新著，使资本总额从1964年的一百万元到1971年增至一千万元，股东未费分文而所持股票增值十倍。

1967年，台湾商务印书馆将重庆南路三层楼房改建成四层楼，翌年落成后定名为"云五大楼"，经营至今。

2006年11月29日上午，我一个人如约到云五大楼与台湾商务印书馆曹依立总经理见面。曹总是律师出身，在位时间不长。但是，我们一见如故，因为商务是我们的共同话题。据曹总介绍，台湾商务计划将其他地方仓库迁出置换，准备翻造大楼，除了自用还可出租，使未来的出版经营不再受困。我去台湾之前向时任台湾图书发行协进会理事长王承惠提交了一份欲购商务版图书的清单，到台湾时，王先生说此事已办，可以同业折扣（65折）购买。可是我与曹总一聊，他不单把已按书单配齐的书悉数奉送，还陪我到底楼门市看书，表示有喜欢的就取走，我怕行李超重，也有点不好意思。而且，我在曹总办公室聊天时，看到办公室书架上有一些旧的征订样本，征得同意我翻阅后发现就是王云五执掌时期销售大部头图书时印制的征订样本，我向曹总表示，其中若有重复，我拿一份，单份的我不取，竟也获得同意，我取回了十多份这样的征订样本。这应该是大陆少见的稀有出版史料。

很多年前，我便知道台湾商务印书馆为王云五塑有半身铜像，这次在现场停留，我就四处寻找，发现铜像与空调互为一体，放在空调上方了，似乎是王先生为读者的阅读带来了习习凉风。金耀基先生在1977年7月15日为铜像撰写铭文中写着："惟千百年后，先生仍将被记得他是《万有文库》的主编者；四角号码检字法的发明人；现代科学管理之先驱；云五图书馆之缔造人；商务印书馆的伟大斗士与化身……"

1988年，商务印书馆北京、香港、台湾、新加坡、马来西亚五店总经理先后在香港、北京商谈合作。1993年，北京、香港、台湾、新加坡和马来西亚五家商务合营组建商务印书馆国际有限公司在北京成立，开创了合作的新天地。这也是大陆出版机构在光复后到台湾开设分支机构中迄今唯一的一次双向合作，其余的，漫漫长路，人事沧桑，此消彼存，早已不可同日而语了。

2007年年中，我读到了台湾商务印书馆为纪念60周年、商务印书馆110周年而出品的《勇往直前——商务印书馆百年经营史》、《张元济致王云五的信札》等纪念特刊，使我对台湾商务60年的发展有了更理性的认知。

春明书店

在关注上海多家书店赴台建立分支机构的时候，也不可忘记春明书店。

春明书店由江苏海门人陈兆椿1932年在上海开设，长期在山西路10弄3号（近福州路）经营，1936年传给儿了陈冠英主持，生意一直不错。1948年，或许是受到"美国之音"、国民党宣传影响，害怕共产党进城后对己不利，也可能是受同业的影响，陈冠英开始寻找在台湾的发展空间。亲赴台湾寻觅店址，并将大批书籍运往台湾。上海解放后，一直处于徘徊和准备之中的陈冠英直至中秋节后，乘浙江舟山一书店来沪取货的渔船之便，携眷离沪，并经厦门转赴台湾，在台北正式挂牌设立春明书店台北总店。

此时，上海春明书店职工成立了店务委员会，决议派职员分赴香港、广州等地设立分店推销存书，同时组织力量出版《新名词词典》等适应新社会需要的书籍。

据说，《新名词词典》在香港春明书店上市时，陈冠英也在香港谋划并购香港春明书店一事，不久返回台湾，即被逮捕，而春明书店台北总店在他外出之时已被查封。当局认为台、港、沪春明书店本属一家,春明书店出版《新名词词典》就是为共产党作宣传,"罪名确实",1951年陈冠英被判处死刑。

关于陈冠英之死,有一说法是指上海春明书店还出版了徐甫堡绘画的《蒋介石传奇》一书。此书当时只寄往香港春明书店一册,存放在写字台抽屉里,后不知去向。有人说此书大概是国民党当局要杀陈冠英的"罪证"之一。

陈冠英是书业悲剧人物,从亲自赴台湾开店,犹豫之后出走再想着谋划台湾、香港春明书店的统一,在当时的政治背景下,显然没有"切割"好,没有在台北专心春明书店台北总店的业务,也没有政治背景,结果获罪而死,春明书店台北总店也就结束了。

永祥印书馆

永祥印书馆1899年10月由陈永泰在上海独资创办,1942年改为股份有限公司,董事长许晓初,总经理陈安镇。门市部设在福州路380号,以印刷、纸品经营为主,出版比重不大,也出版一些文艺读物。

1948年3月由永祥印书馆出版的《文艺春秋》第八卷第三期刊出广告称,永祥印书馆"为便利台湾读者采购书刊,沟通内地与台湾文化计,于创立南京及香港办事处后,将于本月设台湾分馆,发售本版书刊,经销国内同业之优良出版物"。刘冰先生在《我的出版印刷半世纪》中对此也有介绍:"50年代的台湾印刷业,以上海人陈安镇主持的永祥印书馆最为完善。印刷技师大部分由上海赴台,平版胶印在台湾同业中首屈一指。当时,一般大的企业所需印刷品均由永祥印书馆印刷。"

其他有关永祥印书馆的情况,我实在知之甚少。不过,偶然看见卫视介绍陈仪的纪实片时,一闪而过的台湾旧报上有着永祥印书馆的中缝广告,当时的台湾分馆是在台北市观前街72号。

可惜,难以复找。

皇冠出版社

1949年带着二两黄金由上海迁居台北的平鑫涛,堂伯平襟亚是上海的一个著名出版人,曾创办中央书店、《万象》杂志。1949年上海解放后,留守上海随中央书店参加通联书店并公私合营，后任上海评弹团顾问。"文革"中双耳失聪，靠侨居卢森堡的儿子汇款接济，1980年逝世。

平鑫涛1954年2月创办的皇冠杂志和皇冠出版社一直延续至今，小说家琼瑶是其夫人。靠着旗下琼瑶、张爱玲、三毛、侯文咏、张曼娟等阵容，经过五十多年的打拼，已经成为杂志、文学书出版社、有声书出版社、电影公司、电视制作公司、唱片公司、艺文画廊、剧场、现代舞团、书坊等多元的艺文机构。平襟亚似乎没有享受到平鑫涛成功的快乐，当初的皇冠其实也传承着平襟亚的智慧。

东华书局

1948年由上海赴台湾的卓鑫淼1965年开设了东华书局，以出版发行高中、大专教材及进口英美等国的英语文学作品、工具书、语言教材为主。据说，卓鑫淼早年在台北新生南路买了栋住宅做仓库，同行都笑他。谁知后来地价涨了，他在房地产上赚的钱比做出版还多。1988年卓鑫淼与太太在台北创办马哥孛罗面包公司，20世纪90年代从大陆引进《辞海》、《英汉大词典》、《汉语大词典》出版繁体字版而成为两岸广有人缘的出版老人。可惜，2006年6月7日在上海时因跌倒而病逝，享年96岁。当时，我曾有《怀念卓鑫淼先生》一文刊于上海政协主办的《联合时报》。

历史，早已翻开新的一页。国家新闻出版总署柳斌杰2008年9月19日到访台湾，标志着大陆与台湾出版业获得了更高层次、更深一步的合作。也许，两岸出版业互以对方设立分支机构、互派人员驻扎，共同传播书香的新格局又开始了。

《1948·上海老书店地图》编纂记

编纂本图，我为此花了十二年的时间。

2004年，首度上海书展期间，上海新华发行集团在上海展览中心的中央大厅布置了一条书业老街，我曾有《2004上海书展十个数字故事》记叙：

新华发行馆位于书展的中央大厅，由上海新华发行集团承办。中央大厅一条长55米、宽3.1米的中间走道被设计成福州路书店街。这条写真和两边仿旧建筑的书店街吸引了不少传媒和读者，成为书展布展设计的一个亮点。

构想是现场拍摄福州路（河南中路至西藏路人民广场）街景，通过电脑拼接，根据门牌号标出20世纪三四十年代书店的位置、名称，画出河南路、山东路简图并标出书店方位。项目责任人也是公司设计师周祥根冒35℃的高温在福州路拍摄了三个白天，电脑拼接合成又是三个晚上直至晨间，再由同事"扫马路"，将旧书店地址与现在的门牌一一对应（这方面的工作已有多年的积累），将80多米的图案缩微成55米，由喷绘公司用进口材料写真及地面覆膜的方式制作。在7月27日10:30举行新华发行馆开馆仪式。

……

在预交2000元押金后方才开始铺设，在10点多完成了所有的工作。这条老街使新华发行馆成了整个书展的亮点。

之前，我已经对上海这个中国近现代出版中心的历史予以关注，陆续对前辈的一些书事进行梳理。曾经的很多时候，也在上海图书馆翻过《申报》的所有版面，复制了该报几乎所有与出版有关的启事、广告。

2002年，我在上海书画出版社出版了一套《上海老书店》的明信片，"以较清晰的画面和简练的文字首次集中介绍了有代表性的上海老书店群体"；2004年，在上海科普出版社出版了《书香的踪迹》明信片，"通过诸如铅字排版、照相排版、铅印、胶印、装订以及店堂等，再现了中国现代出版印刷初始阶段的盛况"；2006年，在上海文化出版社出版了《书街——上海福州路文化街长卷》，以10米折页的方式将福州路全貌通过连续实景照片与旧景合成的方式再现了百年福州路变迁；2011年，又在上海书店出版社出版了《上海书业名录》，收录了迄今一百多年中的书业（出版、发行）名录，是一份原始详尽的资料。

二

因为有了这十多年的铺垫和准备，2012年年初在协助编制《书香上海——手绘书店指南》时与中华地图学社社长路丽华交流时，谈及想出一张上海老书店地图并迅速获得了认可。于是，颇有信心地打开尘封的历史，在老旧的地图上指点布局……

过往，只是收集、整理，储备了各种资料现在一旦要落实，却还是一件难事。上海老书店，若以1949年新中国成立为标杆，1843年上海开埠到1949年是一个整体，经过开开关关、合并分拆、搬东迁西等等衍变，其中的1911、1936、1948年这三个年份是值得记住的。书业与城市的政治、经济的变化是相辅相成的。当然，与国家政治的大背景更是同步舞蹈：1911年是辛亥年，1912年中华书局成立，商务印书馆进入了良性发展阶段，伴随着新课本的问世和政治经济的多元，新书业的发展进入了一个宽广的领域；1936年是上海书业蓬勃发展的时点，各种指标性统计表明当时上海出版物的总量、书店的数量继续上升。1936年之后发生的日军侵华、孤岛沦陷等，造成主流大书店纷纷将骨干人员、印刷产能、出版运行内迁，使上海书业呈现了"畸形"多变的不稳定格局；1948年，又是一个五方杂处，服务各种政治背景、文化背景的书店都有了生存的基地：国民政府背景、国民党军机构附属、各类民资经营、共产党资助或支持、宗教团体经营的非赢得性机构、外资外籍人员经营的书店，在上海这个文化大都市中各自占有一片土壤并相安平静地生存着。现在回过头看，在上海近现代书业发展史上，1948年应该是很有代表性的年份。

地图上不能反映一个时期的全貌，就体现一个时点，选定1948年作为上海老书店地图的标本。考虑到市中心尤其是福州路街区书店群的数量多难以在一张上海全图上难以展示，决定正面是一张上海全图，背面加一张上海福州路书店分布图，这样就能全貌体现了。选择底图也是一件麻烦事，我手头的旧图包括多位藏家收藏的老地图都因年份久远、纸张泛黄加上折叠等原因不能使用，好在中华地图学社之前复制出版过《上海1932》、《上海1948》，比较而言《上海1932》清晰度高，容易识别、标点，1932年与1948年从地图上看，市政、路径变化也不大，唯一是路名变化大。不过，现存资料上的书店地址路名也各有不同，假如是老人填写、存在有些年头都会填老路，新开的书店才会使用1945年之后更改的路名。

核定书店的名称、地址、数量，根据路名、里弄名称的变化进行排列。这个过程，很复杂，有时甚至有点焦头烂额之感。

1948年上海有多少家书店？虽然只是一个数字，但在现在进行统计而言，已经是很困难了。我依据的是1948年上海书商业同业公会会员名录的数字，虽然没有宗教团体、外籍人员在上海经营的书店（这个数字大概20家不到，宗教团体创办的书店一般是不供零售、没有门店），但基本涵盖了左中右三种政治倾向的书店，包括了经销旧书、古书乃至以出版为主，以销售为主或者以印刷为主兼及出版、发行的企业。当时，官方只认可一个行业存在一个公会，因此，上海书商业同业公会的影响力对于同业者而言没有办法视而不见，这还不仅仅是同业保护、同业互补之类，主要的还在于说明"我是同业"，被认可。

我收藏的这本会员名录，很多年前是一位前辈在退休前清理办公室时遗赠的，当时，同业公会办事人员一定没有想到时间过了六十多年，留存的这本小册子会成为我编这张地图的依据之一。

三

确定了以1948年上海书商业同业公会会员作为收录标点的基础后，大量的核对工作随之而来：首先，这个名录是否齐全，通过核对1946、1949年7月、1949年12月的相关名录进行"并案"串读后进行增删；其次，核对路名，上海的路名在1949年之前的变化真是大，例如：一条中正路崧厦街，后来改为崧厦街，再是崧厦路，现在是松下路，虽然读音相似，但在考证阅读各种资料时出现不同的表述，谁敢意会？一家元昌印书馆的地址是成都北路811弄7号，我从出生到成长的二十多年里都住在成都北路811弄，从未见过该弄有个7号，发现这个疑问后电话询问年已85岁的母亲，老人家回忆7号是有的，也有一家印书馆。原来，以前这个弄堂的门牌号是2、3、4、5、6、7，解放后改为2、4、6、8、10、12号了，那家元昌印书馆在7号生存的时间不长，我母亲与这家的老板认识，与老板的母亲乃至老板的儿子都曾在一条弄堂里生活，后来搬走就由陈姓人家搬入，直至因建造南北高架而拆除。后来想着，7号坐落在弄堂底，底层的客堂、天井是很大的，真是缘分。

很多时候，我会将《黄浦地名志》、《黄浦区志》、《上海出版志》等同类书摊在桌上一一比对，家里的饭桌是长方形的，可宽舒坐六人，一旦我开工，就得腾空，随眼看见、随手拿得，而且不容停工。以前也在书房里做，但后来发现书房的桌子偏小，加上在旧图上点位，既要开着顶灯、台灯，又要打开电脑，戴着眼镜，拿着放大镜……

说来有幸，我岳父曾经是业广地产的职员，今年84岁了，老人给我很多帮助，包括送了我一套复印的《上海市行号路图录》资料，这本复印件与上海社科院出版社出版的一样，只是复印件更清晰又用熟了，以致出版的那本居然被我藏得一时找不到了，也许是借给别人了？

等到把文本全部做好，要在地图实样上点位，也不简单，除了路名的变化，还有大小马路的疏密、门牌朝向等等，对于上海全图而言，点位必须是我自己没有疑问，为此还多次电话联系住在就近区域或曾在附近工作的朋友核对，尽量落实。

四

福州路书店分布图以前也做过，2004上海书展期间通过"快印"印过500张福州路街区图。以前，上海书店也绘过两次《解放前上海福州路（文化街）一览》。最近核对一下，发现无论我做的还是别人做的，每次都有进步，但现在要拿出来却还得重做，必须把福州路（九江路、汉口路、广东路）、河南路（福建路、山西路、山东路、江西路）全部列入，而且要把书店的门牌落实，为此，我又从西藏路九江路到外滩转到汉口路又回西藏路再折回福州路弯到广东路走了几圈，在现在的马路或弄堂里寻找门牌号对应当年的书店。

我基本上是不认同把福州路称为文化街的，我定位为福州路街区，这可能是比较中性又显出专业特性的。以前，文化人或出版人因为福州路相比其他路段书店多、来往的文化人多，就把福州路称为文化街，只是福州路书店多，酒楼餐饮店旅馆多，戏园剧场甚至妓院也多，这是否也算一个产业链，我还没有深究。但是，有人说福州路是文化街也有人会说福州路是妓女街，只是各人以自己的立场来定性一条马路，有些主观，有些随意，但缺乏理性。

现在，我在图中把福州路的书店以两种字体两种颜色区别标点1948年经营"进行时"和"过去时"，提供一个既有时点又覆盖整个近现代时期的阅读选择。

有关福州路的故事和感悟，我曾写过多篇文章，有兴趣的朋友可从网上或拙作中寻找，只是，现在人们对于福州路的历史实在是不够尊重，曾有一本《福州路文化街》，不知是编写时间紧还是资料有限，颇有不妥。我因为累年关注福州路书店，多次受邀陪同海外友人、港台朋友寻访福州路并一路介绍它过去的繁荣和现在的窘境，所以对于福州路的知晓也就多些。

现在，曾在福州路开过书店的老人的孙辈，如果看见这张地图就能知道，前辈的业绩总会有人记着，历史总是留有痕迹的。

上海的历史不长，能够留下记忆并成为国人皆知的事物却还有不少。中国近现代出版中心的事实的挖掘，应该是一个有益有趣的事情。

多年来，我一直关注着留心着，差不多是不知疲倦地寻找真相、还原本真，而不是写漫话发感悟，或者以一当十、人云亦云。虽然很辛苦，年岁渐长又白了头发、花了眼睛，没有经费资助也没有机构支持，只是想到我现在做的事，一定是对社会对行业有益，自己也感觉有趣而已。况且，还没有人会下这种力气出这种成果，又有点得意，也不算白做。

这张地图，通过整体、局部两个部分显示了608家书店，同时也以局部显示了福州路街区285家书店（包括1948年正常经营的162家书店）的空间位置，足以传递那个年代的书业盛景，也提供了这种空间分布的维数、范围乃至集聚，反映了那个时代上海的民居区域、社会生活、文化价值。

<h2 style="text-align:center">五</h2>

地图，是一种自然要素、社会要素、经济要素以及文献价值、艺术价值和收藏价值兼具的出版物，这张上海老书店地图也是顺着地图本身所具有的特质所编纂。这种用心，是否在这张图中获得了很好的体现？

十多年来，也有诸多鼓励的师长友人乃至同事。这张地图得以问世，得到了上海市新闻出版局阚宁辉副局长的支持。偶尔谈及时，他就爽快地说"这是一件好事，我们应该支持"。毕竟，这张地图很专业，需要的人会到处找，不要的人送给他也不要，我自己是个出版人，出一张地图与出一本书一样得有个收支平衡点，不求有利但也不能使出版社亏损。

这张地图由中华地图学社出版，既是有缘也是我的希望，编辑的专业为现在的成品提供了专业的支撑。

集十二年的积累和三个月的挑灯夜战，终于，事成。

现在，我也可以把我收集、梳理的基本数据成果衍化了……

上海出版从1843年开始的简历

1843年

12月28日　英国传教士麦都思在上海东门外创立墨海书馆，后迁入山东路，是中国具有近代印刷设备的第一家出版机构。

1857年

1月26日 墨海书馆创刊《六合丛谈》月刊，系上海最早出版的中文期刊。

1860年

12月 花华圣经书房从宁波迁上海北四川路，改名美华书馆，至1895年时成为上海最大的现代印刷机构。

1864年

是年 上海耶稣会在徐家汇土山湾开办孤儿院，1868年设土山湾印书馆。

1868年

6月 江南制造局翻译馆开馆。

1872年

4月30日 英国人美查等四人合资在上海创刊《申报》，附设申昌书局，至1895年出版《申报馆丛书》160余种。

11月11日 申报馆创刊《瀛寰琐记》，月出一册，是中国最早的文学期刊。后改名《四溟琐记》、《寰宇琐记》。

1877年

5月10日 在华基督教传教士第一次代表大会在上海召开，决议成立基督教学校教科书编纂委员会，中文名益智书会。中国由此始有"教科书"的名称。

1880年

是年 苏州席氏在上海彩衣街（今复兴东路）设立扫叶山房分号。

1884年

5月8日 点石斋石印局创刊《点石斋画报》（旬刊）。

1886年

是年 日本人岸田吟香在上海开设乐善堂书局。

1887年

11月1日　上海基督教创立同文书会，1892年中文名改为广学会，是全国性的基督教出版机构。

1890年

5月7日　在华基督教传教士在上海召开第二次代表大会。已出版教科书84种，地图、图表50幅，销行3万多册。

1894年

3月　陈瀛澜设立千顷堂书局。

1897年

2月11日　夏瑞芳、鲍咸恩、鲍咸昌、高凤池等在江西路德昌里创立商务印书馆。

1898年

是年　冯镜如、何澄一创立广智书局。

1900年

是年　王均卿、沈知方、刘师培等在河南中路平和里创立国学扶轮社。
是年　商务印书馆收购日商修文印刷所，始用纸型。

1902年

夏　俞复、廉泉在河南中路交通路创办文明书局。
是年　张元济、印有模进商务印书馆，张元济任编译所长，该馆始建印刷所、编译所、发行所。商务印书馆初创八年间，共出新书134种，350册。

1903年

10月　商务印书馆改制为商务印书馆股份有限公司，吸收日资并聘用日本技师改进印刷技术。
是年　魏炳荣在河南中路创立广益书局。

1904年

6月12日　狄楚青创办《时报》、有正书局。

1905年

10月 上海书业崇德公所成立（1914年改称上海书业公所）。

12月 上海新书业创办上海书业商会（1927年改组为上海市商民协会书业分会）。

1906年

7月6日 上海书业商会主办的《图书月报》出版，陆费逵主编，共出三期。第二期载有当年入会会员22家名录。

1907年

是年 陈了佩、陈了寿在福州路设立群益书社。

1908年

2月17日 席子佩、傅子廉在棋盘街（今河南中路）创立中国图书公司总发行部。

1910年

12月 黄宾虹等创立神州国光社。

1912年

1月1日 陆费逵、陈寅、戴克敦、沈颐创立中华书局。

是年 基督教青年会设立青年协会书局。

1913年

1月 汪孟邹创立亚东图书馆。

4月 中华书局改组为股份有限公司。

6月 上海书业商会分别呈请教育部、外交部、工商部拒绝参加中美版权同盟。

1914年

1月6日 商务印书馆与日本金港堂签定日方退股协议。

1月10日 商务印书馆总经理夏瑞芳在河南中路发行所门前被暗杀身亡。由印有模（锡璋）继任商务印书馆总经理。

12月5日 北洋政府公布《出版法》。

1915年

9月15日　群益书社出版《青年杂志》月刊，陈独秀主编。

10月　商务印书馆出版《辞源》。陆尔奎、高风谦、方毅等主编，十余人历时8年完成。

11月7日　北洋政府公布《著作权法》。

11月16日　商务印书馆总经理印有模病逝，由高翰卿继任总经理。

12月　中华书局出版《中华大字典》。

是年　赵南公创立泰东图书局。

1916年

是年　吕子泉、王幼堂、沈骏声、王均卿等创立大东书局。

1917年

是年　沈知方创立世界书局。

是年　内山完造创设内山书店。

1918年

是年　商务印书馆聘高风谦（梦旦）任编译所所长。

1919年

6月5日　商务印书馆、中华书局男女工人罢工一周，支援北京学生爱国运动。

是年　张元济主持辑印《四部丛刊》初编，收书323种，8548册。

1920年

12月8日　上海书业商会呈请拒绝参加国际版权同盟。

是年　上海印刷工会成立。

1921年

7月16日—9月7日　胡适应邀考察商务印书馆编译所，提出改进方案。

9月1日　中共中央在上海创立人民出版社，李达主持。

11月　王云五受聘为商务印书馆编译所所长。

是年　世界书局改组成股份有限公司。

是年　民智书局设立，林焕廷主持。

1922年

12月 上海书业公所成立"书业正心团"，销毁淫书版片36副，淫书463000余册。

1923年

11月1日 中共中央在上海创办上海书店，徐白民主持。

是年 樊春林创办新文化书社。

1924年

2月14日 上海书业商会、书业公所等四个团体发表宣言，反对公共租界工部局的《印刷附律》。

是年 大东书局由合资公司改组为股份有限公司。

1925年

4月4日 上海书业公所、书业商会等四个团体集会，决定电呈北洋政府要求废止《出版法》。

6月1日 商务印书馆职工组成五卅事件后援会，议定本日起按日捐出薪金一部分，张元济、高梦旦、王云五各捐100元，馆方另捐1万元。

6月 余汉生、伍联德创办良友图书印刷公司。

9月1日 张静庐、沈松泉、卢芳创立光华书局。

1926年

4月1日 创造社出版部成立。

4月26日 张元济辞商务印书馆监理，后当选为董事长。

5月3日 商务印书馆东方图书馆正式向社会开放。王云五兼馆长。

8月 章锡琛、章锡珊创立开明书店。

是年 李小峰创办的北新书局在上海设分局。

1927年

5月 梁实秋、徐志摩等开设新月书店。

7月16日 现代书局创立，洪雪帆总经理，张静庐为经理。

10月 王子澄创立光明书局。

11月1日 曾朴、曾虚白创立真美善书局。

是年 陈群等投资华通书局，陈邦祯设立新亚书店，平襟亚设立中央书店。

1928年

5月14日 国民政府公布《著作权法》及《著作权法施行细则》。

9月 陈望道、施复亮、汪馥泉等创立大江书铺。

12月1日 国民政府训令内政部、行政院、交通部取缔匿名出版物。

12月5日 上海新书业公会组建。

是年 开明书店改组为股份有限公司。

是年 周佛海创设新生命书局。

1929年

4月1日 商务印书馆刊行《万有文库》初集，共1910种，2000册。

6月 中国科学社创立中国科学图书仪器公司。

是年 商务印书馆开始编印《汉译世界名著丛书》。

是年 中共中央设立华兴书局。

1930年

1月 中华书局聘舒新城任编辑所所长兼图书馆馆长。

2月 张一渠、石芝坤等创设儿童书局。

3月 商务印书馆聘王云五（1929年辞编译所所长）为总经理。

6月 严幼慈、严仲华创立龙门联合书局。

7月20日 上海书业公所、上海商民协会书业分会、上海新书业公会召开会员代表大会组成上海市书业同业公会，陆费逵当选为主席。会员单位44家，从业人员1413人。

9月11日 王云五出国考察返沪，向商务印书馆董事会提出实行科学管理计划，获一致通过。

12月15日 国民政府公布《出版法》。

12月 侯厚培创立黎明书局。

是年 张元济主持《百衲本二十四史》由商务印书馆开始出版。

是年 中华书局出版《聚珍仿宋版二十四史》、《中华百科辞典》。

是年 商务印书馆设研究所，王云五兼所长。

1931年

10月7日　国民政府内政部公布《出版法施行细则》。

1932年

1月29日　日机炸毁商务印书馆总管理处、总厂4个印刷所、各栈房及尚公小学。

2月1日　日本浪人纵火烧毁东方图书馆及商务印书馆编译所，50万册藏书大部分化为灰烬，损失达1600万元。

7月1日　邹韬奋创办生活书店。

8月1日　商务印书馆复业。

1933年

4月22日　申报馆开始出版《申报年鉴》，张梓生主编。

1934年

1月　张元济主持辑印《四部丛刊》续编由商务印书馆出版，收书81种，1518卷，共82册。

2月　贺礼逊创设教育书店。

4月17日　商务印书馆登报征求出版计划。

5月25日　国民党中央宣传委员会图书杂志审查委员会成立。

5月　张静庐创立上海杂志公司。

6月1日　国民党中央宣传委员会公布《修正图书杂志审查办法》。

8月　开明书店印行朱起凤编纂的《辞通》。

9月　商务印书馆印行《万有文库》第2集，共700种，2000册。

9月　开明书店由王伯祥主持辑印《二十五史》5册，附"人名索引"1册出版。翌年，续刊《二十五史补编》4册，收宋元以来对二十五史的增补、考释245种。

10月1日　生活书店与中国银行等十大银行商定，首倡读者免费汇款邮购图书。

10月3日　上海市教育局令上海市书业公会，图书须经内政部审核后始准发行。

12月　世界书局出版《福尔摩斯探案全集》。

1935年

2月　商务印书馆受教育部委托影印《四库全书珍本初集》出版，选书23种、2000册。

3月9日　商务印书馆辑印《丛书集成》预约发售，收丛书百部，计划两年出齐。张元济辑印《四部丛刊》三编出版，收书73种。

5月31日　国民党上海市执行委员会令上海市书业公会，翻印古书的新增材料需事先送审。

5月　吴朗西、巴金等创办文化生活出版社。

5月　上海教育局调查，全市书店共计260家。其中资产在5000元以下者164家，5000-10000元者29家，10000-50000元者28家，50000-100000元以上者5家，100000元以上者34家。

其中，商务400万元，中华200万元，中国图书公司、世界书局各100万元，民智书局50万元，大东、神州国光各40万元，良友30万元，开明20万元，华通18万元，北新15万元。

8月30日　良友图书印刷公司开始出版赵家璧主编的《中国新文学大系》，汇集1917-1927年十年间的代表作，书前有蔡元培的总序，全书共10册，500万言。1936年2月出齐。

9月　钱俊瑞、薛暮桥、徐雪寒、孙晓村等创办新知书店。

10月12日　商务印书馆发售"星期标准书"，由著名学者、名流选定该馆新书（包括重版）一种，照定价对折发售。

10月　正中书局上海办事处成立（后改为上海支局）。

1936年

1月　艾思奇、郑易里创办读书生活出版社。

是年　中华书局澳门路总厂建成投产。

11月　中华书局出版《辞海》上册，主编徐元诰、舒新城、沈颐、张相。

是年　商务印书馆出版新书4938册，占全国9138册的52%，是该馆成立以来出版图书最多的一年，也是历年来全国出版新书最多的一年。

1937年

6月　中华书局出版《辞海》下册。

7月8日　国民政府公布修正的《出版法》。

7月28日　国民政府公布修正的《出版法施行细则》。

8月16日　开明书店及美成印刷厂被炸毁。

11月2日　中华书局将总办事处移至昆明（31日宣布编辑所、印刷所停业）。

是年　商务印书馆总管理处迁长沙。

是年　商务、中华、开明、大东等出版企业将500吨教科书和部分机器迁移内地。

1938年

8月31日　读书生活出版社出版马克思著《资本论》第1卷（9月15日出版第2卷，9月30日出版第3卷），由郭大力、王亚南翻译。

8月　复社编印《鲁迅全集》20卷本出版。

10月　中华书局印刷厂改为美商永宁公司。

是年　华通书局与日本三省堂书店合作改组为三通书局。

1939年

是年　徐启堂、徐伯棠创立棠棣出版社。

1940年

11月13日　汪伪国民政府公布修正的《著作权法》。

是年　内山书店接管中美图书公司。

1941年

1月24日　汪伪国民政府公布修正的《出版法》。

1月25日　汪伪国民政府公布修正的《出版法施行细则》。

8月　《时代》周刊创刊，次年成立时代出版社。

12月26日　侵华日军军部查封商务、中华、开明、兄弟杂志公司、光明、良友、世界和大东等8家书店（1942年1月18日启封）。

1942年

4月　上海书业同业公会被改组为上海书业联合公会（7月改名为上海特别市书业同业公会）。

1943年

6月1日　上海中国联合出版公司成立，由留守上海的商务、中华、世界、大东、开明五家书店集资组建。

6月　太平书局成立。

1944年

7月24日　邹韬奋在上海病逝。

1945年

是年　中国文化服务社、正中书局等陆续"复员"或迁回上海经营。

1946年

1月　上海特别市书业同业公会改名为上海书商业同业公会，会员273家。

春　上海出版公司成立，经理秦鹤皋、刘哲民。

4月　商务印书馆总经理王云五辞职。

11月　老舍、赵家璧创立晨光出版公司。

1947年

是年　商务印书馆出版《新中学文库》《新小学文库》。

1948年

是年　上海书商业同业公会有会员607家。

1949年

5月29日　上海市军管会开始接管正中书局、中国文化服务社、拔提书局、胜利出版公司、独立出版社等国民党、国民政府主持的33家出版单位。

5月30日　华东新华书店总店迁上海开始办公。

6月5日　上海新华书店第一门市部在福州路679号（中国文化服务社原址）开业，经理朱晓光；第二门市部在河南中路170号（正中书局发行所原址）开业，经理宋玉麟。

6月5日　上海生活·读书·新知联合发行所恢复营业。

6月　人民书报供应社在福州路331号（独立出版社原址）开业。

6月　上海市总工会创立劳动出版社。

6月　中国新民主主义青年团华东工作委员会创立青年文化服务社。

7月21日　新华书店等61家公私营书店组建上海联合出版社，出版发行中小学教科书。

8月6日 上海市军管会对世界书局、大东书局等实行军管，经过清理后，没收其中的官僚资本，私股仍归股东所有，对全部职工作了安置。

9月 华东出版委员会在上海成立。

是年 上海书刊同业公会统计，全市新书发行业共176家，出版兼发行67家，发行兼营文具76家。

后 记

本书即将付印，还有一篇"后记"未成。不写不合我的习惯，怎么写？就顺着思路写出一些阅读时的感受。

收在本书的篇章，是同类文章的结集，之前曾有若干在报刊发表过。写作这些文章，只是随着阅读、寻找、发现、梳理并整理的结果。多位朋友读了其中几篇之后除了鼓励还建议申请课题经费资助，可我不愿为此而奔波，留着一份敬佩，不受干扰地追寻前辈的荣光，已存一种满足。毕竟我不是以稿费生存，也无需资助才阅读，只是在空闲时读读想想写写罢了。

很多年来，收集了许多与出版业有关的图书，而且，还在不断寻找并购进。同类书读的多了，便容易发现问题，我还常常以"串读"的方式进行比对，对于过往的出版史便有了深入的发现。曾经，我获得过王益、王仿子、方厚枢、汪轶千、潘国彦、周天泽、王鼎吉、邓耘等居京前辈的长期鼓励，受着张泽民、宋玉麟、钟达轩、黄巨清等前辈同事的提携，这是一种机缘，我的同辈中，谁能有此享受？

如何挖掘历史本真、还原真相，我只是在努力，而眼望大势，实在是遗憾之极。近年所见的与出版史有关的文章，通常常有以下几种：老辈记述亲历亲为亲闻的往事中，因为缺乏文本、档案的支撑而有些不靠谱；后人的追忆整理文章，也往往浸透着晚辈的感情而主观倾向明显；专业的研究者几乎都忙着做课题，依据着课题的需要而匆忙开题结题；若干以博士论文汇成的书，往往也显得开掘不深或不够潜心；在不断被裹着做大、创新的业界，还有几位能回头看看、转身想想，况且，也是身不由己……

1843年上海开埠以后，由于宗教出版业的渗入，传统旧书业的坚守、新兴出版业的泛滥加上印刷业的发达、城市的崛起和区位优势、社会的变迁，使上海成为了中国近现代出版的中心……我无力为之撰史，只是将其间发生的故事写出若干与同好分享，共同向前辈致敬。

感谢本书出品人邵敏的长期鼓励，感谢金良年老师多年相助并拨冗撰写序言，使我不得不再出发，延续这种"一分材料出一分货，十分材料出十分货，没有材料不出货"的境界而动手动脚、东寻西找。

2014年3月31日

图书在版编目（CIP）

1843年开始的上海出版故事 / 汪耀华著 —

上海：上海人民出版社，2014

ISBN 978-7-208-12237-6

Ⅰ．①1… Ⅱ．①汪… Ⅲ．①出版事业 - 文化史 -

上海市 Ⅳ．①G239.275.1

中国版本图书馆CIP数据核字（2014）第077603号

出 品 人 邵 敏
责任编辑 林 岚
封面装帧 锦 帛

世纪文睿出品

1843年开始的上海出版故事
汪耀华 著

出 版 世纪出版集团 上海 人民出版社
　　　　（200001 上海福建中路193号 www.SHSJWR.com）
出 品 世纪出版股份有限公司上海世纪文睿文化传播分公司
发 行 世纪出版股份有限公司发行中心
印 刷 常熟兴达印刷有限公司
开 本 787×1092 1/32
印 张 7
字 数 245 000
版 次 2014年6月第1版
印 次 2014年6月第1次印刷
I S B N 978-7-208-12237-6/G·1667